FRIEDRICH LEINUNG · DIE BARBARIN

Dem Mitbruder, der mit
mir Wege in der Heimat
der Aurea Chrysophora
zurücklegte, mit freund-
lichen Grüßen

T. Leinung

FRIEDRICH LEINUNG

DIE GESCHICHTE DER
ADELA VON ELTEN

DIE BARBARIN

ALIAS BEATRIX V. BOUILLON
ALIAS REINE MATABRUNE
ALIAS BEATRIX V. KLEVE
ALIAS DE KWOJE DEEL
ALIAS ELSA V. BRABANT
ALIAS HERODIAS SECUNDA

Mit einem Nachwort, das die Herkunft der Schwanenrittersage aus den Berichten über die Taten der Adela von Elten und ihres Mannes Balderich belegen will.

I. Teil

Ich konnte nicht schlafen, wieder nicht. Die Kammer war ungeheizt und ich fror. Kaiserliche Pfalz zu Nimwegen nannte sich das! Auch hier hatte es natürlich kein Bad gegeben — fast ein halbes Jahr lebte ich jetzt schon bei den Barbaren in Deutschland. Aber gewöhnt hatte ich mich noch an nichts.
Adela. Sonst kann ich mir meistens schon ein Bild machen, wenn ich einen Namen höre. Es bestätigt sich nicht immer, aber doch oft. Namen sind mir wie Ikonen. Es scheint in ihnen etwas vom Urbild mit durch.
Adela. Nein, es wollte sich an diesem Abend kein Bild zeigen. Vielleicht lag es daran, daß für mich die eingeborenen Frauen noch alle gleich aussahen — alle gleich blond, gleich groß, gleich schafsnasig.
Adela, das war der Name der Barbarenfürstin, die mich angefordert hatte. Im Namen der vielgepriesenen Dreiheit und ungeteilten Einheit — auch das Gebet rief den Schlaf nicht herbei, die köstliche und hilfreiche Gabe des Gottes, die Er denen verwehrt, die sich auflehnen gegen das ihnen zugedachte Los.
Es war ja nicht nur die beißende, durch die dicken ungetünchten Wände herankriechende Kälte, die mich nicht schlafen ließ. Meine Zähne klapperten auch vor Furcht. Morgen würde der letzte Faden durchgeschnitten werden, der mich noch mit Hellas verband, Abnabelung wieder, und diesmal für ganz.
Unsern ersten Abschied, — ich sah ihn wieder vor mir. In der heiligen Höhle war es, in der mütterlich bergenden, in der Kuppelhalle der heiligen Weisheit von Byzanz. Tausend und abertausend Kerzen und Ampeln brachten ihr nächtliche Helligkeit und ließen ihre dunkel-goldne Mosaikhaut atmen. Chöre von Heiligen gebar sie, entzündet vom Glanz, ließ sie aus ihren Mosaiken heraustreten, damit sie uns beistehen konnten; denn wir hatten sie nötig, die Hilfe des heiligen Nikolaos für unsere Fahrt über das Meer, die Hilfe des heiligen Drachentöters Georgios gegen unbekannte Gefahren bei den Eingeborenen und das machtvolle Eintreten der Panagia, der Gottesgebärerin. Sie vor allem mußte uns beistehen im Lande der halb ungläubigen Barbaren, daß das Licht des Glaubens uns nicht ausging wie einer Ampel, der es an Öl mangelt.
Sogar der Basileus war gekommen. Mit der kaiserlichen Krone geschmückt gab er unserer Verabschiedungsfeier die Ehre; war es doch seine Nichte Theophanu, die mit zwei Dutzend Hofdamen, etlichen Klerikern und allerlei anderem Hofgefolge in das Land der nördlichen Barbaren geschickt wurde, um dort einen König zu heiraten, der sich anmaßenderweise Kaiser des Westens nennen ließ.

„Ihr wißt nicht, was euch erwartet!" hatte der Patriarch gesagt. „Das Land, in das ihr zieht, soll wenig Sonne und viel Nebel kennen und dementsprechend dunkel soll es dort auch mit dem Christentum bestellt sein. Ihr aber werdet als Lichtträger in die Finsternis gehen und die leuchtende Flamme rhomäischer Rechtgläubigkeit an die Grenzen der Erde tragen!"
Wir hatten wirklich nicht gewußt, was uns erwartet. Ich hatte mir vorgestellt, dieses Deutschland müsse innerhalb seiner Urwälder doch irgendwo so etwas wie eine Hauptstadt haben, eine Hauptstadt, die zumindest einer kleinen Provinzmetropolis bei uns vergleichbar wäre. Eine Name war gefallen: Aachen. Ein exotischer Name, schwer auszusprechen für eine griechische Zunge, aber immerhin ein Name, der sich nach kaiserlichem Hof und damit nach einem Minimum von Zivilisation anhörte. Auch in einer Provinzmetropolis ließ sich leben; das hatte sogar meine Mutter eingesehen und ihr aufgestörtes Herz getröstet. Nachher, am menschenquirlenden Kai des Goldenen Hornes, als wir mit einer solchen Tränenflut verabschiedet wurden, als sollten wir zu Kannibalen verfrachtet werden, brauchte ich ihr nur das Wort Aachen zuzuflüstern, und sie lächelte.
Theophanus alabasternes Gesicht hätte mir zu denken geben können. Sie wußte schon damals mehr über das Land. Ich sah, daß sie blaß war, aber ich schrieb das eher der Furcht vor dem unbekannten Gemahl zu. Otto: schon ein solcher Name flößt Entsetzen ein. Der Brautwerber, einer der Urwaldbischöfe Germaniens, hatte alles getan, dieses Entsetzen zu steigern. Er war ein unbeherrschter hochfahrender Mann ohne Manieren, ein Bauer in geistlichem Gewand, sehr empfindlich jedes Kichern registrierend, das er verursachte. Auch jetzt in der feierlich strahlenden Halle der Hagia Sophia saß er in der Nähe des Patriarchenthrones in unmöglicher Haltung da mit einer Miene, so beleidigt, als sei jede Anrufung, die die Preisgesangschöre hören ließen, als Hohn und Spott gemeint für ihn, der statt der Kaisertochter nur die Nichte heimführte.
Ich teilte Theophanus Furcht damals nicht, noch nicht. Aachen war ein Wort, das leuchtete. Eine Stadt in den Urwäldern, sicher, aber immerhin ein kaiserlicher Hof! In Byzanz hätte ich als Tochter eines mittelmäßig reichen Purpurhändlers niemals die Chance gehabt, Hofdame zu werden. Daß der kaiserliche Hof in Deutschland sich dann aber als eine Art Wanderzirkus herausstellen sollte, der heute hier und morgen dort in einem zugigen unfreundlichen Gemäuer Quartier machte — großmächtige Panagia! —, das zu ahnen war nicht einmal Irene eingefallen, die sich unterwegs schon, schon bei der Fahrt über die Ägäis, in düstern Vorahnungen nicht hatte genug tun können.

Ich konnte nicht mehr. Das ständige Reisen hatte meine Kräfte zerrüttelt. Ich mochte nicht wieder hinein in die endlosen düstren Wälder, in denen das Sonnenlicht ausgesperrt ist. Ich war die schlammigen Wege satt, schmutzige Lache an schmutzige Lache gereiht. Ich war ständig erkältet und sehnte mich nach einem Raum, und sei er noch so klein, den ich nach meinen gering gewordenen Wünschen und Bedürfnissen einrichten konnte.
Meine Verzweiflung hatte einen Entschluß hervorgebracht. Bleiben wollte ich, irgendwo bleiben, und wenn es die Trennung kostete von Theophanu und von meinen rhomäischen Leidensgenossinnen.
Theophanu hatte mich gewarnt. Die Stammesfürstin Adela gelte als besonders eigenwillig und wild. Aber zwei Vorzüge hatte sie, und diese waren für mich entscheidend: Adela wohnte nicht weit weg von Nimwegen, wo Theophanu des öfteren zu tun hatte, und: sie interessierte sich für byzantinisches Kunsthandwerk.
Als endlich der Morgen gekommen war, wurde ich in den Palas gerufen, in einen düstern Saal, durch dessen schmale Fenster graues Licht drang.
Theophanu saß auf einem hölzernen Faldistorion und neben ihr — ja, das mußte sie sein. Sie sah nicht wie eine typische Eingeborene aus. Keine blonde Haarfülle, dunkles Haar vielmehr, dunkles Braun mit einem Stich in's Kupferrote. Die Augen zwar blau wie hierzulande üblich; aber das war nicht dieses Vergißmeinnichtblau, das einen Anflug von Langeweile nicht leugnen kann; dieser Blick hatte etwas Stechendes und Forschendes, und man hätte ihn dreist nennen können, wenn ihm nicht eine so selbstverständliche Autorität beigemischt gewesen wäre.
Ich gestehe, daß ich es war, die zuerst die Augen niederschlug. Das war in Germanien noch nicht vorgekommen, die ganzen Monate noch nicht. Selbst die Damen des höchsten Adels hatten sich geniert gefühlt unter meinem prüfenden Blick. Solch plumpe Kleidung und solch klobiges Geschmeide! Soviel wußten die, daß sie um Welten von konstantinopolitanischer Eleganz getrennt waren.
Adela war nicht im geringsten geniert. Sie hatte auch keinen Grund. Mit ihrem Kleid konnte sie auch in den ersten Kreisen von Byzanz bestehen. Ein kostbares blauseidenes Ärmelkleid war es mit einer prächtig gestickten Schärpe. Allerdings schien der griechische Händler, der sie ihr gegen einen wahnsinnigen Preis aufgeschwatzt haben mochte, nicht verraten zu haben, wie sie befestigt werden mußte. Von der Hüfte abwärts hing das Kleid deutlich schief um ihre junge grobknochige Gestalt.
Das ist das erste, was ich sie lehren muß! dachte ich.
Theophanu war es, die das Schweigen der gegenseitigen Musterung brach.

„Dies also, liebe Cousine Adela, ist Anna Chrysophora, eine meiner kunstfertigsten und geschicktesten Hofdamen und gewiß geeignet, bei dir auf Burg Uflach eine Kunsthandwerkschule einzurichten und zu leiten, die ihresgleichen in den niederen Landen nicht haben wird!"
Ehe ich den schicklicherweise nun fälligen Hofknicks anbringen konnte, fuhr Adela dazwischen.
„Kannst du sticken?" fragte sie. Ich war zu verwirrt, um in Sachen einer solchen Selbstverständlichkeit zu antworten.
Die Kaiserin sprach für mich.
„Sieh dir mein Manipel an; das hat Anna gestickt!"
Das Manipel stellte in seinem Bildteil ihren Onkel dar, den erhabenen Basileus Johannes Tsimiskes, in vollem kaiserlichen Ornat, und ich schmeichle mir, daß es nicht viele Darstellungen dieses unseres Herrschers gibt, die soviel Würde ausstrahlen.
Adela schien beeindruckt. Sie gab sich Mühe, es sich nicht merken zu lassen.
„Kannst du kommandieren?"
Ich stotterte wieder. Und wieder sprang Theophanu für mich ein.
„Wenn du meinst und fragst, ob sie deine Mägde in Räson halten kann — sicher, das kann sie. Sie wird nicht schreien, aber das hat sie auch nicht nötig."
„Du meinst, ich schreie zuviel?!" Adela fiel in dieses kindlich unbefangene Lachen, das man bei den Barbaren viel öfter zu hören bekommt als in zivilisierten Gegenden; auch bei den eingeborenen Erwachsenen hat man, wenn sie lachen, den Eindruck, Kinder alberten. „Aber du hast recht. Schreien ist wirklich nicht nötig. Es geht auch so. Laß mich sie mal anschauen. Energisches Kinn, kluge Augen — ich glaube, ich nehme sie!"
Was Adela für mich angelegt hat, nicht in Geld natürlich, sondern höchstwahrscheinlich in politischen Zugeständnissen, das habe ich nie erfahren.

Am nächsten Morgen kletterte eine kleine Karawane den steilen Hang herunter zu der Anlegestelle, wo ein großer schwarzer Kahn auf dem bleigrauen Wasser des Rheins sachte schaukelte. Es war noch früh; erstes Sonnenlicht kämpfte sich im Osten durch die Nebel hindurch und warf sparsame Lichtflecke auf die Wellen. Möwen kreischten.
Dazwischen jetzt die ebenso schrille Stimme Adelas: „Vorsicht! Ihr Tölpel! Vorsicht doch!" Sie meinte die eingeborenen Knechte, die sich fluchend mit meinem in Einzelteile zerlegten Spezialwebstuhl abmühten. Ich traute meinen Augen nicht: Sie hatten wahrhaftig Schuhe aus Holz an den Füßen

und konnten sich in diesen plumpen kahnartig zugeschnittenen Ungetümen verhältnismäßig geschickt bewegen.

Ich blieb in der Nähe der beiden Truhen. Das kostbare Material für die Stickereien war darin verstaut, Seide, Goldfäden, dazu Mittel zum Färben, unersetzbare Dinge.

Vier oder fünf Mägde waren mitgekommen, junge rotbackige Eingeborene mit weißen Hauben auf den strohblonden Haaren. Eine ältere Obermagd war dabei, die Küchenchefin Bilitrud, Adela stellte sie mir vor. Prüfend sah sie mich an. Sie mochte wohl ihre Zweifel haben, wie solch ein grün, rot und golden schillernder Paradiesvogel wie ich in den Uflach'schen Hühnerhof passen würde.

Kaum waren meine Truhen wohlbehalten an Bord gehievt worden — nicht auszudenken, daß sie ins Wasser hätten fallen können —, da kam ein kleiner Kahn auf uns zu. Ein alter Fischer stand darin und winkte: „Frisch gefangen! Mag die Gräfin leckeren Aal?" Dabei hob er eine schlammtriefende Reuse hoch, in der ein ekliges Gezücht fetter glitschriger Schlangen sich wand. Mir drehte sich der Magen um. Sollte man hierzulande eine solche Scheußlichkeit essen müssen? Bilitrud war schon dabei, die Riesenwürmer an Maul und Kiemen zu prüfen.

„Gute Ware, Gerold!" nickte sie und ließ sich zehn davon in unseren Kahn herüberreichen. Adela sah mein entsetztes Gesicht und sagte: „Heute abend gibt es als Willkommensspeise auf Uflach Aalsuppe! Du wirst sehen, Anna, Bilitrud macht daraus ein Gedicht!"

Als die Knechte zu rudern begannen und wir rheinaufwärts fuhren, kam es mir vor, als kenne die Welt nur noch eine Farbe: Grün. Ein unglaubliches Grün; fett, feucht und aufdringlich umwucherte es den meeresarmbreiten Fluß, dessen Seitenläufe in mäandrischen Windungen sich tief in das ebene Land hineinschoben, so daß man immer wieder auch weitab vom Flußlauf Wasser blinken sehen konnte.

Eigentlich war es nicht der Rhein, auf dem wir gen Uflach gerudert wurden, sondern sein südlicher Arm, den er dem Meer entgegengeschickt und mit dem er Nimwegen berührt. Waal heißt dieser Arm oder auch Vahalis und dort, wo der Rhein ihn entläßt und von wo ab er nicht mehr komplett weiterfließt, sei Uflach nicht mehr weit, so hatte mir Adela erklärt.

Als der Fluß mit einem Mal doppelt so breit war, wußte ich, daß unsere Fahrt bald beendet sein mußte. Wir waren an der Stelle angelangt, wo der Rhein sich teilt. Das Land zwischen den beiden Armen bis zum Meer hin ist die Batua oder Betuwe, das Stammesgebiet der Bataver, in dem Adela als Witwe des früh verstorbenen Grafen Immed im Namen ihres unmün-

digen Sohnes Dietrich die gräfliche Herrschaft führte.
Wir mußten um die Spitze des Rheinteilung herumfahren, um nach Uflach zu kommen. Adelas Burg lag nicht auf der durch die beiden Rheinarme gebildeten Bataverinsel, sondern rechts vom östlichen Lauf auf dem Gebiet der Chamaven im Hamaland, in dem sie ebenfalls Macht ausübte. Bald sahen wir die Burg auf einer kleinen künstlichen Anhöhe liegen.
An der Lände standen Leute vom Gesinde. Willkommen winkten sie und machten sich bereit, beim Entladen zu helfen.
Zwei flachshaarige kleine Jungen wirbelten auf Adela zu, als sie an Land sprang.
Plötzlich blieb mir das Herz stehen vor Schreck. Ein Wolf! Ein riesiger Wolf stürmte direkt auf Adela und die Kinder zu. Und keiner unternahm etwas! Das Tier fiel Adela an und sprang an ihr hoch. Ich wollte schreien und konnte es nicht. Warum tat denn keiner etwas?!
„Hej, Hasso!" rief Adela. „S'ist gut, Hasso; guter Hund, braver Hund!"
Der kleinere der beiden Flachsköpfe ließ sich durch die Bestie nicht stören. Mit ihr um die Wette tanzte er um Adela herum. Der Ältere aber schien eingeschüchtert und machte eine abwehrende Bewegung, die der Hund übelnahm. Prompt schnappte er zu, nur sachte zwar, aber das genügte, eine große Tränenflut und ein großes Jammergeschrei zu verursachen.
Adela war ärgerlich. „Unser lieber Graf Dirk ist leider ein kleiner Feigling!" sagte sie zu mir herüber, als ich gerade zitternd von Bord stieg. „Hasso riecht das sofort, wenn jemand Angst hat. Du hast doch keine Angst vor Hunden ...?"
Ich schluckte und blieb die Antwort schuldig.
Bei den Eingeborenen ist es durchaus üblich, daß Hunde zur Familie gerechnet werden. Ich hatte schon öfter gesehen, daß sie im Haus geduldet und sogar bei Tisch gefüttert wurden. Allerdings sah ich bisher noch kein so riesiges Exemplar. Es sah wirklich zum Verwechseln einem Wolf ähnlich. Was würde ich in diesem barbarischen Land noch alles lernen müssen? Schlangen essen, mit Wolfshunden unter einem Dach leben ...
Für meine Unterkunft war zur Zufriedenheit gesorgt worden. Wie schriftlich abgemacht, hatte Adela einen eigenen Trakt errichten lassen mit einer Werkstatt, mit einem Schlafsaal für die Mägde und mit einer heizbaren Wohnung für mich. Knechte waren schon damit beschäftigt, meinen Spezialwebstuhl neben einigem vorhandenen Gerät aufzubauen.
Am Abend hatte Adela zur Feier meiner Ankunft eigens im Palas decken lassen. Zwar waren auch einige ihrer Vasallen, der Ritter von Velp, der von Wageningen und der von Riswyk geladen. Sie hatten gerade bei der

Stammesfürstin zu tun gehabt und sollten nicht ungastlich von dannen geschickt werden. Aber deretwegen, so beteuerte Adela, würde sie sich solche Umstände nicht gemacht haben.

Der Palas, der sich in seiner Bauweise nicht viel von dem in Nimwegen unterschied, war erleuchtet durch ein unruhig flackerndes Kaminfeuer, gegen das die Lichter einiger Kandelaber nicht recht ankamen. Oberhalb des Kamins lief ein Sims, auf dem eine Reihe Kostbarkeiten zur Schau gestellt waren. Zwei Elfenbeinpyxides waren dort, wirklich gute Arbeit, wahrscheinlich aus Sizilien; ein hervorragendes Emailkästchen in Zellenschmelztechnik; eine aus Silber getriebene Kelchschale; ein vergoldetes Aquamanile in Gestalt eines Greifen und in der Mitte als Prunkstück und Krönung des Ganzen — ich mußte an mich halten, um nicht loszuplatzen, als ich es entdeckte — ein Parfümfläschchen, billige Importware aus Bagdad, wie sie im Basar der Konstantinsstadt für eine Vierteldrachme das Dutzend angeboten wird. Das Ding glitzerte im Kerzenlicht wie ein Karfunkelstein und an den begehrlichen Augen der Ritter sah ich, daß es seine Wirkung nicht verfehlte.

Bilitrud trug die dampfende Schüssel auf und erntete lobende Zusprüche. „Aalsuppe! Köstlich!" schnalzte der Ritter von Velp. „Übrigens, da wir gerade von Aalen reden — wie ist das mit den Fischereigerechtsamen von Durstede? Ich höre, Gerbert von Rhenen hat kein Interesse mehr daran. Kannst du sie mir nicht zu Lehen übertragen, wenn Gerbert verzichtet?"

„Hat er schon getan! Schon unterschrieben, schon Kreuzchen daruntergesetzt, schon alles fertig. Du kannst sie sofort bekommen. Nur — die liegen in der Batua und sind Immedingerbesitz. Dafür ist Graf Dirk zuständig. Steh auf, Graf! Na, wird's bald? Träume nicht, Junge! Der gute Robert da will dein Lehnsmann werden!" Sie stellte das Gräflein, das die ganze Zeit schon verschüchtert neben ihr gehockt hatte, auf einen Schemel. „So, und jetzt gib dem Robert die Hand! Basta! Das Schriftliche machen wir später. Hat sonst noch wer etwas abzumachen, was mit der Batua oder mit Immedingerbesitz zu tun hat? Dann soll er es jetzt sagen. Sonst schicke ich den Grafen zu Bett. . . . Niemand? Imma!"

Die Kindermagd erschien und entführte den Jungen.

Ich weiß nicht, wie ich es geschafft habe, die eklig fette Schlangenbrühe in mich hineinzulöffeln und den schieren Schweinespeck des Hauptgerichtes herunterzubekommen. Ich weiß nicht, wie ich es fertigbrachte, mich nicht zu übergeben, als Adela dem Wolfshund einen Knochen zuwarf, den er mit knirschendem Geräusch zerbiß. Ich weiß nur, daß ich froh war, als ich mir einen Becher Wein nachschütten konnte. Es blieb nicht bei einem Becher

Wein. Zwar trank ich nicht soviel wie Adela und erst recht nicht soviel wie die Vasallen, aber es war mehr, als ich je in meinem Leben getrunken habe. Die Vasallen wurden übrigens nicht mit Wein traktiert, sondern mit einem bei den Eingeborenen üblichen Honiggetränk, das sie Met nennen.

Als schließlich Adela die nicht mehr ganz Standfesten hinauskomplimentierte, nicht ohne ihnen ein kostbares Geschenk für ihre Frauen mit auf den Weg zu geben, setzte ich mich vor das Kaminfeuer und starrte in die heruntergebrannte Glut, in der kleine Flämmchen wie Kobolde über die Asche tanzten. Waren es die Geister des Weines, die mich in den verkohlten Strünken Fratzen sehen ließen, Schlangenleiber, Wolfsrachen, heidnischen Dämonenspuk? Ich stand entschlossen auf. Ich würde mich nicht bange machen lassen, ich nicht! Ich als zivilisierte Christin aus Byzanz würde es mit jeder barbarischen Narretei aufnehmen! Es lebe die östliche Zivilisation! Hick...

Nach drei Tagen waren die ersten eingeborenen Mägde für die Werkstatt eingetroffen. Sie kamen gar nicht aus dem Staunen heraus, als sie den für sie eingerichteten ordentlichen Schlafsaal sahen. Von zuhause aus waren sie nichts anderes gewöhnt als mit dem Vieh in einem Raum zu schlafen, mit Ziegen, Hühnern, Gänsen, manche auch mit Schweinen. Ich hatte darauf bestanden, daß der Schlafsaal nach östlichem Muster eingerichtet werden mußte. Nachträglich erfuhr ich, daß Bilitrud bei Adela vorstellig geworden war, solch eine Unterkunft auch für die Küchenmägde zu schaffen. Adela hatte das ebenso abgelehnt wie ihr Ansinnen, meine Mägde für Arbeiten in der Küche und im Hof heranziehen zu dürfen, und ich hielt es für richtig, als erste Bilitrud in meine Wohnung einzuladen und sie in einigen Dingen um Rat zu fragen. Sie fühlte sich sehr geehrt und redete bald fast ununterbrochen. Über Adelas verstorbenen Mann sprach sie, ach ja, der Immed aus der Familie der Immedinger, nicht ganz gesund war er gewesen und dabei sah er so kräftig aus und er mochte so gerne Aalsuppe, wirklich ein prächtiger Mann aus einer der vornehmsten Familien in Sachsen. Nein richtig, hier seien wir nicht in Sachsen, in Lotharingien seien wir hier, in fränkischem Gebiet also, aber es gebe auch sächsische Grafen im Frankenland, nun ja, wenn der Kaiser ein Sachse ist, der setzt halt als erstes seine Leute ein. Ihr könne das ja ganz gleich sein, aber es gebe Leute, denen das nicht paßt.

„Und dann der Vater von unserer Frau, der Wichmann, nein, wenn du den erst einmal kennenlernst! Ein Hüne, wirklich ein Hüne und er ißt so gerne Eisbein! Was, du weißt nicht, was Eisbein ist?! Also, das muß ich dir aber bald einmal machen, du wirst dich wundern! Mit gesäuertem Kohl und mit Wacholderbeeren..."

Gezielten Fragen wich Bilitrud aus. Was das da oben auf dem etwa eine Wegstunde entfernten Hügel für Gebäude seien, fragte ich. „Das... nun das sind Häuser."

„Und wer wohnt in diesen Häusern? Es scheinen recht große zu sein."

„Das sind sehr angenehme Leute. Von der Köchin bekomme ich oft Kräuter, die in meinem Gärtchen nicht wachsen, Rosmarin und Liebstöckl und Salbei und ..." Sie zählte ein ganzes Kräuterbuch her und ich gab es auf, Fragen zu stellen.

Bald machte ich einen Erkundungsgang, um rund um Uflach die Gegend abzusuchen, denn auch ich brauchte Kräuter. Ich brauchte mancherlei Pflanzen für das Einfärben der Stoffe. In den umliegenden Sümpfen und Niederungswiesen zeigte sich nichts als brauchbar, auch nicht in den Auewäldern.

Der etwa zweihundert Fuß hohe Hügel, über dessen Bewohner Bilitrud mir nichts hatte erzählen wollen, zog mich an. Dort hoffte ich mehr zu finden. Zum Rhein hin fällt dieser Hügel steil ab, während er von der anderen Seite her bequemen Aufstieg bietet. Als wir zu viert dort angekommen waren — drei Mägde hatte ich mitgenommen — da wußte ich sofort, daß ich hierhin gerne öfters kommen wollte. Seltsamerweise erinnerte der Ort mich an zuhause. Die Hänge sind wie am Bosporus mit einer Art Macchia bewachsen, mit betäubend duftendem Ginster und mit kurzwüchsigen Steineichen, an deren Blättern ich sogleich einige gut verwendbare Galläpfel fand. Brombeersträucher wuchern dort, und ab und an zu findet sich ein lichter Hain von Akazien, durch deren Blättergefieder das Sonnenlicht bis zum Boden durchfindet und vom Süden her vertraute Muster malt. Jedenfalls ist das dort etwas ganz anderes als der mir verhaßte düstre endlos sich dehnende germanische Wald, in dessen hohen Wipfeln es immerzu ruhelos rauscht und wispert. Dies hier war heiter, überschaubar, dies hier atmete Ruhe. Hesychia.

Wie aus dem Boden gewachsen standen plötzlich zwei große Frauen vor uns. Strenge Tracht und langer Schleier — wahrscheinlich aus einem Kloster, wahrscheinlich aus den von Uflach her sichtbaren großen Gebäuden, die gut ein Kloster sein konnten. Die von der Schleierhaube gerahmten Gesichtszüge machten es schwer, das Alter zu erraten. Die zwei hatten sofort gemerkt, daß ich ein Geschöpf war, das nicht so recht hierhergehörte.

„Wen dürfen wir hier auf dem Berg des heiligen Vitus begrüßen?" fragte

die eine. Ihr Ton verriet keine Spur von Neugierde. Dame, das Wort fiel mir sofort ein. Eine eingeborene Dame; daß es so etwas gibt!
Ich stellte mich vor. „Anna Chrysophora aus Byzanz." „Dann bist du die Künstlerin, die meiner Schwester Adela die Kunstwerkstatt auf Uflach einrichtet? Herzlich willkommen mit deinen Mägden! Dies hier ist Irmintrud, die Priorin des Stiftes vom heiligen Veit und ich bin Liutgard, die Äbtissin."
Liutgard? Schwester? Von einer Schwester war nicht die Rede gewesen. Bilitrud hatte mir nichts davon gesagt, auch Adela nicht, niemand.
Die Äbtissin lud mich zu einer kleinen Stärkung in das Kloster ein. Ich nahm sofort an. Eine Monasterion mit eingeborenen Schwestern hatte ich in Germanien noch nicht von innen kennengelernt. Die Mägde blieben im Küchentrakt. Eine von ihnen traf dort eine entfernte Verwandte beim Gemüseputzen und begrüßte sie mit großer Lautstärke.
Liutgard und die Priorin führten mich durch einen langen Arkadengang, der von vier Seiten einen großen quadratischen Hof umschloß. Einige Nonnen gingen darin auf und ab, mit gemessenen, doch verhältnismäßig raschen Schritten, ein Buch vor den Augen und die Lippen im Gebet bewegend. Diese unruhigen Menschen hier im Westen! Sogar beim Beten müssen sie rennen! Wie Wölfe, die in einen Zwinger eingesperrt sind, immer an den Stäben des Gitters entlang laufen, auf und ab, auf und ab.
In der Gästekammer erschien bald ein dienstbarer Geist mit einem Tablett. „In deiner Heimat ist es so Brauch, wenn ich nicht irre?" Liutgard irrte sich nicht. Ich war freudig überrascht. Welche Aufmerksamkeit! Zum ersten Mal hier in Germanien wurde mir die Willkommensgrußspeise mit Glyko und Wasser gereicht, wie es üblich ist in den Ländern, in denen man den Wert des Wassers zu schätzen weiß. Das Glyko stellt sich zwar als eine recht fade honigsüße Masse heraus, zäh wie Harz, aber das Wasser war köstlich. Vorhin, als ich die Grillen zirpen hörte in dem sonnengedörrten, schlankrispigen Gras des sandigen Hügels, das so ganz anders ist als das fette Grün der sumpfigen Niederung, da hatte mich ein Hauch des Südens angeweht und mir Durst gemacht. Quellwasser war es, aus einem bis zu einer Quelle reichenden Brunnen geschöpft, aus einem Brunnen von mehr als zweihundert Fuß Tiefe — ich wollte es erst nicht glauben.
„Daß es hier so etwas gibt!"
„Unser Brunnen ist das Weltwunder der näheren Umgebung. Aber ansonsten haben wir hier nicht viel zu bieten, was eine Byzantinerin beeindrucken kann. Du mußt dir hier vorkommen wie am Ende der Welt!"
„Aber das bin ich hier doch! Euer Dichter Vergil sagt es ausdrücklich,

daß gerade hier die Welt zu Ende ist!"

Auf dem Programm unseres Vorbereitungskurses hatte neben einer Einführung in die Eingeborenensprache auch Lateinunterricht gestanden. So hatten wir auch die Aeneis des lateinischen Dichters Vergil gelesen, ein weströmisches Epos mit der lächerlichen Tendenz, die Zivilisation sei aus dem dekadenten Osten in den frommen Westen umgezogen, mit dem aus dem brennenden Troja geflüchteten Aeneas nach Rom, ausgerechnet nach Rom!

„Extremi hominum morini, Rhenusque bicornis" begann ich zu zitieren „das äußerste Gelände der Menschheit wird mit dem zwiegehörnten Rhein in einem Atemzug genannt."

„Da sind sie, die zwei Hörner!" Liutgard deutete ein Lächeln an und zeigte zum Fenster, durch dessen schmale Öffnung die Ebene mit dem glitzernden Band sichtbar war. Dort wo Uflach lag, spliß es sich in zwei dünnere Bänder auf. „Da kann das Ende der bewohnten Welt nicht weit sein!"

„Hast du das Adela schon erzählt, das mit den zwei Hörnern?" fragte die Priorin. „Die Vorstellung, direkt auf den Hörnern eines Ungetüms zu wohnen, muß ihr gefallen. Sie tanzt gerne den Mächten dieser Welt auf dem Kopf herum!"

Liutgard ließ mich nicht antworten. Hastig nahm sie ihren eigenen Gesprächsfaden wieder auf.

„Am Ende der bewohnten Welt, — du sagst, da wären wir? Ich wollte, es wäre so. Am Ende der Welt wohnen — wer das könnte! Ich hörte, ein Mönch aus Konstantinopolis habe vor ein paar Jahren ein Kloster gegründet, das nicht in der Welt liegt. Nein, es liegt nicht in der Welt, sagten die griechischen Kaufleute, die davon erzählten und sie blieben dabei, als wir nachfragten. Nicht in der Welt, das heißt doch wohl: dieser Mönch hat sein Kloster auf einer unbewohnten Insel gebaut?"

„Du meinst das Kloster des Athanasios?! Den Mönch Athanasios kenne ich; wer in Byzanz kannte ihn nicht?! Beinahe hast du recht: Athanasios hat seine Lawra zwar nicht auf einer Insel gebaut, aber doch auf einer Halbinsel, auf der langen Halbinsel Athos, die nur an einer schmalen Stelle mit dem Festland verbunden ist. Kein Weg führt durch das dichte Gestrüpp in die Eremia des Heiligen Berges."

„Unser Berg, unser Klosterberg, der Eltenberg, wie die Leute ihn nennen, obwohl er nur ein Hügel ist, der liegt nicht außerhalb der Welt, der liegt direkt am Weg!"

Die Priorin zeigte auf den Rhein, der jetzt fast wie ein Spiegel das Sonnenlicht zu uns hochwarf.

„Und manchen liegt er auch im Weg. Wir sind hier wirklich nicht am Ende der Welt, leider. Wir sind viel zu sehr mittendrin, als daß wir unangefochten in Ruhe hier leben könnten. Adela..."
Liutgard stand unvermittelt auf. Es war mehr als deutlich, daß sie das Gespräch beenden wollte.
„Sicher möchtest du dir unsere Kirche ansehen!"
„Gerne!"
Der Kirchenraum erwies sich als eine Art langer Gang, wie ich das hierzulande schon öfters gesehen hatte, geeignet für Menschen, die meinen, den Gottesdienst in Reih und Glied aufgestellt feiern zu müssen, so, als wollten sie im nächsten Moment losmarschieren. Nichts von der Ruhe und Geborgenheit der heiligen Höhle, in deren dunkler Rundung die goldenen Ikonen aufleuchten und die Fenster zur Ewigkeit sich öffnen. Nichts vom Mysterium der Schwelle — keine Schranke trennte den heiligen Altarbezirk vom Gemeinderaum ab. Nichts von dem, was uns in unseren Kirchen im Osten spüren läßt: Hier ist der Himmel auf die Erde gekommen. Wie muß es mit dem Christentum dieser Menschen bestellt sein, dachte ich, wenn sie solche barbarischen, solche wenig frommen Räume ihre Kirchen nennen?! Kann es mehr sein als oberflächlicher Firnis? Liutgard führte mich in einen Seitenbau. Ich war überrascht. Diese Kapelle entsprach viel mehr unseren östlichen Vorstellungen von einem Kirchenraum. Ein Narthex war da, eine Schwelle somit wenigstens angedeutet und im Scheitel der Apsis ging es durch eine Öffnung wahrhaftig in einen kleinen Kuppelrundbau.
„Unser Jerusalem!" erklärte Liutgard. „Eine Nachbildung des heiligen Grabes. Dieser Seitenbau ist unser altes Burgkirchlein. Ich mag es auch sehr gerne und habe es deswegen nicht abreißen lassen, obwohl wir jetzt die neue Klosterkirche haben."
Ein wenig war ich enttäuscht. Ich hatte angenommen, der Seitenbau, der anheimelnde, an den Osten erinnernde Seitenbau sei später hinzugekommen und somit ein Beweis für zunehmenden wohltätigen Einfluß aus Byzanz.
Dennoch war ich auf eine seltsame Weise froh gestimmt, als ich später mit den Mägden den Heimweg nach Uflach antrat. Ich hatte das Gefühl, ein kleines Stückchen Heimat wiedergefunden zu haben.

Zuhause in der Werkstatt ging es zuerst an das Sortieren unserer Ausbeute. Galläpfel, mancherlei Arten von Moosen und Flechten, dazu ein krappartiges Gewächs, das ich noch nicht kannte, aber ausprobieren wollte, alles das wurde auf dem großen Tisch ausgebreitet. Es roch streng nach Wald.

Es dauerte nicht lange, bis Adela hinzukam, neugierig, was die sonderbare Fracht wohl bedeuten könnte. Ich erklärte ihr, welche Kräuter zu welcher Färbung gebraucht werden, welchen Sud man brauen muß, um die gewünschten Tönungen zu erzielen; schließlich auch, wo wir die Kräuter gefunden hatten.

„Auf dem Hügel, wo deine Schwester..."

Adela unterbrach mich. Ihre Stimme war kalt.

„Ich habe keine... ich will das Wort nicht gebrauchen und auch von dir nicht mehr hören! Wenn du die da oben meinst, mit der bin ich fertig!"

„Aber deine Schwester..." Ich kam nicht weiter. Sie hatte doppelt zugeschlagen und meine beiden Wangen glühten. Es tat ihr zwar sofort leid, das war deutlich zu sehen. Aber das einzige, was sie hervorbrachte, war: „Ich hatte dich gewarnt!" Dann drehte sie sich abrupt um und ließ mich mit den verstörten Mägden allein.

Mein Mißgeschick muß sich sehr schnell herumgesprochen haben, denn schon bald tauchte Bilitrud auf, um mich zu trösten.

„Sie ist etwas jähzornig, unsere Herrin, aber nicht schlimm. Du wirst sehen, morgen ist sie wieder ganz anders. Heute, — ach das darfst du gar nicht rechnen. Heute habe ich etwas Muskatnuß an ihren Braten getan, ich tue es ja nicht gern, sündhaft teuer war das Zeug auf dem letzten Jahrmarkt und aufregen tut das Zeug auch, du hast es ja gemerkt. Aber sie hat ausdrücklich Mußkatnuß an den Braten haben wollen. Das griechische Zeugs, Bilitrud, hat sie gesagt und da mußte ich ja wohl. Aber morgen mache ich ihr etwas ganz Sanftes."

Am nächsten Morgen zeigte Adela sich sehr freundlich. Die Ohrfeige erwähnte sie mit keinem Wort. Dennoch streifte sie das Thema; wie nebenbei sagte sie:

„Übrigens, wenn es sich nicht vermeiden läßt, über die da oben auf dem Berg zu sprechen — du weißt schon —, dann nenne sie einfach die Dame. Dann weiß jeder hier im Haus, wer gemeint ist"

Als ihre Freundlichkeit auch am Mittag noch vorhielt, faßte ich mir ein Herz. Ich ergriff die Gelegenheit, um ein Anliegen vorzutragen, das ich gleich von Anfang an gehabt hatte.

„Zu einem richtig zivilisierten Haus gehört bei uns im Osten auch ein Raum, in dem man ein Bad nehmen kann. Das kostet gar nicht viel Aufwand und du wirst sehen, daß du ihn gar nicht mehr missen kannst, wenn du erst einmal gemerkt hast, wie angenehm so etwas ist!"

Ich hatte mich in Eifer geredet.

„Für so etwas haben wir hier den Rhein."

Adela lachte, als sie mein entgeistertes Gesicht sah.

„Ich mache dir einen Vorschlag!" sagte sie. „Komm morgen früh einmal mit zum Rhein, und wenn du drinnen gewesen bist und dann immer noch meinst, ein Bad zwischen vier Wänden wäre etwas Besseres als ein Bad unter freiem Himmel, dann läßt sich weiter darüber reden. Aber du mußt wirklich richtig drinnen gewesen sein!"

Als ich dann drinnen war, ging ich sofort unter wie ein Stein. Ich sank und sank. Fische mit unheimlich zahnbewehrten Mäulern glotzten mich an. Die Aale genannten Riesenwürmer schossen aus ihren ekligen Schlammnestern auf mich zu. Ein zwiegehörntes Ungeheuer mit grauem Bart saß in der Tiefe, der Rhein in Person. Ich schrie und schlug um mich, bis ich erwachte und mich angstschweißgebadet in meinem Bett wiederfand. Im Osten war ein erstes schwaches Rot zu sehen. Bald sollte mein Traum also Wirklichkeit werden ...

Es war noch sehr früh, als wir loszogen. In dem dichten Nebel, der sich langsam in breiten weißen Schwaden vom Boden löste, sah alles genauso verschwommen aus wie in meinem Traum. War das wirklich Adela, waren das wirklich die Mägde, diese Gruppe von dunklen Gestalten, die so rasch ausschritten, daß ich Mühe hatte, mitzukommen? Blieb ich zurück, schienen ihre Umrisse sich im Dunst aufzulösen.

Als wir ankamen, hatte die Sonne den Nebel noch nicht ganz verscheucht. Die Stelle war gut gewählt. Dicht beieinander stehende Kopfweiden, kurzstämmig, mehr Gestrüpp als Baum, entzogen unseren Badeplatz der Sicht von der Uferseite her. Das andere Ufer des Riesenflusses war noch so neblig eingetrübt, daß nichts Genaues auszumachen war. Auch von drüben konnten wir nicht beobachtet werden.

Ich hatte bis jetzt immer noch nicht glauben mögen, daß die Sache ernst gemeint war.

Frauen unter freiem Himmel im Bad! Das ging über meine Vostellungskraft. Sicher, am Bosporus hatte ich Fischerweiber im Wasser gesehen — aber die hatten ihre Gewänder dabei nicht abgelegt!

Adela aber und ihre Mägde — wie sie da lärmend und spritzend durchs Wasser schossen, heidnisch war das, ja heidnisch! Flußnymphen, dachte ich, unsere heidnischen Vorfahren in Hellas kannten Nymphen, für jedes Gewässer eine. Aber nein, Nymphen waren das auch nicht! Nymphen, Töchter der griechischen Sagenwelt, gelten als ruhige, an den Ort gebundene, als seßhafte Wesen. Nixen waren das, spritzende kreischende, dahinschießende Nixen! Die Mägde hatten mir von einheimischen Spukgeistern erzählt, von Fischweibern, namens Nixen, schuppenleibig oder mindestens schwimmhautzehig, von Wassergeistern, die von einem Gewässer ins andere huschen, keineswegs seßhaft, sondern rastlos wie alles hier. Denen glichen Adela und ihre Mägde schon eher. Als Bilitrud wieder an Land kam, um auch mich ins Wasser zuholen, ertappte ich mich dabei, wie ich ihre Füße musterte, ob vielleicht Schwimmhäute zwischen den Zehen zu entdecken waren. Diejenigen, die mir in Byzanz vor der Abreise gesagt hatten: „Nach einiger Zeit wirst du genauso abergläubisch sein wie die Eingeborenen!", schienen recht zu behalten.

Ich wußte, daß ich eine äußerst lächerliche Figur machte. Ich, Anna Chrysophora, Hofdame ihrer kaiserlichen Majestät Theophanu und Leiterin der Kunstschule Uflach, stand unbekleidet, vor Kälte und Angst schnatternd, gänsehautbedeckt von oben bis unten, mit einem Fuß im Rheinwasser und traute mich nicht weiter, während die anderen im Wasser schwammen und mir Unverständliches zuriefen.

Am Hofe von Konstantinopel hatte ich öfters die Geschichte gehört von der nach Äthiopien verheirateten griechischen Prinzessin, der beim Besuch einer Grenzprovinz zugemutet worden war, beim Stammestanz strohschurzbekleideter Afrikaner samt all ihren Hofdamen mitzutun und ungeachtet ihrer würdevollen Steifheit sich solange zum wilden Klang der Trommeln herumwirbeln zu lassen, bis sie ohnmächtig umsank. Mir kam meine Situation noch um einige Grade grotesker vor.

Noch nie hatte ich so deutlich gemerkt, welch ein Fremdkörper ich hierzulande war. Die ganze Gegend wollte sich ausschütten vor Lachen über die zimperliche Griechin. Die uralten Kopfweiden hatten auf einmal Gesichter, knorpelige, runzelige und unverschämt grinsende. Die Möwen kreischten vor Vergnügen. Die Frösche im Schilf skandierten Spottgesänge. Irritiert zog ich mich vom Ufer zurück und legte meine Gewänder wieder an, des Gelächters der Schwimmerinnen nicht achtend.

Auf dem Rückweg ließ Adela die Mägde vorangehen.

„Du hältst mich wohl für eine ausgemachte Heidin und Barbarin", sagte sie „Und die da oben, die Dame, die hältst du wohl für eine zivilisierte Christin, für eine, — wie sagt ihr noch — für eine Kyr..." Sie kam nicht auf das Wort. Meine abwehrende Handbewegung bemerkte sie nicht.

„Ich gebe zu, ich verstehe nicht viel von der Bibel, aber einen Satz habe habe ich mir gemerkt. Da steht: Wenn du doch warm oder kalt wärest; aber weil du lau bist, will ich dich ausspeien aus meinem Mund! Die da oben ist weder Fisch noch Fleisch, weder warm noch kalt, weder barbarisch noch zivilisiert, weder heidnisch noch richtig christlich. Ich bin erst recht nicht richtig christlich, aber ich tue auch nicht so, als wäre ich es. Und ob Er mich ausspeien wird aus seinem Mund, das wird sich erst noch zeigen müssen!"

Der Herbst hat hierzulande viele Farben in seiner Chromothek. Die mit wildem Wein bewachsenen Mauern von Uflach sahen unwahrscheinlich bunt aus.

Dirk und sein jüngerer Bruder spielten zusammen auf dem Hof. Selten genug kam das vor; aber diesmal taten sie es; mit dem ganzen Ernst, den Kinder dabei entwickeln können. Sie sammelten die prächtigsten Blätter des wilden Weins in Kästen. In Dirks Schatztruhe wogen die von Zartgelb bis ins Eierschalenweiße spielende Farbtöne vor, untermischt von hellrosafarbigem Laub, eine Kombination von zerbrechlicher Phantasie. Bei Meinwerk dominierte Rot, möglichst kräftiges Rot.

„Wir tapezieren unsere Hütten!" riefen sie mir schon von weitem entgegen. Sie meinten damit ihre Schilfhütten, die sie außerhalb des Hofgeländes im Sumpf und in den Uferwiesen erbaut hatten. Die mußten bunte Innenwände bekommen, natürlich, denn auch Uflach war innen farbiger geworden seit meiner Ankunft vor einem halben Jahr. Die klobigen weißen und schwarzen Rheinkiesel, die auf dem Fußboden des Palas zu einem ungelenken Ornament ausgelegt waren, hatten unter einem Teppich verschwinden müssen, der in erlesenen Farben ein elegantes Pfauenmuster zeigte. Das Pfauenmuster hatte es Adela angetan. Bei den Wandbehängen mußte es noch einmal verwendet werden und bei den Sitzpolstern ebenso. Noch einige Mägde mehr waren zum Weben und Sticken eingestellt worden und die Maurer waren gerade dabei, eine zweite Werkstatt zu bauen. Das Prunkstück auf Uflach aber war ohne Zweifel das sogenannte Goldene Bett. Kein Besucher versäumte es, sich das Ding zeigen zu lassen. Sein Ruf hatte weit über die niederen Lande hinaus als Exempel von unglaublichem Luxus schon sagenhafte Züge angenommen. Dabei bestand es aus nichts anderem als aus einer gewöhnlichen Schlafstätte, die mit einem goldbestickten Umhang umgeben war, etwas, was in der Konstantinsstadt sich jeder Besitzer eines halbwegs gutgehenden Kaufhauses leisten kann.

„Unsere Hütte wird so schön wie der Palas!" rief Dirk. Er war glücklich, weil er mitspielen durfte. Bei solchen Sachen konnten sie ihn gebrauchen, die Kinder auf Uflach, deren kleiner Häuptling Meinwerk war, nicht der um ein Jahr ältere Dirk.

Tagsüber waren Adelas Kinder ganz sich selbst überlassen. Sie liefen im Koppel der Uflach'schen Gesindekinder mit, ohne daß sich jemand sonderlich um sie kümmerte. Da gab es zwar Imma, die Kindermagd. Aber deren Tätigkeit beschränkte sich darauf, abends die beiden Gräflein aus der Meute herauszufischen und zu Bett zu bringen. Den Dirk allerdings brauchte sie nur selten bei dem Koppel zu suchen, der kam meist schon von alleine an, wenn die Sonne sich zum Untergehen anschickte. Außerdem mußte Imma sich um die Festgewänder kümmern und die kleinen Grafen für offizielle Veranstaltungen herrichten. Sie war keineswegs das, was wir eine Gouvernante nennen. Das Augenmerk für die beiden Kinder Adelas war nur eine ihrer Nebenbeschäftigungen. Hauptsächlich hatte sie in der Küche zu tun, wo sie Bilitrud unterstellt war.

„Guck mal!" Dirk hielt mir seine Schatzkiste hin. Er hatte seit einigen Wochen Zutrauen zu mir gefaßt. Anfangs war er vor mir davongelaufen. Ich mit meinem damals noch schwarzen Haar mußte den Eingeborenenkindern wohl als ein sehr fremdartiges schreckeinflößendes Wesen vorkommen. Aber dann hatte er in der Werkstatt gestanden, mit großen Augen, ganz nah an der Türe zuerst. Nach und nach war er näher gekommen, die ersten Tage noch nicht, aber nach einer Woche war es soweit, daß ich ihn ansprechen konnte, ohne befürchten zu müssen, ihn zu verscheuchen. Aus Brokatschnippeln machte ich ihm einen Helm, der prächtig schimmerte. Freudestrahlend zog er damit ab. Später sah ich den Helm mitten im Gewühl des jauchzenden Koppels blinken, aber nicht Dirk hatte ihn auf, sondern Meinwerk. Als Kaufpreis hatte der Helm gedient, als Kaufpreis dafür, daß er überhaupt mitspielen durfte. Sonst beachteten sie ihn nicht, den Hasenfuß, der nicht durch Brennesseln rennen mochte und Angst hatte, sich dreckig zu machen. Sie knufften ihn, wenn er wieder einmal mit gräflichem Staat angetan auf der Wartebank im Vorhof des Palas sitzen mußte, bis sein Auftritt fällig war für irgendeine Lehenssache, bei der der Handschlag mit dem Grafen der Batua nicht fehlen durfte. Wie er das haßte, auf der Bank sitzen zu müssen, ängstlich darauf bedacht, keinen Flecken auf das kostbare Zeug zu kriegen. Aber es gab Flecken; immer wenn sie ihn knufften, gab es Flecken, blaue auf den dünnen Armen und schwarze auf dem Samtstoff. Noch schlimmer allerdings fand Dirk es, wenn er stundenlang bei einem Palaver oder einem Gelage dabei sein mußte, mitten unter vielen Menschen und doch ganz allein, stumm zwischen den rohen Stimmen und voller Angst, gleich könne einer der Zecher Wein über's Wams gießen oder einer der fettriefenden Knochen könne ihn treffen, mit denen die Eingeborenen einander zum Nachtisch zu bewerfen pflegen. Fettflecken mochte Imma am wenigsten und ihr Gekeife war dann besonders schrill.

„Eine schöne Blättersammlung hast du da!" sagte ich und er strahlte. Lob war er nicht gewohnt. Nun wollte auch Meinwerk seine Sammlung zeigen. Er kam nicht dazu.

Ein Reiter sprengte heran. Dirk ließ vor Schreck seinen Kasten fallen und sah entsetzt zu, wie ein Windstoß alle Blätter in die Luft wirbelte. Meinwerk dagegen behielt seine Kostbarkeiten fest im Griff.
Der Kurier hatte es sehr eilig. Kaum hatte er sein Pferd einem der hinzurennenden Knechte anvertraut, war er auch schon in der Burg verschwunden. Bald hörte man an allen Ecken und Enden die Mägde nach der Herrin rufen.
„Wichmann ist tot." Das Gerücht summte durch Gänge und Höfe und es dauerte nicht lange, bis es in den letzten Winkel gedrungen war.
Graf Wichmann von Hamaland war der Vater Adelas. Ich wußte nicht viel von ihm, nur dies eigentlich, daß er seit einigen Jahren in einem Kloster namens Gladbach lebte, nicht als Mönch, sondern als eine Art ständiger Gast, der sich, wenn es ihm beliebte, an den Gebetszeiten der Mönche beteiligen konnte.
Sein Grab aber sollte auf dem Eltenberg sein, auf dem Klosterhügel also, und bestattet werden wollte er mit dem Gesicht nach unten in Proskynesis-Lage. So hatte der Kurier es gemeldet.
Am Abend ließ Adela mich rufen. Sie saß mit versteinertem Gesicht in der Frauenkammer.
„Es stimmt doch: Ihr Griechen habt keine Angst vor den Geistern der Toten?!"
„Es stimmt, Herrin!"
„Du fürchtest dich also auch nicht, eine aufgebahrte Leiche anzurühren?"
„Nein, wieso?"
„Das wirst du noch erfahren; fürs Erste genügt mir zu wissen, daß du vor Toten keine Angst hast."
Ich hatte wirklich keine Angst vor Toten. Als ich zwölf Jahre alt war, hatte Kyrillos, der Mönch, der meinen Geschwistern und mir Unterricht gab, uns alle fünf mit in das Kloster Agia Triada genommen, das etwas außerhalb der Stadt liegt, eine halbe Wegstunde von der Theodosianischen Mauer entfernt. Ins Gewölbe des Beinhauses hatte er uns geführt, dorthin, wo die Schädel der verstorbenen Brüder auf Gestellen gelagert sind wie die Äpfel in der Uflach'schen Speisekammer, die Ernte eines ganzen Jahrhunderts. Einige trugen den Namen auf der Stirn, andere waren blankstirnig anonym geblieben. „Wir Christen haben keine Angst vor dem Tod, wir Christen lachen ihn aus!" hatte Kyrillos doziert. „Und nun nehmen wir jeder einen Schädel mit Namen aus dem Regal. Anna, lies vor, was steht da geschrieben?" Kyrillos hatte schon immer viel von der damals

modern werdenden anschaulichen Unterrichtsmethode gehalten, der nichts handgreiflich genug sein kann. „Und jetzt legen wir den Schädel wieder sorgfältig an seinen Platz!" Mir hatte es nichts ausgemacht. Und als ich beim Verlassen des Beinhauses über einen Korb stolperte, in dem die Gebeine eines Mönches gesammelt waren, die zehn Jahre in einem Grab gelegen hatten und nun ans Licht gehoben waren, um hier einsortiert zu werden, Schädel zu Schädel, Elle zu Elle, Speiche zu Speiche, da bot ich mich an, diese Arbeit zu tun.

Auf Uflach wurde es unruhig. Wir bekamen Einquartierung. Bischof Dietrich von Metz, Kanzler des Reiches für Italien, ein Vetter des Verstorbenen, hatte sich gerade in der kaiserlichen Pfalz zu Nimwegen aufgehalten und war deswegen zeitig zur Stelle. Er belegte mit großem Gefolge Kammern und Stallungen. Meine Mägde mußten solange nach Hause geschickt werden, um Platz zu machen für den buntgewürfelten Haufen.

Noch mehr Unruhe gab es in der Abtei. Dort mußten untergebracht werden: der Erzbischof von Köln, der Bischof von Utrecht, der Graf des Chattuariergaues, der von der Twente, der von der Drente und der des östlichen Hamalandes, alle mit Gefolge natürlich, wenn auch nicht mit soviel Leuten wie der von weither gereiste Dietrich von Metz.

Drei Tage nach Wichmanns Tod trafen auch die Mönche aus Gladbach mit dem Leichnam auf dem Eltenberg ein.

In unserem Klima wäre so etwas ohne äußerst aufwendige Balsamierungsmaßnahmen gar nicht möglich gewesen; aber bei den Temperaturen, die hierzulande herrschen, zumal im Herbst, machte es keine großen Schwierigkeiten, eine Bestattung erst einige Tage nach dem Tod vorzunehmen.

Als ich Dietrich von Metz sah, erkannte ich ihn sofort wieder. Seine Stimme war noch genauso laut und schnarrend wie damals in Brindisi, als ich mich darüber entsetzte, daß im Westen ein Bischof, ein Nachfolger der Apostel so aussehen kann; stiernackig und grobschlächtig wie ein Kriegsknecht. Der Urwaldbischof, der als Brautwerber nach Byzanz gekommen war, machte verglichen mit ihm geradezu noch eine elegante Figur. Mit Hosen und Lederwams war Dietrich von Metz bekleidet, dazu trug er ein Schwert an der Hüfte. Ein Schwert bei einem Bischof...

Zur Begrüßung und feierlichen Einholung der Braut war der Kanzler nach Brindisi geschickt worden von seinem König Otto, der sich später Kaiser des Westens nennen ließ und der damals auf Theophanu in Rom wartete. Ich werde das nie vergessen, wie Dietrich im Hafen von Brindisi sich dieser delikaten Aufgabe entledigte: mit dem Charme eines Belagerungskatapultes und dem Takt eines Ackergaules. Theophanu lächelte un-

entwegt, als bemerke sie die plumpe, mit Beleidigungen untermischte Anbiederung gar nicht. Eigentlich habe man ja eine richtige purpurgeborene Prinzessin für Otto haben wollen, eine Kaisertochter, nicht eine Kaisernichte, zudem noch eine, die schon geboren wurde, bevor der gnädige Herr Onkel Johannes Tsimiskes seinen Vorgänger, den gnädigen Nikephoros Phokas habe umbringen lassen, um selber den Thron zu besteigen. Aber da sie nun einmal dasei, solle sie auch willkommen sein, und es würde schon werden, keine Bange! Ich erinnere mich, daß ich damals trotz aller gegenteiligen, guten Ermahnungen, eine spitze Bemerkung nicht unterdrücken konnte, als ich ihm vorgestellt wurde. Er muß sie verstanden haben, denn seine anmaßend jovialen Züge entgleisten. Ob auch er sich erinnerte, wenn er mich jetzt auf Uflach sah?
Adela war beunruhigter als ich. Alle anderen Gäste hatten Uflach gemieden und sich oben auf dem Eltenberg einquartiert. Was mochte der alte Fuchs im Schilde führen? Er war ihr durchaus nicht gut gesonnen, das wußte sie. Und was die Erbschaft anging, nahm er einen Standpunkt ein, der dem ihren genau entgegengesetzt war. Ob er oben nicht wohnen mochte, weil da früher einmal auch sein Vater als Graf des Hamalandes residiert hatte? Ob er sich vor Kindheitserinnerungen fürchtete? Das war alles wenig wahrscheinlich bei einem Mann, der mit der Feinfühligkeit eines Hippopotamos begabt war.
Adelas seltsame Frage nach meiner Einstellung zu den Geistern der Toten beschäftigte mich. Was hatte sie vor?
Im Gesinde lief allerlei Geschwätz um. Ich schenkte ihm diesmal viel mehr Aufmerksamkeit, als ich das ohne Adelas eigenartiges Gebaren getan hätte.
„Die anderen liegen auch mit dem Gesicht zur Erde" hieß es. „Der kleine Meginhard allerdings nicht, der konnte ja auch nicht dafür!"
Die Proskynesis-Lage wurde also als eine Art Bestrafung empfunden; soviel verstand ich. Wofür außer dem früh gestorbenen Söhnchen Wichmanns die anderen Mitglieder der gräflichen Sippe durch Bestattung in Bauchlage bestraft worden waren, konnte keiner richtig angeben.
Einig waren sich alle darin, daß vor dreizehn oder vierzehn Jahren auf dem Eltenberg eine Tragödie sich abgespielt haben mußte, bei der Wichmanns Vater Meginhard, Wichmanns Schwester Gerberch, Wichmanns Frau Liutgard von Flandern und der kleine Meginhard umgekommen, Wichmann selber und seine beiden Töchter Liutgard und Adela aber am Leben geblieben waren.

„Die Liutgard hat ihren Schwiegervater und ihre Schwägerin vergiftet und als sie sah, daß auch ihr eigenes Kind von der Teufelsspeise gegessen hatte und elend umkam, da hat sie Hand an sich selbst gelegt!"
„Nein, das kann es nicht gewesen sein!" Imma wußte es besser. „Mein Onkel war damals Stallknecht da oben und er hat ganz deutlich gesehen, daß der Schädel des alten Meginhard durch einen Schwerthieb zertrümmert war. Aber die sind ja so eilig dabei gewesen mit der Beerdigung, das sollte ja wohl möglichst vertuscht werden, was da passiert ist!"
„Die Gräfin aus Flandern kann ja auch nicht alleine Schuld gehabt haben, sonst hätten Gerberch und der alte Meginhard ja nicht auch verkehrt herum beerdigt werden müssen..."
„Aber die Hauptschuld scheint sie doch gehabt zu haben; sonst hätte man sie nicht als Einzige unter der Traufe begraben, direkt unter der Traufe des Rundbaus, damit ihr das Regenwasser auf den sündigen Schädel sickert!"
„Gut, daß man sie halb unter das Fundament geschoben hat. Da kann sie nicht als Wiedergängerin herauskommen."
„Du Dummkopf! Dazu genügt es doch, daß sie mit dem Rücken nach oben begraben liegt, das weiß doch jedes Kind! Das bannt sie an ihren Ort!"
Am Vorabend des Beerdigungstages rief Adela mich zu sich.
„Zieh dein schwarzes Kleid an und dann komm auf meine Kammer!"
Ich vermutete, daß sie mich zum Vigilgottesdienst auf dem Klosterhügel mitnehmen wollte. Allerdings hatte die Glocke von dort schon lange vorher ihren jammernden Ton hören lassen. Wenn da oben jetzt so etwas wie eine Totenvesper gesungen wurde, mußten wir erheblich zu spät kommen. Kaum war ich, in mein Schwarzseidenes gehüllt, bei ihr eingetreten, da trat sie, ebenfalls in schwarzer Trauerkleidung, dicht an mich heran und stieß mit gepreßter Stimme hervor: „Du hast gesagt, du hast keine Angst vor den Toten. Das stimmt doch?" Ich nickte nur, obwohl die Frage nach dem Wieso mir wieder auf der Zunge lag.
„Von meinen Mägden kann ich keine mitnehmen. Die sterben mir vor Angst. Und alleine schaffe ich es auch nicht! Dafür ist er zu schwer!"
Sie zog den mit Pfauen bestickten Vorhang ihres Goldenen Bettes beiseite. Zwei wetterfeste Umhänge aus grauwollenem Stoff lagen da, solche, wie sie die Mägde bei schlechtem Wetter zu tragen pflegen, zwei schwarze Kopftücher, zwei Halstücher und zwei Paar von diesen eigenartigen Gebilden aus Holz, die hier als Schuhe dienen müssen.
„Zieh das an!" befahl sie. „Frag nicht, ich habe keine Zeit, dir das zu er-

klären! Nun zieh das Zeug doch schon an!"
Adela war nicht wiederzuerkennen in ihrer Vermummung, in die sie geschlüpft war, noch ehe ich den garstigen Umhang zugenestelt hatte. Sie half mir, das Kopftuch so umzubinden, daß weder meine schwarzen Haare mich verraten konnten, noch allzuviel von meinem Gesicht zu sehen war. Sie hatte ein Töpfchen mit Ruß zur Hand, dessen Inhalt, auf unserer Haut verrieben, uns vollends unkenntlich machte.
Schließlich überredete sie mich, meine Füße in die blankgescheuerten Holzkähne zu stecken und es wenigstens einmal zu versuchen, darin einige Schritte zu tun. Die fielen zwar tolpatschig genug aus, aber Adela befand: „Das geht schon ganz gut. Und bis zum Kloster wirst' du damit schon kommen!"
Verstohlen schlichen wir uns aus dem Uflach'schen Hofbezirk heraus. Es regnete. Regen ist hierzulande etwas anderes als bei uns zuhause. In Byzanz flüchten wir uns dann in unsere Häuser und warten ab, bis der Schauer vorüber ist. Hier aber kann es tagelang regnen, wochenlang, solange, bis man meint, die Erde müsse bis zum Orkus hinab durchgeweicht sein.
Immer wieder blieben wir mit unseren hölzernen Schuhen im nassen Lehm stecken und oft genug mußten wir sie mit Mühe aus dem zähen Schlamm ziehen, der sie nicht freigab ohne ein schmatzendes Geräusch. Riesenpfützen, wohin man auch sah; ja, ganze Wiesen schienen unter Wasser zu stehen.
Ich war froh, als wir den Fuß des Hügels erreicht hatten. Dort war der Boden sandiger, das Wasser konnte schneller abfließen und wegsickern und der Weg war dort also trockener. Aber jetzt gab es neue Schwierigkeiten.
Adela wollte niemandem begegnen und bestand darauf, quer durch die Macchia hochzugehen, nicht den gebahnten Weg. Ein erster Anlauf scheiterte, weil wir in ein immer dichter werdendes nasses, spinnwebdurchzogenes Brombeergestrüpp hineingerieten. Etwas weiter sah es eher nach einer Möglichkeit zum Durchkommen aus. Das war der kleine Akazienhain, den ich im Sommer öfters aufgesucht hatte als eine Oase von Hesychia inmitten der raunenden wispernden rauschenden Wälder, als einen Ort, wo die Majestät der Mittagssonne vollständiges Schweigen zu gebieten imstande ist — wie zuhause. Eidechsen hatte ich hier angetroffen, sonnenhungrige Eidechsen; ich begrüßte sie wie alte Freunde, als sie mit zitternden Flanken das Sonnenlicht durch die Poren der olivgrünen Haut einsogen — wie zuhause. Ich war versucht gewesen, sie griechisch anzureden. Jetzt aber begriff ich nicht mehr, wieso ich hier Süden hatte entdecken können.

Fremd standen die Akazien da, die nackten Äste griffen mit klagender Gebärde in die grauneblige Nässe hinein, als hätten sie nie etwas anderes getan, und nur noch kümmerliche vergilbte Reste ihres Sonnengefieders waren zu sehen.
Durch halb in Fäulnis übergegangenes Laub wateten wir weiter. Das nasse Zeug geriet in meine Schuhe, aber ich kümmerte mich nicht darum.
Adela fluchte, als ein Häher zu kreischen anfing. Er hielt uns für Störenfriede und ich mußte ihm recht geben. Wir hatten hier wirklich nichts zu suchen.
Oben angekommen mußten wir uns erst auf's Neue zurechtmachen. Adelas Absicht war es, daß man uns im Kloster für Mägde hielt. Jetzt aber sahen wir, zerzaust und mit Laub und Spinnweben behängt, eher wie Waldgeister aus.
Die Kopftücher zupften wir wieder zurecht.
Da der Regen unsere Gesichter blankgewaschen hatte, hielt Adela eine erneute kosmetische Behandlung mit Ruß für nötig.
Der Gottesdienst war gerade zu Ende gegangen, als wir am Kirchenportal ankamen. Niemand erkannte uns. Niemand sprach uns an, als wir in das Kircheninnere gingen, wo im Chorraum eine Art Kiste stand, das Behältnis für den Leichnam, von drei Kerzen auf jeder Seite beleuchtet.
Adela zog mich quer durch das schmale Schiff in die Seitenkapelle und von dort, nachdem sie sich vergewissert hatte, daß niemand uns gefolgt war, durch die Apsisöffnung in den vollständig dunklen kleinen Kuppelraum. Dort saßen wir regungslos hingekauert wie in einer Höhle. Erst als ich die schlurfenden Schritte des Sakristans sich entfernen, den Schlüssel im Schloß der Außentür kreischen und dann eine ganze Weile gar nichts mehr hörte, wagte ich zu fragen, immer noch flüsternd: „Was hast du vor?"
„Wir drehen ihn gleich um!" Sie hatte in ihrer normalen Lautstärke gesprochen. Aber weil es so still hier war, erschrak ich, als hätte sie plötzlich geschrieen.
„Jetzt noch nicht!" sagte sie. Sie wußte genau, was sie wollte. „Zwei Stunden warten wir noch; dann kommt bestimmt niemand mehr. Wir können hier sowieso vor morgen früh nicht heraus!"
Ich fror ganz erbärmlich. Es war doch eine Menge Regenwasser durch den Mantel gedrungen und an einigen Stellen spürte ich mein Schwarzseidenes naß am Körper kleben. In den Holzschuhen steckte immer noch etwas nasses Laub. Ich mußte niesen.
Es war sehr still. Man konnte hier drinnen gut hören, daß es immer noch

stark regnete. Das Wasser aus der Traufe klatschte heftig auf den Boden. Adela regte sich nicht. Ob sie daran dachte, daß dort ihre Mutter begraben lag, dort unter der Traufe, den Schädel genau unter der Stelle, wo jetzt das Wasser seinen Tanz aufführte...? Ich war nicht mehr so sicher, daß mich keine Angst überfallen könnte.

Es dauerte länger als eine halbe Stunde, ehe Adela das Schweigen brach. Dann aber, wie um ihre Furcht zu übertäuben, hörte sie kaum auf zu sprechen. Ich erfuhr mehr über ihre Familie als in den Monaten vorher.

Sie holte weit aus. Mit ihrem Urgroßvater begann sie. Eberhard Saxo, Graf der Chamaven, ja, das war ein Kerl gewesen, ein Recke! So etwas komme heute nur noch in den Liedern der fahrenden Sänger vor. Und gelebt hatte der in einer Zeit, in der Recht noch Recht war und Unrecht noch Unrecht, ganz einfach war das gewesen, ohne alle Kniffe der Schreiberlinge.

„Dem Normannenkönig hat er den Kopf abgeschlagen, da unten an der Spitze der Rheinteilung, nicht weit von der Stelle, wo wir zum Schwimmen hingehen. Damals hatten sich die Nordmänner überall in den niederen Landen breit gemacht; die Franken hatten sich alles wegnehmen lassen, Utrecht war weg, Nimwegen war weg und wenn wir Sachsen nicht gewesen wären — die Flut wäre weitergerollt!"

Wir Sachsen sagte sie. Sie war aber nur eine halbe Sächsin, von Vaters Seite her. Liutgard von Flandern war Fränkin gewesen, Karolingerin sogar, Urenkelin des sagenhaften Frankenkaisers Karl.

„Dem Eberhard hatten sie auch alles abnehmen wollen, ganze Stücke vom Hamaland hatten sie sich schon angeeignet. Aber der sächsische Dickkopf Eberhard bestand auf seinem Recht. Hier oben auf dem Eltenberg hat er diejenigen von seinen Leuten, die von Haus und Hof vertrieben waren, erst einmal provisorisch angesiedelt."

„Ein Flüchtlingslager also!" warf ich ein. Ich dachte an die Zelte der nach Anatolien vertriebenen Armenier. Aber Adela verstand mich nicht.

„Die Anhöhe hier hat er befestigt. Die Normannen sahen das wohl. Aber sie lachten und ließen ihn gewähren. Sie wußten, daß er sich hier auf keine Belagerung einrichten konnte. Kein Wasser, verstehst du? Aber was ein richtiger Sachse ist, der gibt so schnell nicht auf. Er hatte fabelhafte Leute bei sich, Leute, die nichts verlieren, sondern nur viel zurückgewinnen konnten. Und mit dem Mut der Verzweiflung fingen sie etwas an, was jeder für unmöglich gehalten hatte. An einer gut versteckten Stelle am Fuß des Hügels trieben sie einen Stollen ins Erdreich, hatten das Glück, an geeigneter Stelle eine Quelle zu finden und gruben sich wie die Maulwürfe einen Schacht nach oben. Mit heimlich nach und nach herbeigeschafften Steinen kleideten sie ihn aus. Nach und nach ließ Eberhard die Steine kommen, denn eine ganze Schiffsladung auf einmal wäre den Normannen aufgefallen. Einen Brunnenbaumeister hatten sie dabei, einen Mann aus Köln, der hatte bei euch in Byzanz das Brunnenbauwesen studiert und kannte sich in seinem Fach aus. Zweihundert Fuß tief ist der Brunnen, vielleicht hast du ihn schon gesehen."

Ich kannte den Brunnen. Es war nicht bei meinem ersten Besuch auf dem Eltenberg geblieben. Adela wußte das und hatte es mir nicht verboten. Wahrscheinlich verstand sie, daß ich das brauchte: ab und zu Gespräche mit wenigstens halbwegs zivilisierten Menschen. Ohne das wäre ich womöglich nicht auf Uflach geblieben, hätte mich wieder auf Wanderschaft begeben müssen, mit Theophanu von einer Pfalz zur anderen. Der erwähnte Brunnen hatte mit dazu beigetragen, daß ich mich hier ein wenig zuhause fühlen konnte. Sein Wasser war kostbares Wasser, mühsam aus tiefster Tiefe zu schöpfendes Wasser, dankbar zu trinken an einem Ort, wo Wasser geschätzt wird als gnädige Gabe des Gottes mitten in einem Land, das Wasser im Überfluß hat und wo man es in beliebigen Mengen achtlos wegschütten kann. Hier oben wurde kein Wasser achtlos weggeschüttet.

„Manche von den Männern sind vor Entkräftung gestorben, manche sind von nachrutschenden Erdmassen verschüttet worden und erstickt, wenn sie in ihrer Hast nicht sorgfältig genug abgestützt hatten. Aber Eberhard hat er fertig bekommen. Er hatte Wasser und war auf eine Belagerung eingerichtet, ehe die Normannen es verhindern konnten.

Mein Urgroßvater wußte eben, daß er sich nur auf sich selber verlassen konnte. Der Kaiser, den damals übrigens noch die Franken stellten, nicht wir Sachsen wie heute, wagte es nicht, auch nur einen Schlag gegen die Nordmänner zu unternehmen. Sie konnten machen, was sie wollten. Aber mit Eberhard Saxo würden sie jetzt verhandeln müssen, das sahen sie ein. Eberhards Burg an strategisch so wichtiger Stelle, direkt an der Rheinteilung, war ihnen ein Dorn im Fleisch. Ein großes Palaver wurde einberufen auf dem Spyck, hier am Fuß des Eltenbergs, nah genug für die Nordmänner, um von ihren Schiffen, und nah genug für Eberhard, um von seiner Fluchtburg auf dem Berg Verstärkung zu bekommen, notfalls. Aber Eberhard Saxo war von vornherein entschlossen, den Notfall eintreten zu lassen.

Der Kaiser hatte den Frankenherzog Heinrich als seinen Bevollmächtigten zu den Verhandlungen geschickt, der, als er eintraf, noch nicht ahnte, was für ein Abenteuer ihm und seinen Leuten bevorstand. Auch der Erzbischof von Köln war gekommen. Ihn weihte Eberhard in seine Pläne ein und trug ihm auf, die Normannenkönigin, eine gebürtige Fränkin, eine Nichte des Kaisers, unter einem Vorwand aus der Gefahrenzone herauszuführen, denn sie sollte geschont werden.

Als sie dann im prächtig ausgestatteten Königszelt zu Tisch saßen, um sich zu stärken für die langwierigen Verhandlungen, da wartete mein Urgroßvater auf die Häme, die König Gottfried über fränkische und sächsische Verhandlungspartner auszugießen pflegte. Er hatte nicht vor, sie zu schlucken, wie es üblich geworden war. Zurückgeben wollte er es ihm, und nicht nur das. Schmähung und Gegenschmähung flogen in immer schnellerem Wechsel über den Tisch. Sobald er sich so richtig in Wut geredet hatte — das brauchte er, um seinen Plan ausführen zu können — war es Zeit, das Schwert aus der Scheide hervorblitzen zu lassen und über den umgestürzten Tisch hinweg den Zweikampf zu beginnen mitten zwischen Suppenschüsseln, Hühnerkeulen, zerbrochenen Weinkrügen und zersplitterten Bänken."

Adela hatte sich in Begeisterung geredet und in ihrer Stimme klang etwas mit, das vermuten ließ, sie wäre gerne dabeigewesen.

„König Gottfried konnte mit dem Schwert umgehen, aber mein Urgroßvater hatte sich in die größere Wut hineingesteigert. Mit einem Hieb, mit nur einem einzigen Hieb, schlug er dem gehaßten Rechtsbrecher und Eindringling den Kopf ab! Die Normannen stoben entsetzt auseinander. Nur einige wehrten sich, als Eberhards Leute und schließlich auch die Franken die Attacke begannen. Diejenigen, die sich auf die Schiffe retten konnten, durften noch von Glück sagen.

Der Schreck, den die Nordmänner damals bekommen haben, war so groß, daß sie sich woanders hin verzogen, weg von hier in das Gebiet, wo sie heute noch sind und das neuerdings Normandie genannt wird. Meinen Urgroßvater haben die befreiten Stämme in den niederen Landen damals zum Herzog ausgerufen, zum Herzog gegen Normannen und Friesen. Und er ist ein echter Herzog gewesen, ein Heerführer, der vor seinen Leuten herzog, wenn es in den Kampf ging und von dem sie wußten: Mit dem an der Spitze kann uns nichts passieren. Es war nicht so ein Verwalter oder Filialleiter, wie heute die Herzöge sind, die ihren Posten vom Kaiser be-

kommen. Er hat sein Recht verteidigt, und so sahen auch die anderen bei ihm ihr Recht gut aufgehoben."
Sie schwieg, und ich dachte über diesen Urgroßvater nach, dem Adela in vielem glich. Dieser unglaublich hartnäckige Wille — mit dem Kopf durch die Wand und durch den Berg zum Wasser und zum Sieg.
„Aber wenn heute jemand sein Recht verteidigt... die Dame, du weißt... Wenn ich nur wüßte, wie sie meinen Vater verhext haben... Wenn sie ihn nicht behext hätten, würde er das Unrecht gar nicht geduldet haben. Mein Vater war so einer wie der Eberhard Saxo, mußt du wissen, geradeaus für das, was er für Recht erkannt hat und keinen Deut davon abgewichen. — ... — Sicher, er hat sich bereden lassen, von dem Versöhnungsapostel und von den anderen, eine Fränkin zu heiraten, das war ein Fehler und das ist dann ja auch geradewegs eine Katastrophe geworden..."
Sie schwieg und wir lauschten gemeinsam auf die klatschenden Wasser der Traufe.
So flüssig sie hatte erzählen können, als es um das angegriffene und erfolgreich verteidigte Recht ihres Urgroßvaters ging, so unzusammenhängend wurde ihre Rede jetzt, als sie auf ihre eigenen Angelegenheiten zu sprechen kam, für die das andere doch wohl nur als eine Art Vorspann gedacht gewesen war.
Sie flüsterte nur noch.
„Und wenn ich jahrelang da unten sitzen muß, da unten auf Uflach, das vorenthaltene Erbe immer vor Augen... Eines Tages wird es soweit sein. Dann habe ich mich genug mit Wut vollgesogen und dann werde ich stark genug sein... und dann wird keiner mich hindern, mir mein Recht zu nehmen — keiner!"
Als ihr Redefluß wieder zusammenhängender wurde, schrieb sie die Schuld an allem, was ihr mißfiel, dem Brun zu, dem einige Jahre zuvor verstorbenen Erzbischof von Köln, dem Bruder des Kaisers Otto des Ersten. Der hatte ihren Vater behext, der und kein anderer. Alle hatte er behext mit seinem Gerede von Versöhnung, den Kaiser, seinen Bruder, zuerst. Was soll man auch sonst von einem Kaiser sagen, der es sich gefallen läßt, wenn sein anderer Bruder, eine zänkische Natur, immer wieder von neuem Krieg gegen ihn beginnt und wenn er jedesmal, wenn der Hochverräter besiegt ist und jammernd vor dem kaiserlichen Bruder in die Knie sinkt, ihn aufhebt und ihn wieder als Herzog einsetzt, auf daß er neu gegen ihn wühlen kann? Verhext, nicht wahr? Aber der Wahnsinn hatte Methode. Früher, da hatte es klare Verhältnisse gegeben, da war Freund Freund und

Feind war Feind. Die Franken waren Feind, da wußte man, woran man war als Sachse. Als Sippe hielt man zusammen, wenn man auch aufpassen mußte, daß man nicht von den eigenen Leuten ausgebootet wurde. Aber da paßte man schon auf. Einen Kaiser hatte man vor Otto nicht gebraucht. Es hatte wohl einen gegeben, irgendwo in Italien oder im Arelat oder in Kärnten, wer weiß, es hatte auch niemanden interessiert. Aber seitdem dieser Brun mit der Idee der Versöhnung hausieren ging und sein Bruder, der Kaiser Otto, obwohl er doch ein Sachse war, die Bayern, Schwaben und Franken behandelte wie seine Stammesgenossen, seitdem hatte der Kaiser immer mehr hineinreden können in Dinge, die ihn gar nichts angingen, wie zum Beispiel jetzt bei dieser Erbschaft, in Dinge, die man viel besser auf althergebrachte Weise mit Fehden untereinander ausmachen würde.
Die Kirche, deren Bischof oder gar Erzbischof Brun war, fuhr nicht schlecht dabei, sagte Adela, auch sie saß jetzt überall dazwischen, mit Grundbesitz und Gerechtsamen; und wollten zwei Streithähne aufeinander losfahren in ehrlicher Fehde, konnten sie es kaum, ohne kirchliche Interessen zu verletzen und den Kaiser auf den Plan zu rufen.
Dieser Brun hatte seinem Bruder geraten, Heiraten zwischen sächsischen und fränkischen Adelssippen zu fördern. Als ob er das nicht hätte wissen können, daß so etwas niemals gut gehen kann! Wichmann in seiner Gefolgschaftstreue zu Otto, dem Sachsen, zu Otto dem Kaiser, hatte sofort zugestimmt und Liutgard von Flandern geehelicht. Nun ja, man wisse ja, welche Katastrophe aus dieser widernatürlichen Politik entstanden sei.
Adela machte eine Pause und wieder war der Regen zu hören und das Tanzen des Traufenwassers.
Es war nicht gut gegangen. Die Katastrophe vor einigen Jahren hatte Adelas Mutter das Leben gekostet, dazu ihrem Großvater, ihrer Tante und ihrem Brüderchen, dem eigentlichen Erben. Adela sagte nichts darüber, wie damals die Katastrophe zustande gekommen war oder wie sie ausgesehen hatte. Auch später habe ich niemals erfahren, was dort wirklich vorgefallen ist. Die Decke des Schweigens, die die Brunharingersippe darüber gelegt hatte, war ohne Löcher.
Brun war an allem Schuld, hatte Wichmann gesagt, Brun und kein anderer. Auf seinen Rat, eine Fränkin zu heiraten, war letztlich alles Unheil zurückzuführen. Rache geschworen hatte er; und Adela sagte, sie würde sich nicht gewundert haben, wenn ihr Vater den Kölner Erzbischof umgebracht hätte. Aber stattdessen — nicht wahr, das konnte doch nur Hexerei gewesen sein — hatte er sich in Köln mit Brun versöhnt und war für den Rest

seiner Tage in das von Brun mitgegründete Kloster Sankt Vitus Mönchengladbach gegangen.
Und nicht nur das! Ausgerechnet er, der treue Wichmann, der gerechte Graf von Hamaland, er, dem das Sippenrecht soviel bedeutet hatte, ausgerechnet er mußte strikt wider dieses Recht den Großteil des Brunharingererbes an die Kirche verschleudern. Adela knirschte mit den Zähnen. Zumindest hätte er sie fragen müssen, das sei wirklich das allermindeste gewesen, bevor er all die schönen Güter in den niederen Landen samt dem Stammsitz der chamavischen Grafen auf dem Eltenberg aufgab. Liutgard, das verzärtelte Ding, das viel mehr auf die Mutter aus Flandern kam, mit der sie auch den Namen gemeinsam hatte, ausgerechnet diejenige also, die ihrem Vater Wichmann nie so nahe gestanden hatte wie sie, Adela, sein geliebter Wildfang — Liutgard war gefragt worden. Und sie hatte mitgetan bei dem Trugspiel, das jetzt einsetzte, und dem sie einen Anschein von Sippenrecht dadurch gab, daß sie sich zur Äbtissin dieser Stiftung machen ließ, obwohl es doch ausdrücklich keine Familienstiftung war und nach Liutgards Tod nicht an die Sippe zurückfallen würde — wenn es so liefe, **wie man das in Köln ausgebrütet hatte**. Verhext hatten die ihren gerechten und getreuen Vater, verdreht, verzaubert, das war ihr sonnenklar — läge er sonst so verdreht in der Totenkiste, bäuchlings wie ein Missetäter, den man an Wiedergängerei hindern muß?
„Das werden wir ändern, Anna! Den Mann dort im Sarg bringen wir wieder in seine natürliche Lage — und eines Tages die Erbschaft auch! Und so halte ich Treue dem Wichmann, den ich kenne. Den Umgedrehten kenne ich nicht!"
Ich antwortete nicht. Vor ein paar Monaten hätte ich noch gefragt, wieso sie diese Erbschaftsregelung als Unrecht empfinden konnte, wenn der Kaiser selber, der sogenannte Kaiser des Westens zwar nur, aber doch ihr Kaiser sie verbrieft und gesiegelt hat. Aber hier ist eben alles anders als in der Konstantinstadt, das hatte ich mittlerweile gelernt. Hier gibt es keine Pandekten und auch scheint das Wort des Kaisers keine gesetzgebende Kraft zu haben. Wie es Sitte und Brauch war bisher, so soll es weiterlaufen. Mit diesem primitiven Rechtsgrundsatz läßt sich hier anscheinend gut leben.
Bedrückende Stille brütete in der Kirche, als Adela sich erhob. Etwas von ihrer Angst steckte mich an. Ich zitterte, als wir uns der von sechs Kerzen schwach beleuchteten Totenkiste näherten. Adela öffnete ihre Tasche und kramte zu meinem Entsetzen ein Stemmeisen hervor.

Es gab ein splitterndes Geräusch, als wir mit vereinten Kräften den schweren, mit starken Nägeln befestigten Deckel hoben. Adela fluchte. Das Holz der Kiste hatten wir lädiert.
Tatsächlich, der Hüne da lag bäuchlings im Sarg — ich hatte es nicht glauben wollen. Die Leiche war nicht mit Leinenbinden bandagiert, man hatte ihr ein Festgewand angezogen.
Adela gab mir durch Winkzeichen zu verstehen, was ich zu tun hatte. In diesem Augenblick wagte sie nicht zu sprechen.
Ich faßte an..., der Mann war schwer, sehr schwer, viel zu schwer für uns. Ich schaute zu Adela herüber, ob sie nicht Anstalten machte, aufzugeben. Sie machte keine.
Im trüben Licht der heruntergebrannten Kerzen konnte ich sehen, wie ihr Hals schwoll, ich hörte sie keuchen und mit einem Mal — ich brauchte nur noch eine kurze Hilfeleistung zu geben —, lag der riesige alte Mann wie friedlich schlafend auf seinem Rücken. Ehe ich mir sein Gesicht einprägen konnte, hatte Adela den schweren Deckel schon wieder an seine Stelle gebracht. Mit einem einzigen Ruck hatte sie es geschafft, ohne mich aufzufordern, mit anzupacken. Sie schien vergessen zu haben, daß ich dabei war.
Auch einen Hammer hatte sie in ihrer Tasche mitgebracht. Ein paar Schläge, anfangs ungewohnt zaghaft, dann fester — und der Sarg war wieder geschlossen, notdürftig jedenfalls.
Die restlichen Stunden hockten wir apathisch in unserer Kuppelhöhle. Als erstes Frühlicht über die Steinfliesen zu kriechen begann, taute Adela aus der stummen Erstarrung auf. Ihr war eingefallen, daß wir uns wieder in Damen zurückverwandeln mußten, wenn wir uns unauffällig unter die bald zu erwartende Trauergemeinde mischen wollten. Sie reichte mir ein in arabisches Rosenwasser getauchtes Tüchlein. Der intensive Duft verscheuchte meine von Angst und Übernächtigung herrührenden Kopfschmerzen. Wir brauchten lange, bis wir den Ruß auch aus den letzten Gesichtsfältchen hinweggetupft hatten.
Die Barchentumhänge verstaute sie in ihrer unergründlichen Tasche und holte stattdessen kostbare schwarze Seidenschleier hervor. Die Holzschuhe versteckte sie in einer Mauernische. Die würden als Uflach'sches Andenken auf dem Eltenberg bleiben und später mancherlei Rätselraten und Kopfschütteln hervorrufen.
Als die Türe am frühen Morgen geöffnet wurde, strömten sehr bald Trauergäste in die Kirche. Einige schienen draußen gewartet zu haben, um gute Plätze zu bekommen.

Noch konnten Adela und ich uns nicht hervorwagen, denn das waren alles Leute minderen Ranges, Stiftsvasallen, Ritter und Freibauern. In deren Mitte wäre Adelas Erscheinen allzusehr aufgefallen. Auch als die Nonnen psalmodierend einzogen, mußten wir in unserem Versteck ausharren. Erst als in den vorderen Rängen sich etwas tat und dort jeder ausreichend damit beschäftigt war, darauf zu achten, daß die mit wichtigen Mienen ihres Amtes waltenden Zeremoniare ihm einen seiner Setllung entsprechenden Platz zuwiesen, erst da konnten wir es wagen, die Kuppelhöhle leise zu verlassen und aus dem Halbdunkel der Seitenkapelle in das Hauptschiff hinüberzugehen. Wie selbstverständlich, so als wären wir gerade von Uflach her eingetroffen, steuerten wir die für uns reservierten Plätze an, wo Imma schon mit den jungen Grafen wartete.

Die Liturgie begann unvermittelt, ohne Proskomedie. Sie wurde in lateinischer Sprache gesungen mit Ausnahme des Kyrie eleison, das als vertrauter Gruß der Muttersprache an mein Ohr drang, wenn auch in arg verfremdeter Melodie. Nur neunmal geschah die Anrufung in griechischer Sprache; dann ging es wie nach einer lästigen Pflichtübung, die man der Sprache des Neuen Testamentes schuldig war, in Latein weiter.

Der Kölner Metropolit zelebrierte und die ihm assistierenden Bischöfe, der von Utrecht und der Metzer taten so, als wären sie Diakone. Zu bestimmten Anlässen und nach Regeln, die ich nicht durchschaute, bekamen sie jenes seltsame Gebilde aufgesetzt, das sie hier im Westen statt der Bischofskronen tragen und das stark der aus Persien eingeführten zweispitzigen Hofbeamtenmütze ähnelt.

Die Mitfeiernden standen in dem langen, schlauchförmigen, eher einem Gang als einem Versammlungsraum gleichenden Kirchenschiff wie in Marschordnung aufgestellt. Auch der nassale Gesang der Kleriker klang so, als sei er für's Marschieren gedacht. Er hatte etwas Drängendes, etwas Vorantreibendes; nichts von dem Verweilen, dem ruhigen Kreisen und In-sich-Zurückkehren der Melodien, die die Kuppeln griechischer Kirchen zum Widerhallen bringen, wenn unsere Mönche ihre Freude darüber singen, daß sie Liturgia feiern dürfen, daß sie dort dabei sein dürfen, wo der Himmel des Gottes schon jetzt sich auf die Erde senkt, immer wieder auf's Neue! Ob sie wohl, wenn sie Kyrie riefen, wirklich den Pantokrator meinten, den Ewig-Unbewegten, oder nicht doch den wilden Jäger, den Einäugigen, der in den verzauberten Nächten mit seinen reisigen Heerscharen über die Wolken stürmt, Wotan, den Götzen?

Nicht nur Unruhe las ich in den Gesichtern der Liturgen. In manchen der des gewohnten Bartes entbehrenden und darum so brutal nackt wirkenden Gesichter stand die blanke Furcht. Diejenigen Kleriker, die der Totenkiste am nächsten postiert waren, hatten die Lädierungen am Holz bemerkt. Welche abergläubischen Vorstellungen von nächtlicherweise wirkenden Totengeistern mochten jetzt in ihren Köpfen spuken?
„Dies irae, dies illa" sang der Chor.
„Quid sum miser tunc dicturus, quem patronum rogaturus, cum vix iustus sit securus."
Natürlich, darüber müssen sie hier immer nachdenken, auf welche Weise sie sich rechtfertigen können, wie wenn das nicht längst geschehen wäre, als der Christos des Gottes unseren Tod auf sich nahm und in den Hades hinabstieg, um uns heraufzuführen in die ewige Liturgie des Himmels — ohne groß zu fragen.
„Recht muß Recht bleiben!" pflegen sie hier zu sagen, und so mißtrauen sie dem Allbarmherzigen, unterstellen ihm zumindest, er würde, bevor er sich erbarmt, doch noch Zahn um Zahn fordern und Auge um Auge im Fegefeuer, dieser Ausgeburt westlichen Rechtsdenkens und westlicher Rechtsbesessenheit. ‚Fiat iustitia, pereat mundus' heißt eines ihrer schrecklichen Sprichwörter und ich sah Adelas steinernem Gesicht an, daß das, was sie jetzt bei diesem Gottesdienst dachte, nicht weit davon entfernt war.
Der Gottesdienst war zu Ende, und es regnete immer noch. Ein Kreuz wurde herbeigeholt, eine Prozession formierte sich, sechs kräftige Männer ergriffen den Sarg und wir mußten alle hinterher, quer durch die Seitenkapelle und hinaus in den strömenden Regen.
In dem frisch ausgehobenen Grab an der Südwand der Kirche stand das Wasser mindestens eine Handbreit hoch. Es gab ein häßlich klatschendes Geräusch, als der Sarg auf dem Boden der Grube aufschlug. Ich war schockiert. Eine Beerdigung, die mehr mit Wasser als mit Erde zu tun hatte, war mir noch nicht vorgekommen. Die Geistlichen verzichteten nicht darauf, zusätzlich Weihwasser über den Sarg zu sprengen, obwohl das, was das Aspergill hergab, nicht mithalten konnte mit dem, was gleichzeitig an Regenwasser in das offene Grab goß. Dennoch schienen auch diese an Regen so sehr gewöhnten Menschen sich unbehaglich zu fühlen. Die Bischöfe hatten es sichtlich eilig, mit ihren Gebeten zu Ende zu kommen. Requiescat in pace. Amen und allgemeiner Aufbruch zum Palas.
Ein Wasser hatte ich vermißt bei diesem an Wasser so reichen Abschied:

das Wasser der Tränen. Ich hielt es für mangelnde Kindesliebe sowohl bei Adela wie auch bei Liutgard. Ich wußte noch nicht, daß das hierzulande nicht üblich, ja nicht einmal schicklich ist. Zu einer Beerdigung gehört hier nicht die schmerzlindernde Klage, sondern das steinerne Gesicht, je steinerner und maskenhafter, umso besser. Gefühle werden nicht gezeigt.

„Willst du wirklich mit herein?" fragte ich besorgt, als Adela zum Palas hinüberging. Ich durfte jetzt so fragen, seit dieser in gemeinsamer Angst verbrachten Nacht in der dunklen Kuppelhöhle hatte ich ein Recht dazu.

„Natürlich gehe ich mit herein! Wer sollte mich hindern, in mein Elternhaus zu gehen? Und du gehst mit!"

Nichts Gutes ahnend trat ich in den flachgedeckten Raum, dessen Fenster zum Rhein gingen. Nur — der Rhein — wo war der Rhein?! Allgegenwärtig war er geworden! Wohin ich auch schaute, von überall her blinkte eine einzige, zusammenhängende Wasserfläche, in der die Bäume der spärlichen Aue-Wälder kläglich herumstanden.

„Die Sintflut!" stieß ich hervor. Adela nickte grimmig.

„Die Sintflut soll sie verschlingen, das ganze Pack, das meineidige!"

Ohne eine Spur von Zeremoniell standen die Männer der erlauchten Gesellschaft im Palas beieinander. Ungeniert sich schüttelnd wie Hunde, die aus dem Regen kommen, sich räkelnd und einander mit gewaltigen Hieben auf die Schultern klopfend standen sie herum, während die Frauen an den immerhin mit weißem Linnen gedeckten Tischen Platz genommen hatten. Ich glaube, selbst auf einer Bauernhochzeit im innersten Makedonien geht es geschliffener zu. Auf den Gesichtern einiger Frauen bemerkte ich die Art der Verlegenheit, die ein Byzantiner öfters zu sehen bekommen kann, wenn er in Germanien in Eingeborenenkreise hineingerät, die sich ihrer barbarischen Sitten zu schämen beginnen.

Der Lärm verstummte, als die Äbtissin eintrat, um den Willkommenstrunk anzubieten. Mit einem Lächeln, dem man die Mühe, die es kostete, nur bei genauester Beobachtung ansah, ging sie zuerst auf Adela zu. Ich beobachtete genau. Und wie ich die beiden jetzt zum ersten und einzigen Mal nebeneinander sah, stellte ich die verblüffende Ähnlichkeit fest: der gleiche vogelartige Kopf, die gleichen forschenden Augen darin, deren Blick jetzt eine Art Duell ausfochten. So wie diese Dame Liutgard könnte auch Adela aussehen, dachte ich, wenn sie sich in Zucht nimmt, wenn sie es lernt, sich zu beherrschen, wenn sie sich zivilisieren läßt. Vielleicht konnte ich über ihr Interesse an der byzantinischen Kunst etwas...

Ehe jemand es verhindern konnt, war es passiert. Plötzlich vorschnellend hatte Adela ihrer Schwester den Becher aus der Hand geschlagen.
„Wer gibt dir das Recht, hier Hausherrin zu spielen, als wenn es schon klar und vollständig ausgemacht wäre, wem der Eltenberg gehört und die Stammburg und der Palas, in dem du dir anmaßt, den Willkommenstrunk zu bieten?! Ja, gafft nur! Sperrt die Mäuler noch etwas weiter auf und die Ohren auch! Und hört und merkt euch, daß Adela von Elten Anspruch erhebt auf ihr ganzes und ungeschmälertes Erbe..."
Sie wollte noch weiterreden, schwieg aber irritiert, weil Klein-Dirk in jämmerlich klagenden Tönen zu flennen anfing. Der Rotwein, den Liutgard ihrer Schwester hatte kredenzen wollen, tropfte an seinem besten Wams herunter. Häßliche Flecken hatte es gegeben — und Imma hatte ihm sosehr eingeschärft, ja auf sich zu achten: das beste Wams, denke daran; wehe, wenn da was drankommt!
Adela hatte den Faden verloren. Unterdrücktes Gekicher kam auf. Sie wurde nervös, und um irgendetwas zu tun, schlug sie den flennenden Junggrafen, der ihren dramatischen Auftritt so gründlich verpatzt hatte.
Eine entfernte Tante zischelte: „Schäme dich! Dein Vater würde sich im Grabe herumdrehen, wenn..."
Adela brach in ein irres Gelächter aus.
„Das hat er schon getan, Tante Frederune! Das hat er schon getan!"
Und immer noch lachend schritt sie durch die konsternierte Trauergesellschaft zur Türe, ihre Kinder und mich wie einen Kometenschweif hinter sich herziehend.
Da die Flußniederung überschwemmt und uns der Weg nach Uflach abgeschnitten war, wartete unten schon ein Boot auf uns, um uns trockenen Fußes nach Hause zu bringen.
Einen Augenblick zögerte ich, mitzukommen. Die künstliche Anhöhe, auf der Adelas Burg lag, war nicht so hoch, daß ich sicher sein konnte, bis dahin würde das Wasser nicht steigen. Wenn es die Sintflut war, nützte natürlich auch der zweihundert Fuß hohe Klosterhügel nichts. Aber für's Erste sah er doch viel beruhigender aus als das Scheibchen Erde Uflach. Die Bootsleute jedoch hantierten so geschickt und bewegten sich so selbstverständlich in diesem weder der Erde noch dem Wasser eindeutig gehörenden Gelände, daß ich zu glauben geneigt war, was man mir beschwichtigend sagte: So etwas komme hier alljährlich vor, zweimal im Jahr sogar, und es gehe auch wieder, Hochwasser sei das, das Natürlichste von der Welt, ich würde mich schon daran gewöhnen.

Ich war nicht das einzige verängstigte Geschöpf, das die Welt nicht mehr verstand. An einigen höher gelegenen Stellen, die vom Wasser noch nicht überspült waren, saßen Hasen, einige einzeln, andere zu zweit oder zu dritt dicht aneinandergedrängt und so starr vor Schreck und Angst, daß sie sich von den Knechten greifen ließen, ohne einen Fluchtversuch zu unternehmen. Ein wenig zappelten sie noch, wenn sie den tödlichen Handkantenschlag ins Genick bekamen, dann lagen sie auf's Neue und für endgütig erstarrt auf dem Boden des Bootes.
Meinwerk war vom Jagdfieber gepackt, das war deutlich zu sehen. Immer wenn einer der Männer einen Hasen bei den Löffeln gepackt hatte und ihn erledigte, ließ auch er die Kante seines Händchens seitwärts zucken, als habe er eines dieser langohrigen Tiere in der Luft erwischt.
Dirk saß still auf der Achterbank mit Augen, die fast so weit aufgerissen waren wie die der Hasen. Als eines der für tot abgelegten Tiere, das offensichtlich nicht getötet, sondern nur betäubt worden war, mit seinen Hinterläufen auszuschlagen begann, ergriff er es und stopfte es hastig unter sein rotweinbekleckertes Wams. Keiner außer mir hatte es gesehen. Verängstigt schaute er mich an. Als er merkte, daß ich ihn nicht verraten würde, huschte ein schwaches Lächeln um seine Lippen.
Das Hochwasser war sehr nahe an die Burg herangerückt. Auch die Lände war weg. Knirschend fuhr unser Kahn auf.
Wieder war der Wolfshund zur Stelle, wollte begrüßen, wollte hochspringen. Aber da war kaum Anlauf, und so fielen die Sprünge diesmal nur mäßig aus, hörten auch bald ganz auf.
Stattdessen fuhr die Bestie auf Dirk los. Der stand noch im Boot und hielt verzweifelt sein Wams zusammen, unter dem der mittlerweile aus seiner Erstarrung aufgetaute Hase zu kratzen angefangen hatte.
Adela sah das, holte das zappelnde Tier an den Ohren aus seinem Versteck und warf es dem Hund zu.
„Was soll das?" rief sie wütend. „Keiner kann sich am Gefressenwerden vorbeimogeln, wenn die Zeit abgelaufen ist. Und bei Hochwasser ist für die Niederungshasen die Zeit abgelaufen war; da werden sie geschluckt, entweder vom Rhein oder von uns oder vom Hasso!"
Dirk weinte diesmal nicht. Ein Krampf warf ihn hin und her, als sei er es und nicht der Hase, dem der struppige Hund das Leben aus dem mageren Leib schüttelte. Auch Meinwerk führte einen ähnlichen Veitstanz auf, aber er feixte dabei und schielte, ob Adela seiner Parodie des verhinderten Hasenretters applaudierte. Adela lachte halb ärgerlich, halb zustimmend, und

das genügte Meinwerk. Er wußte jetzt, auf wessen Konto wieder einmal Adelas Ärger und wohin ihre Zustimmung ging.
Ich war froh, als ich mich in meine Kammer zurückziehen konnte. Es war zuviel für mich gewesen: Der Marsch durch das sumpfige Gelände in hölzernen Schuhen, die in der unheimlichen Kuppelhöhle durchwachte Nacht, die Angst in der Kirche, die Aufregung im Palas, die Angst auf dem Wasser...
Ich schlief unruhig und träumte gräßlich. Häsin war ich und saß erstarrt auf einem immer kleiner werdenden Inselchen inmitten der immer enger mich einkreisenden Sintflut. Schon war das Inselchen nicht mehr vorhanden. Das Wasser kroch an mir hoch und es half nichts mehr, den Kopf zu rekken. Mir gurgelndem Schrei wurde ich wach.

Dietrich von Metz war noch immer nicht abgereist. Längst hatten die anderen Trauergäste ihr Quartier auf dem Klosterhügel geräumt. Aber er und sein Troß blieben auf Uflach.
Adela hatte immer mehr Mühe, ihre Besorgnis zu verbergen.
Dietrichs Gefolge war ein bunt zusammengewürfelter Haufe. Krieger hatte er bei sich und Geistliche; und da er direkt aus Italien gekommen war, um in Nimwegen Otto und Theophanu zu treffen, waren nicht nur Deutsche darunter, sondern auch Griechen und Italiener. Dazu kam ein jüdischer Rabbi, der auf den schönen Namen Kalonymos hörte, ein sehr gelehrter ernster Mann mit einem gepflegten schwarzen Bart. Dietrich legte großen Wert darauf, ihn in Nimwegen bei sich zu haben. Dieser Rabbi würde die Erinnerung wachrufen an Ereignisse in Kalabrien, Ereignisse, bei denen er, Dietrich von Metz, eine glänzende Rolle gespielt hatte. Seitdem war ihm manches mißlungen. Trotz all seiner Intrigen hatte er es nicht geschafft, Otto und Theophanu gegeneinander auszuspielen, vielmehr hatte er es jetzt mit beiden gründlich verdorben. Aber wenn er mit dem Kalonymos kam und dazu noch mit dem Krieger Liubo, konnte es sein, daß die beiden vergaben und vergaßen.
Sommer war es gewesen und Otto hatte am Capo Colonne jenseits von Cotrone gegen Abulkassem, den Emir der arabischen Invasionstruppen in Italien eine Schlacht geschlagen. Gesiegt hatte Otto, gründlich gesiegt, wie es schien, denn der Emir hatte in der Schlacht sein Leben verloren.

Dietrich war nicht dabei gewesen. Seinen Kanzler hatte Otto mit der Aufgabe betraut, in Rossano die kaiserliche Gemahlin und die Kriegskasse zu bewachen. Die Schlacht hatte der junge Kaiser auch ohne den alten Haudegen gewonnen, aber hätte er seinen Fuchs von Kanzler dabei gehabt, wäre ihm das anschließende Mißgeschick nicht passiert. Leichtsinnig und durch den Sieg übermütig geworden setzte er den Vormarsch in den kalabrischen Bergen fort, ohne auf die starken arabischen Reservetruppen Rücksicht zu nehmen. Dieser Leichtsinn kostete vielen seiner besten Leute das Leben, denn er geriet in einen Hinterhalt. Er selber wäre beinahe gefangen genommen worden. Eine Katastrophe wäre das gewesen, eine Katastrophe, die den Sarazenen womöglich die Herrschaft über die ganze italienische Halbinsel eingebracht und das westliche Kaisertum zerstört hätte.

Daß es nicht so kam, war zunächst das Verdienst dieses Rabbis Kalonymos ben Meschullam aus Lucca. Denn als der planlos im Gelände der unwegsamen kalabrischen Berghänge umherirrende Otto sich fast schon aufgegeben hatte angesichts seiner Verfolger, sah er einen Mann mit Pferd, den schwarzbärtigen Rabbi, der am frühen Morgen von Rossano aufgebrochen war, um in Reggio an einem Kongress der Talmud-Ausleger teilzunehmen und der mit keinem Gedanken daran gedacht hatte, er werde am Nachmittag eine weltgeschichtlich bedeutsame Entscheidung treffen müssen. Aber dann hatte ein vor seinen Verfolgern flüchtender Mensch vor ihm gestanden, der sich als der Kaiser des Westens herausstellte — er kannte ihn von Rossano her. Das Pferd, schnell das Pferd, hatte der Kaiser geschrien und er hatte es ihm gegeben.

Otto ritt in halsbrecherischem Galopp die Hänge hinunter zum Meer. Ein Schiff fuhr dort vorüber, nicht sehr weit vom Ufer entfernt. Otto stürzte sich ins Wasser und schwamm auf die Salandria zu. Als sie ihn an Bord gezogen hatten, brachte der byzantinische Kapitän sehr schnell heraus, welch kostbaren Fang er da getan hatte.

Kommandos gellten: Kursänderung! Die Salandria fährt sofort nach Konstantinopel zurück, möge der Basileus entscheiden, was weiter geschieht!

Otto war auch ohne den Beistand seines Kanzlers Dietrich nicht ganz ohne Listen. So bat er den Kapitän um eine Gefälligkeit. In Rossano wolle er seine Gemahlin und seine Kriegskasse an Bord holen lassen. Dem Kapitän ging das glatt ein. Gemahlin und Kriegskasse — das hörte sich gut an, das konnte den Fang noch verbessern. Nein, er schlug es nicht ab.

Dietrich, dem Otto im Hafen von Rossano eine geheime Botschaft zuspielen ließ, erfaßte die Lage sofort. Er stellte einen Trupp zusammen, der so aussah, als sei er mit dem Transport von Schätzen beschäftigt. Kaum war Dietrich mit all den Mulis, den Säcken, den Männern und mit dem als Kaiserin verkleideten Krieger an Bord, da flogen die Schwerter aus den Scheiden und in der allgemeinen Verwirrung gelang es Otto, über Bord zu springen. Einem Griechen, der ihn daran hindern wollte, schlug ein Sachse namens Liubo den Kopf ab.

Die entsetzten Griechen wichen zurück und gaben Dietrich mit seinen Männern Gelegenheit, sich unbehelligt zurückzuziehen.

Otto hatte geschworen: „Dietrich, das vergesse ich dir nie!" und der mittlerweile in Ungnade gefallene Bischof von Metz hatte es für gut befunden, jetzt beim Zusammentreffen in Nimwegen seinen Kaiser an dieses Wort zu erinnern. Aus diesem Grunde hatte er den Rabbi Kalonymos ben Meschullam bei sich und auch diesen Sachsen Liubo, den Griechenköpfer. Wenn er in dieser Begleitung ihnen in Nimwegen entgegenkam, konnten Otto und Theophanu gar nicht anders als ihn herzlich empfangen — allein schon der Volksmenge wegen, die ein solches Heldentrio ausgiebig zu feiern gesonnen war.

In der nicht weit von Uflach gelegenen Siedlung Elten wurde in diesen Tagen das Fest des heiligen Martinus von Tours gefeiert, ein Volksfest mit Jahrmarkt, das viel Zulauf hatte. Dietrich wollte sich dort sehen lassen. Er wollte eine Probe darauf machen, wie weit die Fama seiner kalabrischen Taten in den germanischen Wald gedrungen war. Den Liubo nahm er mit. Rabbi Kalonymos entschuldigte sich, etwas erkältet sei er. Er liebte es nicht, sich als Retter des Kaisers von den Eingeborenen angaffen zu lassen. Etwas später ging er dann doch, neugierig auf ein germanisches Volksfest.

Auch ich machte mich mit einigen Mägden auf den Weg nach Elten. Ein Volksfest hatte ich in Germanien noch nicht mitgemacht und auch ich war einigermaßen neugierig.

Die Siedlung Elten ist eine kleine Anhäufung von Eingeborenenhütten mit einem dem heiligen Martin von Tours geweihten Kirchlein, nicht weit von Uflach, dort, wo der schüttere Auewald der Niederung in den dichten Urwald übergeht; eine kleine Rodungsinsel mit nur wenigen Einwohnern. Jetzt aber wimmelte es auf der großen Wiese von Menschen. Von den Gehöften ringsum waren sie gekommen, von den Siedlungen aus dem näheren Umkreis. Die Bauern, die alles mögliche Vieh herbeigetrieben hatten, die Werkzeugmacher, die Korbflechter und die Töpfer mit ihren Erzeugnissen waren alle in dem Gebiet zuhause, das man vom Eltenberg aus überschauen kann. Aber auch von weither hatten sich diesmal wie alle Jahre wieder Händler eingefunden.

Der flämische Kaufmann hatte eine ganze Wagenladung voll Salz hierhergekarrt und fand reißenden Absatz bei den Eingeborenen, die bei ihm ihren Vorrat für ein Jahr kauften. Salz gilt hier als eine viel größere Kostbarkeit als bei uns und kann manchmal sogar als Zahlungsmittel verwendet werden.

Der rotbärtige Friese pries seine Tuche. Bis nach Konstantinopel exportiert würden die, als einziges Handwerksprodukt, das die verwöhnten Griechen aus dem Westen einführten, den sie sonst nur als Rohstoffquelle betrachteten. Der Mann log nicht, ich hatte dergleichen grobes Zeug tatsächlich schon einmal im Basar von Byzanz gesehen und ich erinnere mich, daß es unter dem Namen Phrision angeboten wurde. Bei der damaligen Barbarenmodewelle, der nichts primitiv genug sein konnte, hatte es riesigen Erfolg und war einige Monate lang ein Verkaufsschlager bei den Textilkaufleuten.

Neben dem Mann mit den Weinfässern, der mit einem eigenen Schiff von Köln her rheinabwärts gekommen war und der dementsprechend hochachtungsvoll behandelt wurde, fand ich zwei Landsleute, Gewürzhändler, gebürtig aus Trapezunt. Sie hatten nicht viel zu tun. Nein, nein, die Geschäfte gingen nicht schlecht, sagten sie, als ich sie auf griechisch ansprach. Ihre Ware sei gar nicht für die gewöhnlichen Marktbesucher gedacht, sie warteten hier auf Zwischenhändler. So etwas Kostbares wie Pfeffer, Zimt oder Muskat könnten hierzulande sich nur Ritter und Kastellane leisten; der Zwischenhändler, der Uflach betreut, sei schon dagewesen; ich könne darauf an, daß er uns bald aufsuchen wird. Die Eingeborenen — ach, bei denen sei schon ein Zwiebel am Sonntag Luxus. Einmal allerdings, da habe ein Bauer eine Muskatnuß gekauft, aber nicht um sie in die Küche seiner Frau zu bringen, sondern um sie sich als kostbares Schmuckstück an den Hut zu heften.

Auf einem roh zusammengezimmerten Podest konnte man einen Bären bewundern, der zu einer eintönigen Musik Bewegungen ausführte, die sein Besitzer marktschreierisch als Tanz ausgab. Auf Uflach war der Schausteller tags zuvor auch schon gewesen und die Kinder, Meinwerk voran, hatten vor Vergnügen gejauchzt, wenn das plumpe Tier aus dem Takt geriet und stolperte, während in Dirks Augen eher ein trauriges Einverständnis mit der gequälten Kreatur zu lesen gewesen war. So ungeschickt wie dieser Bär konnte er auch manchmal sein.

Plötzlich waren noch mehr Musikanten zur Stelle. Immer mehr Menschen strömten hinzu. Es schien sich herumgesprochen zu haben, daß die Helden von Kalabrien, die Retter des Kaisers, die Hochberühmten geruht hatten, sich unter's jahrmarktgeschäftige Volk zu mischen; Dietrich von Metz, der listenreiche Kanzler, den viele Einheimische noch aus seiner Jugendzeit kannten, als sein Vater auf dem Eltener Hügel als Graf des westlichen Hamalandes residierte, und dessen Mutter, die Schwester der heiligen Kaiserin Mathilde, bei vielen noch in guter Erinnerung war; dazu Liubo, der dem griechischen Seemann den Kopf abschlug.

Liubo, Liubo, skandierte die Menge zum deutlich sichtbaren Ärger des Bischofs von Metz. Als ob er sich das nicht hätte denken können, daß bei diesen Wilden wirklich populär nur der ist, dessen Schwert Blut zu schmecken bekommen hat. Auch in dem Refrain, der das Lied der Sänger immer wieder unterbrach, kam nur der Name Liubo vor. Die Menge sang das Lied nicht zum ersten Mal. Das war ein Schlager, den man in ganz Germanien kannte, und dieser Liubo war ein Star wie bei uns ein Sieger der Blauen oder der Grünen im Hippodrom.

Viele Ausdrücke verstand ich nicht, weil sie sehr altertümlich und wohl gar noch aus heidnischer Zeit waren. Von Odinflammen wurde gesungen, wenn Schwerter gemeint waren. Sehr wohl verstand ich die immer wiederkehrenden Rufe, mit denen allen Griechen ein solches Ende gewünscht wurde wie dem unglücklichen Opfer des Liubo.

Die Szene geriet immer mehr zum Volksfest. Es war dunkel geworden und man hatte ein großes Feuer entzündet. Halbwüchsige und Kinder trugen Rüben in den Händen, die sie ausgehöhlt hatten. In der Höhlung brannten kleine Wachslichter; und da die Kinder Fratzen in das Rübenfleisch hineingeschnitzt hatten, Augen, Mäuler, Nasenlöcher, sah es aus, als hopsten Kobolde und Dämonen in einem irren Reigen daher. Auch die Erwachsenen begannen um die rasch hochzüngelnden Flammen zu tanzen. Liubo, Liubo, Odin, Wotan, Wotan, Martin! rief die Menge. Liubo war auf die Schultern kräftiger Eingeborener gehoben worden. Sein Gesicht, das sich noch nicht zwischen ratloser Verlegenheit und stolzer Herablassung entschieden hatte, tauchte samt strohblondem Schopf im Rhythmus des Tanzes immer wieder ruckartig aus der Finsternis auf. Einige Männer zuerst, dann aber fast alle, auch die Frauen, hatten Fackeln in den Händen und stießen damit in die Dunkelheit hinein, als wollten sie Löcher in das Gewand der Nacht brennen. Liubo, Wotan, Martin, Wotan, Liubo, Tod den Griechen! Ich hatte keine Angst. Die Griechen aus Köln sahen sich das Ganze lächelnd an.

„Harmlos!" sagte der eine, „völlig harmlos, bei solchen Gelegenheiten sind sie wie Kinder!"

Zuhause wurde ich erwartet. Vater Wigbert war vom Klosterhügel heruntergekommen, einer der vier Priester, die dort oben ständig Dienst tun. Er galt als ein gelehrtes Haus, weil er einigermaßen Latein verstand, mit Zahlen über hundert rechnen konnte und große Teile der Bibel gelesen hatte. Das ist für westliche Verhältnisse sehr viel. Ein großer Teil der Leutpriester kann nicht einmal das Vaterunser richtig rezitieren, geschweige denn lesen und muß wie unser Hofkaplan auf Uflach Sonntag für Sonntag eine unverstandene Liturgie lateinisch hersagen.
Von dem Juden hatte Vater Wigbert gehört, von dem Rabbi, der den Christenkaiser gerettet hatte. Wie das sein konnte, das mußte er ergründen. Ihm war bisher nur anderes über die Juden erzählt worden. Christenfeinde seien sie und würden, wo sie nur könnten, den Moslems in die Hände spielen zum Schaden der Christen. Vielleicht war dieser Kalonymos ben Meschullam schon halb für die Gefolgschaft des Herrn Krist gewonnen, vielleicht konnte er, Vater Wigbert vom Reichsstift Elten, den ungläubigen bis halbgläubigen Juden vollends bekehren. Zwar hatte er die Warnungen und Mahnungen seines Bischofs noch im Ohr. „Laßt euch niemals auf Streitgespräche mit Juden ein!" hatte der gesagt. Aber von christenfreundlichen Juden hatte der Bischof nichts erwähnt. Nein, Vater Wigbert war fest entschlossen, den schwarzbärtigen Rabbi zur Rede zu stellen. Er wartete nur noch auf jemanden, der dolmetschen konnte, das heißt, er wartete auf mich. Mit einiger Unruhe und mit einer Verlegenheit, die dem weißhaarigen Hünen gar nicht zu Gesicht stand, saß er dem höflich und geduldig lächelnden Juden gegenüber. Kalonymos hatte nur soviel verstanden, daß man ein Gespräch mit ihm wünsche, aber auf eine Dolmetscherin noch warten müsse.
Adela kam hinzu. Wenn es aus fernen Ländern etwas zu erfahren gab, durfte sie nicht fehlen. Zwei Archimandriten aus der Konstantinsstadt brachte sie mit. Die beiden hatten sich dem Gefolge des Dietrich von Metz angeschlossen, weil sie sich davon sicheres Geleit von Brindisi bis nach Nimwegen versprochen hatten. In der kaiserlichen Pfalz von Nimwegen wollten sie eine Botschaft ausrichten, die unser Basileus Johannes Tsimiskes seiner Nichte Theophanu zugedacht hatte.
Vater Wigbert war sichtlich erleichtert, als er mich kommen sah. Viel länger hätte er das stumme Lächeln des Juden nicht ausgehalten. Er mußte

heftig schlucken, bevor er mich begrüßen konnte.
„Frag ihn, warum er dem Kaiser das Pferd gab!"
Der Rabbi schien erstaunt zu sein über die Frage.
„Verzeihen Sie mir, wenn ich gegenfrage: muß immer gefragt sein — warum? Was hätten Sie getan, wenn Sie einen hilflosen Menschen von Feinden verfolgt sehen?"
Vater Wigbert geriet in Eifer.
„Sehe ich einen verfolgten Menschen, dann frage ich zuerst, ob er zu Recht verfolgt wird und ob ihn nicht gerechter Strafe entziehe, wenn ich ihn rette. Das wirst du dich auch gefragt haben, und so vermute ich, daß du die Sache des christlichen Kaisers für eine gerechte Sache hältst!"
Die Archimandriten tuschelten miteinander. Nein, sie würden nicht eingreifen in das Gespräch, noch nicht. Eine günstige Gelegenheit das, an sich. Man konnte den Westler erst machen lassen, und wenn der Jude sich dabei eine Blöße gab, konnte man zupacken, nachhaken, ihn in die Enge treiben und den seltenen Ruhm für sich verbuchen, einen Rabbi im Streitgespräch besiegt zu haben. Ergab sich nichts — nun ja, man brauchte ja nicht eingreifen, konnte Zuhörer bleiben, ohne das Gesicht zu verlieren.
„Gesetzt den Fall, die mir unterstellte Prämisse Ihrer Konklusion befände sich in Übereinstimmung mit der Realität..." begann Kalonymos zu dozieren. Doch dann fiel ihm ein, daß er nicht im Kolleg der Universität Palermo sich befand, sondern zu Uflach, mitten in der Wildnis.
„Nein, so war's nicht!" sagte er schnell. „Ob der christliche Kaiser des Westens im Recht ist oder im Unrecht, hat mich dabei überhaupt nicht interessiert. Er hatte sein Recht, und die Leute des Emirs Abdulkassem hatten ihr Recht. Mir steht es nicht zu, zu entscheiden, wessen Recht schwerer auf der Waage des Gottes liegt. Jedem wiegt sein Recht schwerer als das des anderen!"
Vater Wigbert schüttelte mißbilligend den Kopf hin und her. Bei den westlichen Barbaren ist das eine Geste der Verneinung und bedeutet dasselbe, wie wenn einer bei uns den Kopf nach hinten zurückwirft.
„Recht ist Recht und Unrecht ist Unrecht," sagte er. „Man merkt, daß du nirgendwo zuhause bist. Wer immer nur wandert und heute hier und morgen dort zu Gast ist, der hat keinen festen Punkt auf dieser Welt und dann kann er über Recht und Unrecht auch nichts wissen!"
„Sie haben sehr scharfsinnig meine schwache Stelle entdeckt, Vater Wigbert! Ich habe keinen festen Punkt auf dieser Erde. Manchmal träume ich davon, ich könnte einen haben, könnte irgendwo so fest verwurzelt sein wie eine

Eiche, wie die große Eiche, die am Eingangstor von Uflach steht. Aber ich darf es nicht, es wäre nicht ehrlich. Ich weiß, daß es keinen Ort auf der Welt gibt, der beanspruchen könnte, Mittelpunkt zu sein, Punkt, an dem ich mich zu orientieren hätte."

Die Archimandriten murmelten. Der Rabbi fing an, sich Blößen zu geben. Sollte man anfangen, nachzuhaken?

„Seit Anaximander können das alle wissen" sagte Kalonymos ben Meschullam zu dem Gemurmel herüber, „seit klar wurde, daß die Erde keine flache Scheibe ist, sondern eine Kugel, auf deren bewohnter Oberfläche kein Punkt einen Vorrang hat. Auf einer Erdkugel ist jeder Punkt, jedes Ort und jedes Volk gleich wichtig. Dieses Wissen ist meine Schwäche, aber auch meine Stärke. Ich darf dann" — und das sagte er wieder zu Vater Wigbert — „ich darf dann helfen, wem ich will, den Leuten des Kalifen, dem Basileus oder auch dem Kaiser des Westens."

„Wie können Sie behaupten, daß es keinen Mittelpunkt der bewohnten Welt gibt? Kommen Sie mit nach Konstantinopel und wir zeigen Ihnen den Mittelpunkt der Oikumene, wir zeigen Ihnen die Säule im Hippodrom, den Omphalos nahe der Agia Sophia, den Nabel der Welt!" Die Archimandriten waren erregt.

„Viele Wege führen nach Byzanz, ich gebe es zu, aber nicht alle. Ich bin oft in Bagdad gewesen und die Leute dort haben mir auch den Mittelpunkt der Welt zeigen können — ich glaube, mit genausoviel Recht wie Sie!"

„Bagdad!" meine griechischen Landsleute ließen ein verächtliches Schnaufen hören. „Was ist Bagdad gegen Byzanz? Ein Strohfeuer, das eine Zeit lang blenden konnte und schon dabei ist, wieder zusammenzusinken. Jetzt, wo die Türken es unterwandern, ist die große Zeit von Bagdad schon wieder vorbei, während Byzanz, das ewige Byzanz sich anschickt, seine alte Größe wiederherzustellen!"

Vater Wigbert schwieg irritiert. Das Gespräch hatte eine Richtung bekommen, bei der er nicht mithalten konnte, obwohl ich ihm alles übersetzte. Der Rabbi schien zu überlegen, ob er das Gespräch nicht höflicherweise in Bahnen lenken sollte, in denen ein eingeborener Geistlicher mithalten konnte. Aber der Wunsch, vor den Byzantinern nicht als derjenige dazustehen, der ihren Fragen auswich, war stärker.

„Gut, lassen wir Bagdad!" meinte Kalonymos ben Meschullam. „Aber im Osten, weit im Osten, so weit, daß es kaum zu erreichen ist, liegt ein Land, das sich selber Reich der Mitte nennt. Seine Hauptstadt K'ai - feng ist weitaus größer und prächtiger als die Perle am Goldenen Horn! Wo bleibt da Euer Anspruch?!"

„Märchen, nichts als Märchen!" begehrten die Archimandriten auf. „Sind Sie schon dagewesen?! Haben Sie das mit eigenen Augen gesehen? Nein? Na, da haben wir es! Einem Schwindler sind Sie aufgesessen; für so leichtgläubig hätten wir einen Rabbi nicht gehalten!"

Vater Wigbert war ungeduldig geworden. Zäh wie er war, hatte er sich alles übersetzen lassen, auch wenn es über seinen Horizont hinausging.

„Was schert uns K'ai-feng oder Bagdad?! Jerusalem! Ich sage Jerusalem! Und mußt nicht auch du Jerusalem sagen, Jude?! Die Stadt unseres Krist ist doch auch eure heilige Stadt, die Mitte der Welt, wo ihr den Messias erwartet, ist es nicht so?"

„So ist es, Vater Wigbert!" bestätigte Kalonymos. „Jerusalem ist der Mittelpunkt der Welt!"

„Da haben wir es!" triumphierten die Mönche aus der Konstantinstadt. „Sie widersprechen sich selbst. Erst reden Sie blasphemischerweise von einer Weltkugel, auf der es keine Hierarchie der Orte und damit wohl überhaupt keine Hierarchie geben kann — und dann nehmen Sie für Jerusalem in Anspruch, was nach Ihrem System keinem Ort unserer Welt zukommen kann!"

Ich hatte Schwierigkeiten, das Wort System in die Eingeborenensprache zu übersetzen. Für solch abstrakte Begriffe gibt es in den germanischen Idiomen keine Wörter, höchstens Umschreibungen und die sind furchtbar kompliziert. Auch das Lateinische half nicht weiter. So firm war Vater Wigbert nun doch nicht darin.

Ich wollte gerade den Vorschlag machen, das Gespräch abzubrechen; meine Übersetzungskünste reichten nicht aus, wollte ich sagen, da schüttelte Vater Wigbert seine weiße Mähne: „System hin — System her! Sage mir einfach, Jude, warum meinst du, daß Jerusalem die Mitte der Welt ist? Ich meine das ja auch, vielleicht meinen wir dasselbe! Vielleicht bist du doch ein halber Christ, du Retter des christlichen Kaisers, laß hören!"

„Einfach soll ich es sagen, Vater Wigbert? Einfach kann ich es nicht sagen. Da müßte ich weit ausholen . . ."

„Drücken will der Rabbi sich, das ist doch offensichtlich!" riefen die Archimandriten. „In die Enge getrieben ist er und weiß nicht weiter!"

Vater Wigbert war wirklich zäh. Das, was jetzt kam, ließ er sich weiter übersetzen, auch wenn er das meiste nicht verstand. Ich will nicht das Hin und Her wiederholen, nicht den mühsamen, oft wieder stockenden Gang meiner Übersetzungsversuche nachzeichnen. Ich will hier nur die Argumente des Kalonymos ben Meschullam aufschreiben, auch deswegen, weil sie mir später geholfen haben, eine andere Einstellung zu den Barbaren zu gewinnen, eine weniger überhebliche.

Mittelpunkt ist dort, wo die Ruach ist, Geist, Leben, Pneuma, Atem, das ist Wind, der weht, wo er will, einmal hier, einmal dort. Zwei tiefe Atemzüge hat die Oikumene bisher getan, sagte Kalonymos, zwei, die so tief waren, daß sie die ganze Menschheit angehen. Tausend Jahre braucht sie jeweils zum Einatmen, tausend zum Ausatmen. Zwei Atemzüge, das heißt: viertausend Jahre im ganzen währt bisher die Menschheitsgeschichte, die mehr ist als ein richtungsloses, mittelpunktloses Nebeneinanderherleben von Menschenherden.

Wo die Ruach tanzt, wo sie wirbelt und atmet, da ist Mittelpunkt. Die Ruach, das Pneuma, der Geist tut es inmitten von Völkergemeinschaften, von Kulturgemeinschaften, die er sich zum Leib wählt, zum Tanzboden. Viermal hat die Ruach den Takt gewechselt, will sagen: vier Jahrtausende, in denen sie je nach anderem Rhythmus und auch je auf anderem Boden tanzte. Aber die Zahl der Orte, wo sie es tat, ist nicht beliebig und die Zahl der relativen Weltmittelpunkte ist dementsprechend überschaubar. Zu tanzen begonnen hat sie im Zweistromland und gleichzeitig im Niltal, an zwei Orten also, und es ist nicht auszumachen, welcher von beiden Mittelpunkten der allerersten Einatmensperiode der Weltgeschichte der frühere ist. Jerusalem liegt genau zwischen diesen beiden, das bittet Kalonymos zu beachten, weil es nachher für seine Argumentation wichtig werden wird. Tausend Jahre lebten diese Kulturgemeinschaften jede ihr eigenes Leben, bis sie im zweiten vorchristlichen Jahrtausend — Kalonymos gebrauchte zu unserem besseren Verständnis nicht die jüdische, sondern die christliche Zeitrechnung — von den Kulturen des Ausatmens abgelöst wurden. Diese waren nicht so revolutionär wie ihre beiden Vorgängerinnen. Sie brachten der Menschheit nicht soviel Neues und waren mehr auf Ausbreitung und Vermischung des Vorhandenen bedacht. Manches Beispiel führte er an, um zu beweisen, daß den Kulturen des zweiten vorchristlichen Jahrtausends der vorher vorhandene schöpferische Schwung fehlte.

Die meisten sind mir entfallen, eines aber ist mir im Gedächtnis geblieben, und ich will es hier aufschreiben. Die Leute vom Zweistromland und die vom Niltal erfanden die Schrift und änderten damit das Leben der Menschen radikal. Ihren Nachfolgekulturen blieb die Ablösung der Bilderschrift durch das Alphabet vorbehalten, eine gewaltige Verbesserung, aber eben doch nur eine Verbesserung von etwas schon Vorhandenem. Diese Zweite Generation der Kulturgemeinschaften wurde im ersten vorchristlichen Jahrtausend durch eine dritte abgelöst, die wiederum eine schöpferische war, eine einatmende, und Neues über Neues in die Menschheit brachte. Vier ist die Zahl der ihr zugehörigen Kulturgemeinschaften gewesen, deren eine im Fernen Osten, deren zweite an einem Fluß namens Ganges und deren dritte im Hellas zu suchen ist. Die letzte der nunmehr vier als Mittelpunkt zu bezeichnenden Stellen, an denen die Ruach jetzt tanzte, ist sein eigenes Volk, ist Israel, ist Jerusalem. In diesem ersten Jahrtausend vor Christus ist auch Israel aufgerufen, ist es dran, ist es erwählt — Aufforderung zum Tanz ist ergangen.

Wenn es nur eines unter anderen, eines unter vier ist, dann ist sein Anspruch hinfällig; der der Christen übrigens auch, denn der gründet auf der Auserwählung und Besonderheit Israels. Im folgenden will er untersuchen, wie es mit dem Anspruch Israels steht, inmitten der wechselnden Weltmittelpunkte der endgültige und bleibende zu sein.

Die großen Kulturen im ersten vorchristlichen Jahrtausend sind voneinander sehr verschieden in ihrem Stil. Israel aber ist von den anderen drei nicht dadurch verschieden, daß es einen anderen Stil, sondern dadurch, daß es überhaupt keinen Stil entwickelt. Du sollst dir kein Bild machen, bekommt es von seinem Gott gesagt — und ist damit in einer paradoxen Situation. Es ist aufgerufen, der Puls der neuen Zeit schlägt in ihm ,die Ruach will in ihm tanzen — aber es kann sich nicht ausleben wie die anderen, es ist gehemmt. Das liegt zum einen daran, daß es nicht auf einem, was die Kultur angeht, jungfräulichen Boden wächst wie die anderen drei, sondern überwuchert ist von altem Gewächs, überlagert von zwei uralten Kulturblöcken, den ältesten der Welt, die so überständig und obsolet sie sein mögen, doch noch Macht und Faszination genug besitzen, um Israel keinen Platz und keine Luft zu lassen, sich nach seinen eigenen Gesetzen zu entwickeln. Zum anderen aber und zum wichtigeren liegt es daran, daß Israels Gott, der der Gott der ganzen Welt ist — gelobt sei sein Name in Ewigkeit, vergißt Kalonymos nicht hinzuzusetzen — dieses geschundene und in seiner Selbstverwirklichung behinderte Volk dazu ausersehen hat, Sich selber auszusagen und sich der Welt mitzuteilen in seiner höchst eigenen Ruach. Dieses Volk steht auf der Höhe seiner Zeit. Aber von seiner besonderen Situation her ist es so mißtrauisch gegenüber jeder Kultur, daß es ein Gespür dafür hat, wie sehr alle Kulturen nur sich selber leben und so den Gott nicht finden können, der nicht aus den Bildern der menschlichen Seele abzuleiten und in einem Kult zu bannen ist, der vielmehr Sich selber offenbaren muß. Im Gegensatz zu den drei anderen Aufgerufenen schließt Israel die Augen — es will sich nicht in ein aus Eigenem abgeleitetes Bild vergaffen und davor dann sich bücken statt vor dem über alle Stile und Bilder Erhabenen. Es will sich nicht vergaffen, es will Gott selber zu Wort kommen lassen, es will sich aufsparen für den Tag, an dem Er selber seine Sache führt. So ist Israels Religion nicht ein Produkt seiner Kultur, sondern etwas, wo Gott selber seine Hand im Spiel hat. Israel ist unter den vier im vorchristlichen Jahrtausend Aufgerufenen nicht der Stärkste, es ist der Schwächste von allen; es ist dasjenige Volk, das immer auf Abruf steht, aber nie Erfüllung findet. Es ist ein Volk, das das Gefühl hat, seine Berge sind schwanger, aber wenn es an's Gebären geht, dann war es nur Wind. Es wartet. Es wartet und wartet auf den Messias. Einmal wird seine Stunde kommen, dann werden die Völker von Israel leben, so wie sie von Ägypten lebten, so wie sie von Hellas leben. Nur eben — diese Stunde Israels wird anders sein, weil das Gottes eigene Stunde sein wird. Wenn der Messias nach Jerusalem kommt, dann ist nicht nur eine Kulturgemeinschaft unter anderen zu ihrer Erfüllung gekommen, dann ist die Welt zu ihrer Erfüllung gekommen. Jerusalem ist der Mittelpunkt der Hoffnung der Welt, ist der von sich aus nur Dürre bietende Docht, auf den sich das Göttliche Licht setzen wird, um die Welt von oben her mit seinem Glanz zu erleuchten.

Gott hat das Schwache erwählt, um das Starke zu beschämen; das muß doch auch euch Gojim einsichtig sein; das sagt doch auch euer Paulus!"

„Sie sagen: Das Göttliche Licht wird sich setzen," widersprachen die Archimandriten. „Richtig ist: Das Göttliche Licht hat sich gesetzt, hat sich herabgelassen auf den Docht Jerusalem. Der Christos ist gekommen, der Messias. Er kam in sein Eigentum, aber die Seinen nahmen ihn nicht auf. Ihr nahmt ihn nicht auf. Er leuchtete in der Finsternis, aber die Finsternis hat ihn nicht erkannt. Ihr habt Ihn nicht erkannt. Seitdem ist Jerusalem nicht mehr der Mittelpunkt, seitdem hat es seine Rolle ausgespielt, seitdem hat es aufgehört, Jerusalem zu sein. Zerstört wurde es und heißt seitdem Aelia Capitolina oder El Kuds, ist nicht mehr die Stadt des Tempels, nicht mehr die Hauptstadt Israels. Das göttliche Licht fand Aufnahme anderswo, bei den Hellenen, bei uns. Und seitdem ist die Konstatinsstadt die Mitte der Welt und nichts anderes!"

Des Kalonymos kluge braune Augen verengten sich.

„Wer obenauf ist, hat leicht triumphieren und der Heimatlose tut gut daran zu schweigen. Dennoch frage ich Sie: Sind Sie so sicher, daß das Christenreich der griechischen Rhomäer der Weisheit Gottes letzter Schluß ist?! Sind Sie so sicher, daß das Schicksal Jerusalems Ihre Stadt nicht ereilen kann, daß Konstantinopel niemals erobert wird und dann seinen Namen verliert? Daß es einen Namen bekommt, der Ihnen so fremd ist wie uns Aelia Capitolina oder El Kuds? Denn daß Byzanz das endgültige, das verheißene Reich ist, daran zu glauben sträubt sich in mir alles. Ein großes Reich ist Byzanz, aber mehr auch nicht. Eine neue Kulturgemeinschaft ist es, nicht so groß wie Hellas, ihre Vorgängerin; denn wie im zweiten vorchristlichen Jahrtausend die ‚Ausatmungskulturen' folgten, die genug mit der Auswertung, Vermischung und Verbreitung und Verbesserung des zuvor Geleisteten zu tun hatten, so sind den vier großen Kulturen des ersten vorchristlichen Jahrtausends wiederum solche gefolgt, deren Stärke im Vermitteln und Integrieren, im Verschmelzen und im Verfeinern liegt. Davon seid ihr eine, und nicht einmal die, die am Weitesten damit gediehen ist. Das große Neue, das messianische Reich, das seid ihr nicht. Das Reich, in dem die Versöhnung der Gegensätze gelingt, das alle Kräfte bündelt und alles einend zusammenfaßt, nein, das seid ihr wirklich nicht. Anfangs sah es so aus, als könntet ihr das werden. In eurem Neuen Testament steht geschrieben, daß die Scheidewand abgerissen ist, die Juden und Griechen, die Kulturgemeinschaft von Kulturgemeinschaft trennt. Aber wenn das wirklich durch den Nazarener geschehen sein sollte, dann habt ihr es sehr eilig gehabt, sie wieder hochzuziehen, die Mauer. Ihr habt euch dadurch die Chance verbaut, das wirklich Neue zu werden, Heimat für alle Völker, auch für die des Orients. Seitdem es bei euch keinen Platz mehr gab für die Judenchristen, wart ihr nicht mehr als ein neues Babel, das meint, es umfasse den Erdkreis und das doch die meisten draußen lassen muß. Seitdem ihr die Judenchristen exkommuniziert, anathematisiert und herausgeekelt habt, war die Seele des Orients für euch verloren und trotzdem wundert ihr euch, daß sie sich dem Islam verschrieben hat.

Außerdem ist eure Zeit bald um. Viel länger als tausend Jahre kann eine Kulturgemeinschaft kaum ihre dominierende Stellung behalten. Nein, daß damit die Welt untergeht, meine ich nicht, wenn auch genug Mutmaßungen über das fatale Jahr mit dem Namen Tausend im Umlauf sind. So wichtig seid ihr gar nicht, daß die Welt euren Untergang, den Untergang der Konstantinstadt, nicht überleben würde. Ich glaube vielmehr, daß eine fünfte Generation von Kulturen im Kommen ist, und ich meine, hier einer beim

Entstehen zusehen zu können, hier bei den Barbaren des Nordens. Ich weiß nicht, ob an einer anderen Stelle des Erdballs sich Ähnliches tut. Dies hier aber wird offensichtlich eine heidnische Kultur werden. Das bißchen christlicher Firnis wird bald ab sein. Ihr hättet vorhin dabei sein müssen, als die Menge in Elten auf dem Markt den Liubo feierte. Wotan riefen die Leute, Wotan und ab und zu Martin."

Vater Wigbert stand auf. Den letzten Satz hatte er begriffen.

„Die Leute" rief er. „Was die Leute so alles rufen, wenn sie betrunken sind. Darauf kommt es doch nicht an! Auf ganz andere Leute kommt es an, zum Beispiel auf die Damen da oben im Kloster, auf Christenmenschen wie unsere verehrte Äbtissin Liutgard!"

Adela hatte bis jetzt geschwiegen. Jetzt fing sie an zu lachen, ungeniert, ohne jeden Versuch, ihren Heiterkeitsausbruch zu unterdrücken.

„Sie sehen, — die Fürstin lacht. Sie scheint nicht viel von der Christlichkeit ihrer Schwester zu halten. Und was ich in den wenigen Tagen unserer gastlichen Unterkunft hier gesehen habe — die Fürstin wird es mir verzeihen, wenn ich es sage — das hat mich den Eindruck gewinnen lassen, daß sie sich selbst auch nicht für eine ausgemachte Christin hält!"

„Recht hast du, Jude!" rief Adela, stemmte die Arme in die Seiten und lachte so ungehemmt, wie nur Barbaren oder Kinder lachen können.

„Nun stiere mich nicht so entsetzt an, Vater Wigbert! Predigst du nicht selbst immer wieder, wir wären noch längst keine Christen? ..."

Sie lachte noch mehr, sosehr, daß sie sich dabei verschluckte, als sie die höchst indignierten Mienen der beiden Archimandriten aus der Konstantinstadt sah, die sich mit umständlicher Würde von ihren Sitzen erhoben und wehenden Schleiers den Saal verließen.

Kalonymos bedankte sich derweil bei mir für das Übersetzen und für die Geduld, die ich dabei aufgebracht hatte.

Dann zeigte er auf die vor Lachen noch immer stöhnende Adela.

„Daß diese Barbaren christlich werden und mit ihnen das Jahrtausend, das ihnen gehören wird, das glaube ich nicht eher, als bis ich diese prächtige Heidin da als Christin sehe!"

Von jetzt an war ich erst recht entschlossen, Adelas Seele für den Osten zu gewinnen, für das im Osten aufstrahlende Licht unseres Kyrios Jesus Christos. Kalonymos ben Meschullam sollte nicht recht behalten dürfen.

Einige Erfolge meinte ich schon verbuchen zu können. Seitdem im Palas der Teppich lag, durfte dort niemand mehr mit Holzschuhen hinein, es war seitdem verboten, dort zu spucken und die Sitte, zum Nachtisch einander mit abgenagten Knochen zu bewerfen, hatte schon erstes Stirnrunzeln bei Adela hervorgerufen. Anzeichen von Unterscheidung, der Mutter der Ehrfurcht, waren zu erkennen.

Mehr noch versprach ich mir von der Tatsache, daß ich Adela zum Sticken hatte überreden können. Wer stickt, übt Geduld; Geduld führt zur Gelassenheit, Gelassenheit befähigt zur Stille und in der Stille leuchtet die Herrlichkeit des Gottes auf. Noch war Adela längst nicht so weit, aber sie hatte begonnen. Noch war Geduld etwas Fremdes für sie, von Gelassenheit ganz zu schweigen. Wenn sie stickte, hatte ihr Gesicht einen verbissenen Ausdruck. Es war seltsam; wenn sie die Nadel führte, löste sich ihre Unruhe nicht, sie wurde höchstens gebunden. Erst später merkte ich, was dabei vorging: Ihre nicht gelöste Unruhe wurde beim Arbeiten kanalisiert und floß hinüber in das, was sie hervorbrachte. Deswegen glichen ihre Stickereien niemals ganz den östlichen Vorlagen. Immer waren ein Element der Bewegung, des Flackerns oder des Wirbelns in das Muster mit hineingeraten.

Mittagstisch war. Wir hatten die überfette Knochensuppe schon mehr als halb ausgelöffelt, als Dietrich von Metz endlich mit dem herausrückte, was er plante, und weswegen er die Uflach'sche Gastfreundschaft weit über die Trauerwoche und eigentlich auch schon über Gebühr hinaus beansprucht hatte.

Die Kinder waren dabei. Ich sagte ja schon, daß ein ausgewachsenes afrikanisches Rhinozeros mehr Taktgefühl besitzt als er.

Um die Kinder ging es.

Adela begriff sofort, daß der stiernackige Mann ihr gegenüber die besseren Trümpfe in der Hand hatte. Sie ließ ihn ausreden. Sie fuhr nicht empört dazwischen, als er ihr fettglänzenden Mundes wie nebenbei zwischen zwei Schlucken Met den Vorschlag machte, ihm einen der beiden Junggrafen für den geistlichen Stand zu überlassen. Sie spielte nicht die Rolle der aufgebrachten Glucke, die ihre Küchlein verteidigt. Die Gluckenrolle hatte ihr nie gelegen.

„Dann setze ich mich auch bei der Familie deines Mannes dafür ein, daß du den anderen behalten darfst!" sagte der Bischof von Metz.

Das war eine plump versteckte Drohung. Die Immedinger waren überhaupt noch nicht auf den Gedanken gekommen, die Vormundschaft über Dirk und Meinwerk für sich zu beanspruchen. Aber wenn der intrigengewandte Dietrich von Metz die Sache in die Hand nahm, der mit allen Wassern gewaschene...? Wenn dieser Fuchs in der Familie ihres früh verstorbenen und wenig betrauerten Mannes umherzog und denen einblies, daß so edles Blut, Widukindblut, königlich sächsisches Blut nicht im Halbfränkischen aufwachsen dürfe, in Sachsen müsse es aufwachsen, unter sächsischen Eichen und bei sächsischen Männern, nicht bei einer Frau, deren flandrische Mutter, man wisse ja, und am besten schweige man darüber, — aber so edles Immedingerblut von des Sachsenkönigs Widukind Stamm, klar doch, daß es ins Sächsische hinübergerettet werden müsse. Wenn das unsere gemeinsame Tante Mathilde, die alte Kaisermutter, die Heilige, die ach so sächsisch Sippenbewußte... Adela konnte sich gut vorstellen, was auf den Höfen der Immedinger bis zur Weser hin alles abgehandelt werden sollte, wenn Dietrich die Verwandten ihres Mannes für seine Pläne einzuspannen versuchte.

Für seine Pläne, wohlverstanden, für seine höchsteigenen. Liebkind beim Kaiser würde er sich machen können und das war etwas, was er gerade jetzt sehr nötig hatte.

Otto und auch Theophanu würden nicht umhinkönnen, äußerst beifällig zu nicken und seine Verdienste anzuerkennen, wenn er ihnen einen Anwärter für den geistlichen Stand vorstellte, der gleichzeitig Anwärter auf solch eine ansehnliche Erbschaft mit weitausgedehnten Ländereien in den niederen Landen war. Eine Stärkung der Reichskirche würde das bedeuten, das Kaiserpaar würde es sofort freudig begrüßen, wenn Dietrich jetzt in Nimwegen mit einer solchen Nachricht kam. Ein Schritt weiter würde das sein zu dem Ziel, daß überall, wo es möglich war, die Kirche ihren Fuß dazwischen hatte, und daß man kaum noch wie Adela oft halb scherzhaft halb ärgerlich zu sagen pflegte, in ehrlicher Fehde seinem Nachbarn auf die Füße treten konnte, ohne mindestens eine kirchliche Zehe mitzutreffen und damit dem Kaiser als dem Schutzherrn der Kirche Gelegenheit zum Einschreiten zu geben. Adela verabscheute diese Entwicklung, ja sie bekämpfte sie in der Person ihrer Schwester Liutgard, der Äbtissin des Reichsstiftes Elten. Und jetzt sollte ihr zugemutet werden, selber dazu beizutragen, mit ihren eigenen mühsam verteidigten Gütern dazu beizutragen, daß dieser Zustand sich noch mehr verfestigte!

Sie merkte sofort, daß ihr nichts anderes übrig blieb als zuzustimmen. Die Rechnung war sehr einfach: Entweder gab sie einen der Jungen freiwillig jetzt oder später beide mit Zwang. Gegen die Ansprüche der Immedinger würde sie sich nicht durchsetzen können.

Die Kinder hörten, daß von ihnen gesprochen wurde. Meinwerk, der unter dem Tisch herumgekrochen war, um den Hund namens Hasso mit den Knochen zu füttern, die Onkel Dietrich gut gelaunt den anderen Gästen an den Kopf geworfen hatte, hörte mit dieser Beschäftigung auf und starrte gespannt zu seiner Mutter herüber. Einen von ihnen beiden sollte sie abgeben! Das war ja eine unerhörte Neuigkeit! Wen von beiden, das war für ihn offensichtlich keine Frage. Wenn schon einer dem Onkel Dietrich weggegeben wurde, dann das Tränentier Dirk, klar doch! Jetzt würde es sich zeigen, daß er, Meinwerk, er, der Jüngere, Adelas bevorzugter Liebling war. Oft genug hatte sie es ihn spüren lassen und jetzt würde es ausgesprochen werden, unmißverständlich.

Dirk fühlte sich ertappt, als plötzlich alle ihn anstarrten. Ganz vorsichtig hatte er einen Finger schon in die Süßspeise gesteckt und war dabei, ihn genüßlich abzulecken. Seine wasserblauen Augen wurden dunkel vor jähem Schreck und waren noch weiter aufgerissen als sonst. Mit der linken Hand krallte er sich an der Tischplatte fest. Die rechte Hand aber bekam er nicht vom Mund weg. Wie erstarrt saß er da, wie plötzlich zu Eis gefroren, und die Hand — nein er bekam sie nicht heraus aus dem Mund, obwohl er sie so dringend brauchte, um sich hier festzuhalten, hier am Tisch im Palas von Uflach, von wo niemand ihn wegreißen sollte, erst recht nicht der verabscheute Onkel Dietrich, der ihn schon immer mit seiner lauten Stimme geängstigt hatte.

Ich glaubte zu wissen, was Adela dachte. Dirks Angst war unbegründet; denn Dirk abzugeben, war für Adela unmöglich. Den Grafen wegzugeben, in dessen Namen sie die Bataverinsel, das Land zwischen den beiden Rheinarmen, regierte — das hieße die ganze Frage der Betuw'schen Regentschaft neu aufrollen. Das konnte sie sich nicht leisten. Ob sie darüber hinaus auch daran dachte, daß der robuste Meinwerk sich in der Fremde eher schicken würde als der zarte Dirk, daß weiß ich nicht, will es aber nicht ausschließen. Ganz habe ich mich nie in die Barbaren hineindenken können, auch nicht in Adela.

„Wohin soll Meinwerk denn gebracht werden?"

Das war Adelas Art. Wenn sie wußte, daß Feilschen keinen Zweck hatte, dann verlor sie keine Zeit damit, ihr Einverständnis zu formulieren, sondern verhandelte einfach so weiter, als habe das Zugestandene nie zur Debatte gestanden.

Meinwerk war aufgestanden. Sein entgeistertes Gesicht zeigte, daß er nicht glauben konnte, was er gehört hatte. Aber als er sah, daß sein Bruder, die süß klebrigen Hände erhoben, seine Mutter so verklärt anstarrte, als höre

er alle neun Chöre der Engel auf einmal singen, — da mußte er es glauben, und in seinen Augen blakte so finsterer Haß, daß ich erschrak.
Der Wolfshund, der nicht begriff, warum sein Spielkamerad das schöne Spiel mit dem Knochen, den es zu schnappen galt, nicht fortsetzen mochte, kam näher, stupste auffordernd mit der Nase gegen Meinwerks Knie und jaulte entsetzt auf. Meinwerk hatte ihn getreten, mit voller Wucht in die Rippen. Der Hund verkroch sich winselnd unter dem Tisch, während Meinwerk nach draußen rannte.
Man ließ ihn rennen.
Zwei Stunden später stöberten ihn zwei Knechte auf. In einer der Schilfhütten hatte er sich verkrochen, die die Kinder sich im sumpfigen Gelände der Niederungswiesen gebaut hatten. Eine Belagerungsspielhütte war es, eine mit einem kleinen Graben darum herum und innen mit einem solchen Munitionsvorrat von schwarzen und weißen rundgeschliffenen Rheinkieselsteinen ausgestattet, daß die beiden Männer über eine gehörige Menge blauer Flecken zu fluchen hatten, bevor sie seiner habhaft werden konnten und schlammüberkrustet, den wild strampelnden und beißenden Ausreißer zwischen sich, auf dem Uflach'schen Anwesen auftauchten, wo das Gesinde sich nicht genug tun konnten mit Spottworten über die kräftigen Männer, die sich von einem kleinen Kind so hatten zurichten lassen.

Zum Abschied wurde im Palas festlich gedeckt. Dietrichs sämtliches Gefolge war geladen und alle, mit Ausnahme der immer noch beleidigten Archimandriten, waren erschienen.
Meinwerk saß neben seinem Großonkel Dietrich. Auch er gehörte jetzt zum Troß des Metzers, solange jedenfalls, bis dessen Weg ihn nach Hildesheim geführt hatte. Dort sollte Meinwerk der in den germanischen Ländern berühmten Domschule anvertraut werden. Etwas blaß sah das Kind aus. Aber das Gesicht drückte Gleichgültigkeit aus, bemühte Gleichgültigkeit, die Bemühtheit dabei so gut oder so schlecht versteckt, wie Kinder das können.
Wieder gab es Aalsuppe. Ich sah mit Schadenfreude, daß auch Kalonymos ben Meschullam, der Rabbi aus Lucca, mit diesem Gericht seine Schwierigkeiten hatte — und die rührten nicht nur von den Speisevorschriften des Alten Testamentes her.
Nachdem die Suppe ausgelöffelt war, wurde ein Stück Stoff herumgereicht, eine Stickerei, die Adela selbst angefertigt hatte. Sie war bei mir in die Schule gegangen, hatte sich wider alle ihre Gewohnheit geduldig Stich um

Stich erklären lassen, und nun war ihr eine Arbeit gelungen, auf die sie so stolz war, daß sie sie allen zeigen mußte.
Der Pfau auf ihrem Tuch war nicht so elegant geraten wie der aus dem Vorlagenbuch des Georgios Mauromatis. Plumper und gedrungener war er, aber auch um eine deutliche Spur lebendiger. In der Farbgebung hatte sie sich ebensowenig an das Muster des Anleitungsbuches gehalten. Dort war ein Goldhintergrund vorgesehen; sie aber hatte eine rötliche Fläche gestickt, die in vielen Nuancen und Schattierungen zu wabern schien.
„Ein Pfau soll das sein?!" lachte Dietrich von Metz. „Ich habe so ein Biest einmal im Garten des Markgrafen von Ivrea gesehen, ein tolles Biest, wirklich! Aber das da, das ist der rote Hahn, den du deiner Schwester auf's Dach wünscht! — Nicht war, Rabbi, das ist doch kein Pfau?!"
„Es ist mehr als ein Pfau" antwortete der Schwarzbärtige diplomatisch. „Der Phönix ist es, der Vogel, der alle tausend Jahre sich ein Nest aus Myrrhen sammelt. Und wenn er es fertiggestellt hat, dann setzt er sich hinein, um sich anzuzünden, um zu brennen und um aus seinem Scheiterhaufen neu und jung sich zu erheben, aus einem Feuer, das Abendröte und Morgenröte zugleich ist."
Ärgerlich brummend reichte Dietrich das Tuch weiter an den kleinen Meinwerk. Der rückte die Kerze näher, wie um besser sehen zu können, was seiner Mutter Staunenswertes gelungen war. Doch als die Flamme zupackte und an dem Pfau hochleckte, der jetzt wirklich einem Phönix glich, da war das Erschrecken auf seinem Gesicht offensichtlich gespielt. Er ließ die flackernde Fahne fallen und es entstand ein garstiges Brandloch in der Tischdecke zwischen ihm und Adela.
Dietrich lachte: „Der Phönix hat es aber eilig gehabt, in's Feuer zu kommen, Rabbi!"
„Zeit ist es auch," murmelte der Jude verstört „Zeit für Phönixbrand. Die Morgenröte ist im Land des Abends angekommen; da wird noch manches brennen müssen!"

II. Teil

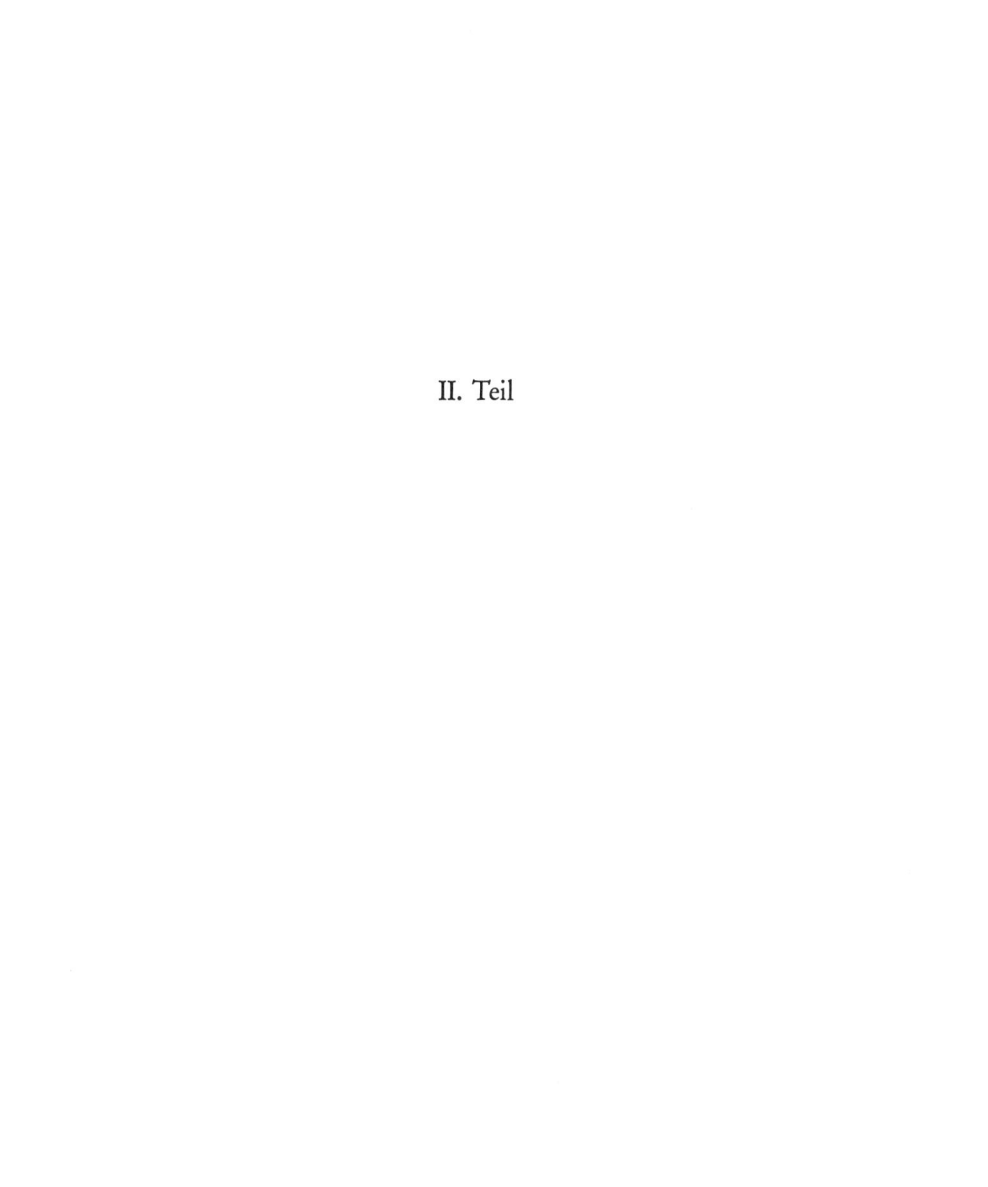

Adela stocherte in der Asche herum. Was zwischen ihren Wimpern herunterlief, waren keine Tränen. Es war der Regen, der den Brand nicht hatte verhindern können. Ihre Haare hingen in nassen Strähnen um ihr Gesicht, dem ich mit einem Mal die zwanzig Jahre ansehen konnte, die vergangen waren seit meiner Ankunft auf Uflach.

Alles war anders seit dieser Nacht, in der Uflach verbrannt war. Nichts war anders, nichts. Denn das Kloster auf dem Eltenberg stand noch. Wie ein großes Schiff lag der Abteihügel da inmitten der Nieselwasser, wie eine Salandria, die in einem sicheren Hafen vor Anker gegangen ist und der keine Stürme und keine Brandpfeile von Piraten etwas anhaben können.

In einem glimmenden Aschenhaufen fand Adela schließlich ein Stuhlbein, an dem noch Flammen züngelten. Sie hob es auf, wog es in ihrer Hand, als wolle sie es in Richtung Eltenberg schleudern, ließ es aber wieder fallen. Nutzlos. Nutzlos, wie alles, was sie in den vergangenen zwanzig Jahren seit Wichmanns Tod gegen das Kloster unternommen hatte. Prozesse über Prozesse, Klagen über Klagen, Überfälle. Überfälle vor allem. Die Güter des Vitusklosters hatte sie mit Fehde überzogen noch und noch. Die Kastellane und Ritter, die Vasallen der Äbtissin Liutgard, hatten sich nicht über ein langweiliges Leben beklagen können.Der rote Hahn hatte viel zu tun gehabt, bevor er auf Uflach krähte. Der geringste Anlaß war Adela genug gewesen, Fehde zu beginnen gegen jeden, der dem Kloster des heiligen Veit zu Abgaben verpflichtet war, gegen jeden, der zum Veitsfest auch nur ein paar Schweine abzuliefern hatte. Ruiniert werden sollte das Stift, ruiniert werden sollte Liutgard, zunichte sollte gemacht werden die Adela so ungerecht erscheinende Erbschaftsregelung. Aber was jetzt als Ruine dalag, schwarz, häßlich und in Rauchschwaden gehüllt, war Uflach.

Ich stand in dem Trümmerhaufen, der tags zuvor noch meine Werkstatt gewesen war. Von den Webstühlen war nichts mehr vorhanden. Die verbrannten Farbstoffe verbreiteten einen unangenehmen ätzenden Geruch, der alles andere übertäubte.

Vielleicht hätte ich sie sonst eher gefunden. Verbranntes Fleisch pflegt sich der Nase zu melden. Und ich war darauf gefaßt, verbranntes Fleisch zu finden, verbranntes Menschenfleisch.

Amalfrida und Armgard, zwei meiner geschicktesten Stickerinnen, waren nicht dabei gewesen, als auf dem Gehöft des Bauern Evert nach und nach alles sich sammelte, was sich von Uflach gerettet hatte. Der Bauer und seine Frau, fast so verängstigt und verstört wie wir, waren durch die mitter-

nächtlich dunkle Diele gestolpert, die zum Notquartier für Uflachs gerettete Bewohnerschaft gemacht worden war. Bei spärlichem Fackelschein hatten sie heiße Milch ausgeteilt. Siebenundzwanzig Schüsseln brauchen wir von der Werkstatt, hatte ich gesagt, aber da waren es zwei Schüsseln zuviel. Rufen half nichts, Amalfrida und Armgard blieben verschwunden. Auch andere Gesichter fehlten. Ich stellte es fest, als ich mit einer Kerze umherging und denen in's Gesicht leuchtete, die vor Schrecken stumm und in sich verkrochen auf dem Boden hockten. Auch Bilitrud fehlte. Ich gab die Suche auf und setzte mich zu den anderen, die vor Kälte und Angst zähneklappernd auf dem Evertshof herumsaßen und darauf warteten, daß plötzlich auch hier jemand Feurio zu schreien anfing.
Dirk war nicht da. Aber das brauchte nichts zu bedeuten. Wahrscheinlich war er gar nicht auf Uflach gewesen, sondern auf einem seiner nächtlichen Streifzüge durch die Auewälder und hatte die Burg von weitem brennen gesehen, mit großen verschreckten Augen wie immer.
Große verschreckte Augen hatten wir dieses Mal alle. Als das Feuer hochprasselte, rot, gefräßig und nicht im mindesten beeinträchtigt durch den nieselnden Regen, da waren wir noch nicht weit weg gewesen von Uflach. Der Alarm der treugebliebenen Söldner war erst im allerletzten Moment gegeben worden. Laut hatten sie geschrieen, die Wachen, die nicht zu der Verräterschar des Godizo von Aspel gehörten. Die Schreie klingen mir noch heute in den Ohren, die Feurioschreie — und die anderen Schreie auch. Das Vieh in den Ställen brüllte. Und aus den Wohngebäuden klangen die entsetzlich kreischenden Töne, die ich nie vergesse. Noch immer meine ich, Amalfridas Stimme herausgehört zu haben.
In der Bügelstube, oder in dem, was die Bügelstube gewesen war, fand ich sie. Halb verkohlt war sie; ein entsetzlicher Anblick. Auch Armgard wurde gefunden, später auch Bilitrud. Insgesamt waren zehn umgekommen, drei vom Gesinde und sieben Söldner. Ich weinte.
Adela kam über qualmende Balken zu mir herüber.
„Nächste Woche fährst du mit dem friesischen Kaufmannsschiff nach Köln und regelst alles!"
„Was soll ich noch regeln? Was gibt es noch zu regeln?!"
„Du bestellst dort alles, was nötig ist."
Ich wagte nicht weiter zu fragen, aber sie merkte, daß ich sie immer noch nicht verstand.
„Alles, was nötig ist, um unsere Werkstatt wieder einzurichten! Alles genau so wie es war! Was kostet ein Spezialwebstuhl?"

Daß sie es nicht vorausgeahnt hatte, konnte Adela sich lange nicht verzeihen. Godizo von Aspel war ein zuverlässiger Söldnerführer gewesen all die Jahre hindurch. Soviele Güter von Stiftsvasallen hatte er schon in Schutt und Asche gelegt, sosehr war sein Name bei allen Rittern und Kastellanen des heiligen Veit ein Fluchwort geworden, daß ein Pakt mit denen außerhalb aller Möglichkeit der Vorstellung lag. Noch vierzehn Tage vorher hatte er das zum Stift gehörige Gut Goch heimgesucht — aber das war schon Tarnung gewesen. Gebrüllt und getobt hatte er, weil der Anschlag mißlungen war. Ganz echt hatte es geklungen, so wie sonst auch — und wir auf Uflach hatten Gelegenheit genug gehabt, die Schimpfkanonaden des für germanisches Empfinden eher zu klein geratenen Mannes zu hören. Puterrot war er geworden vor Wut, und niemand ahnte, daß dieser blubbernde, geifernde Ausbruch des rothaarigen Vulkans nur gespielt war. Einige Söldner, denen er die Schuld am Mißerfolg des Gocher Unternehmens zuschob, ließ er auspeitschen. Aber damit hatte er sein Spiel schon überzogen — und uns gerettet. Diese Söldner waren es gewesen, die seine Verräterei nicht mitmachten und Feurio schrieen, gerade noch rechtzeitig genug. — Godizo von Aspel hatte seine Unzufriedenheit darüber, daß er unter den Vasallen Adelas noch keine, wie er meinte, seinem Einsatz entsprechende Sonderstellung bekommen hatte, gut verbergen können.. Daß er mit seinen bisherigen Todfeinden verhandelt hatte, mit den von ihm so über die Maßen drangsalierten Vasallen Liutgards, vielleicht sogar mit Liutgard selbst, war Adelas sonst doch immer so wachen Aufmerksamkeit ebenso entgangen wie der Faden, der zu Balderich gesponnen worden war.

Balderich war eine Art Räuberhauptmann. Ein Angehöriger des ansfridingischen Grafengeschlechtes war er bastardweise, aber von den südlich der Maas begüterten Verwandten wurde er nicht einmal als ein halbblütiger Vetter anerkannt. Eine verwegene Schar von Männern hatte er in den Wäldern des nördlichen Brabant beisammen, Unzufriedene verschiedenster Art; zum Teil Schwärmer, die vom bald heranrückenden tausendsten Jahr nach der Geburt unseres Kyrios Jesus Christos den allgemeinen Weltenbrand und damit den Umsturz aller Dinge erwarteten; meist aber, weitaus mehr, solche, die nach den hiesigen Rechtsverhältnissen sogenannte Freie gewesen waren, kleine Grundbesitzer, Bauern, die solange unabhängig hatten sein können, wie die Steuern ihnen nicht über den Kopf gewachsen waren, wenn man das Steuern nennen kann, was eher auf ein Lösegeld hinausläuft. Freikaufen mußten sie sich, wenn sie nicht mit ins Feld ziehen konnten, weil sie niemand hatten, der an ihrer Stelle den Acker bearbeitete. Ruiniert waren sie, aber da sie zu stolz waren, um als sogenannte Hörige zu leben, das heißt ungefähr wie Sklaven, hatten sie sich in die brabantischen Wälder zurückgezogen in der vagen Hoffnung, von dort aus die reichen Grundbesitzer, den Hochadel, die Reichsgüter und deren Vasallen so brandschatzen und bedrängen zu können, daß ihnen eine Rückkehr auf ihre Stück für Stück bei jedem versäumten Heeresaufgebot verpfändeten Höfe des lieben Friedens wegen zugestanden würde. Balderich hatte zwar längst etwas anderes aus ihnen gemacht. Ein wilder Söldnerhaufe waren sie, dessen Einsatz gegen einen von ihnen zu benennenden Gegner die echtbürtigen Halb- und Viertelsvettern Balderichs bei ihrem verachteten Verwandten gegen entsprechende Bezahlung kaufen konnten. Der Herr Räuberhauptmann verstand zwar immer wieder darzulegen — in rhetorischen Meisterleistungen übrigens, wie man erzählt —, warum es diesmal gerade gegen diesen Dickwanst gehen müsse, warum es jetzt an der Zeit sei, gerade diesem ekligen Blutsauger die Macht der vereinigten Unterdrückten spüren zu lassen, — aber nur die Allereinfältigsten glaubten noch an eine Sache. Die meisten hatten sich damit abgefunden, halbwegs gut bezahlte Mietlinge des Schreckens zu sein; leben ließ sich auch so. Balderich verstand es jedenfalls meisterhaft, in seiner fehdelustigen Verwandtschaft immer wieder neue Möglichkeiten aufzuspüren, seinen Leuten Sold und Beute zuzuschanzen, wobei die Provisionen, die er einsteckte, nicht unbeträchtlich waren.

Die von Adela nicht vorhergesehene Koalition des Godizo von Aspel mit Balderich dem Räuber war es gewesen, der Uflach zum Opfer fallen mußte. Wieweit Liutgard ihre Hand mit im Spiel gehabt hatte, konnte niemand richtig sagen. Immerhin hatte sie Godizo nach dem Überfall auf Uflach in die Zahl ihrer Vasallen aufgenommen. Und einige von ihren Lehensmännern waren dabeigewesen, als die Burg ihrer Schwester in Brand gesteckt wurde: Die Stimme des Ritters von Voorthuyzen war unverkennbar gewesen; „Räuchert das Nest aus! Laßt niemand entwischen! Schmoren muß die Schlange, schmoren muß sie, und keine ihrer Künste soll ihr mehr helfen!"

Als wir von dem Trümmerhaufen Uflach auf den Evertshof zurückkamen, hatte sich auch Dirk dort eingefunden. Er war also auch in der Brandnacht in den Auewäldern gewesen; niemand hatte etwas anderes vermutet. Er ging noch mehr vornüber gebeugt als sonst. Auf seinem von schütterem weißblonden langem Haar umrahmten Gesicht, das gleicherweise zu kindlich und zu greisenhaft war für seine nunmehr fast dreißig Jahre, lag ein

Ausdruck von ungläubigem Nichtverstehen. In der Hand hielt er ein Büschel angesengter Pfauenfedern. Der Pfau, den Adela vor vier Jahren über einen aus Thessaloniki stammenden Händler hatte beschaffen lassen, war also auch hin! Schlimm für Dirk! Wir alle kannten seinen Tick, dieses Weltwunder von Vogel, diesen Ausbund von unvorstellbarer schimmernder Pracht auf's sorgfältigste und pünktlichste zu versorgen, ja fast zu bedienen wie einen großen Herrn, den man nicht warten lassen darf auf sein Frühstück, bestehend aus ausgelesenen Körnern. Und wenn dann und wann aus gnädiger Laune heraus Lohn anstand und ein Traum voller Augen sich bereitete, dann strahlte Dirk und fast sah es dann aus, als sei er glücklich. Eigentlich aber war es doch nicht der Pfauhahn, dem er seine Dienste antrug, eigentlich war es Adela, von der er wußte, daß sie das stolze Tier mochte. Adela verehrte er abgöttisch, erst recht seit dem Tag seiner Erwählung und Meinwerks Verwerfung — so faßte er es auf — und in der Pflege des fremdländischen Vogels hatte er ein Mittel gefunden, seine Devotion zu zeigen, ohne sich selber allzusehr zeigen zu müssen. Er wollte ihr — feinfühlig wie er war — möglichst den Anblick eines so aus der Art geschlagenen Sohnes ersparen. Er hatte Griechisch gelernt, um ein Euchiridion über die nicht einfache Haltung von Pfauen lesen zu können und konnte es mittlerweile auswendig. Tatsächlich wäre der Pfau samt seinen zwei Hennen schon längst vor dieser Brandnacht eingegangen, wenn Dirk sich nicht darum gekümmert hätte.

Sein anderer Tick hatte ihm diesmal womöglich das Leben gerettet. Nachts streifte er oft durch die Auewälder. Er war dann auf Suche nach Kleinwild, das sich in Fangstricken gefangen hatte. Mehrere Male hatten Bauern ihm aufgelauert und ihn verprügelt, wenn sie ihn dabei erwischten, wie er ihre Mühe zunichte machte und die Tiere laufen ließ. Sie wußten sehr gut, daß Adela so etwas nicht ahnden würde, solange sie ihrem Blödling dabei nicht die Knochen brachen. Daß es mit ihm — um mit einem Ausdruck der Eingeborenen zu reden — nicht ganz richtig war im Oberstübchen, hatte sich herausgestellt, als er zwölf Jahre alt war und mit zur Jagd gehen sollte. Vorher hatte sich niemand Gedanken über sein verschüchtertes Wesen gemacht, Adela nicht und auch ich nicht, da ich damals noch nicht wußte, wie wichtig für die gesellschaftliche Reputation eines Mannes es hierzulande ist, wieviel Wildschweine er totgestochen und wieviel Männern er zumindest das Nasenbein eingeknickt hat. Dirk hatte sich standhaft geweigert, mit auf Jagd zu gehen. „Die Tiere sehen mich doch an!" hatte er gesagt und war nicht zu bewegen gewesen, eine Saufeder auch nur anzufassen. Sie verstanden ihn nicht. Zwar sind die meisten Eingeborenen einer sentimentalen Tierliebe verfallen, aber die beschränkt sich auf Pferde und Hunde. Ich sagte ihnen, daß, wer so närrisch ist, Hunde an seinen Mahlzeiten teilnehmen zu lassen, meiner Meinung nach auch Verständnis haben müsse für einen Freund der Hasen und Kaninchen. Aber diese Logik leuchtete den Barbaren nicht ein. Jetzt hatte es auch nichts mehr geholfen, einen Fechtmeister zu bestellen. Dirk hatte sich so linkisch angestellt, daß alle, die damals als Übungspartner hatten herhalten müssen, sich noch Jahre später die Bäuche hielten vor Lachen, wenn sie Einzelheiten aus Junggraf Dirks Fechtstunden zum Besten gaben. Was dabei auf Dirks grundsätzliche Unlust zum Fechten zurückgeht, was auf seine Ungeschicklichkeit und was auf die ausschmückende Darstellung der Possenreißer, das weiß ich nicht. Wahrscheinlich spielen alle drei Dinge mit. Jedenfalls lebte Dirk sich danach immer mehr in die Rolle des unzurechnungsfähigen Narren auf Uflach hinein. Immer weniger wurde er hinzugerufen, wenn über die Angelegenheiten der Batua oder über Güter im Besitz der Immedingersippe verhandelt wurde. Ein Handschlag zur Besiegelung wurde bald nicht mehr für nötig gehalten, seitdem er aus den Kinderschuhen herausgewachsen war. Als Kind hatte er oft genug das Händchen reichen müssen zur Bekräftigung von Dingen, die ohne ihn ausgehandelt waren und von denen er auch nichts verstand. Mit einem unmündigen Kind per Handschlag paktieren ist hierzulande üblich, aber mit einem Blödling — nein, das ist peinlich. Adela hatte diese Entwicklung Kummer gemacht. Es stimmt nicht, wenn einige behaupten, sie habe absichtlich ihren Ältesten in eine solche Geistesverfassung hineinmanövriert. Aber Vorteile hatte das für sie mit sich gebracht, zweifellos, und sie wußte sie zu nutzen. Außer dem väterlichen Erbe im Hamaland und in den zum Meer hin gelegenen Gebieten blieben die Erbgüter ihres Mannes Immed ebenso voll in ihrer Verfügung wie die Grafschaftsrechte in der Batua. Wie in der Zeit vor Dirks Unmündigkeit unterzeichnete sie im Namen des immer noch so genannten „Junggrafen", und niemand kam auf den Gedanken, sich an den eigentlichen Unterzeichnungsberechtigten zu halten.

Auf Everts Hof aß man gerade zu Mittag unter freiem Himmel an aus rohen Brettern provisorisch zusammengehauenen Tischen. Adela saß diesmal mitten unter dem Gesinde und löffelte mit aus einem der je für zehn Personen gerechneten Näpfe. Da kam Dirk hinzu. An der Palisadenumwehrung blieb er stehen und hielt Ausschau, um Adela zu entdecken, was schwerhielt, denn auch sie hatte ein Kopftuch umgebunden wie die anderen, ein schwarzes zum Zeichen der Trauer. Als er ihren Platz ausgemacht hatte, ging er auf sie zu, las unterwegs eine leere Kanne vom Boden auf, postierte diese mit fast schlafwandlerischer Sicherheit vor Adela auf den Tisch und stellte das Büschel angesengter Pfauenfedern hinein wie einen Strauß erlesener Blumen. Adela war gerührt. Sie hatte wohl auch sonst seine scheuen, stummen Huldigungen bemerkt, mehr aber auch nicht. Sie pflegte nie darauf zu reagieren. Über seinen Eifer bei der Pflege der Pfauen hatte sie nie ein Wort verloren. Auch jetzt sagte sie nichts. Aber es schimmerte feucht in ihren Augen und das winzige Tröpfchen, das zwischen ihren Wimpern hing, war diesmal nicht dem Nieselregen zuzuschreiben.

Im griechischen Club von Köln wurde ich herumgereicht wie eine Rarität. Eine Rhomäerin, eine Rhomäerin aus der Stadt selbst, eine Hofdame der verstorbenen Theophanu, die an die zwanzig Jahre bei den Wilden ausgehalten hatte! Ein Paradiesvogel, der zum Sumpfhuhn geworden war.... Durch und durch versumpft, wie jeder sehen konnte, der mich beim Hantieren mit Messer und Gabel beobachtete. Aber immerhin — an die zwanzig Jahre! Alle Achtung!
Eine seltsame Stadt ist es, in der diese kleine Kolonie von rhomäischen Kaufleuten so tut, als könne man auch in Germanien zivilisiert leben. Köln hat früher einmal bessere Tage gesehen; das ist auf Schritt und Tritt zu spüren. Akademien, Theater, Badehallen, Zirkus, Hippodrom — alles ist da, nur seit Jahrhunderten in Trümmern. Aber für ein griechisches Menschenkind, das wie ich fast zwei Jahrzehnte im Schilf der Rheinniederung gelebt hat, ist das eine Stadt mit allem, was das Herz noch zu begehren wagt. Straßen gibt es da, sogar gepflasterte. Läden sind da zu sehen, die in festen Häusern untergebracht sind. Geldwechsler laufen da herum, Pfandleiher, Dirnen, Schankwirte, Barbiere, Handwerker, Kaufleute und Kleriker, Kleriker vor allem.
„Und sie wollen wirklich wieder zurück nach Ouphlach?!!" fragte die kunstvoll frisierte Frau des Kaufmanns Nikias und ihr Lächeln stand nichtssagend inmitten der es umrahmenden bombastischen Lockenpracht. Sie reichte währenddessen mit graziös gespreizten und lacknagelgeschmückten Fin-

gern die mit köstlichem Konfekt gefüllte Silberschale. „Nach allem, was Sie haben durchmachen müssen, Sie Ärmste?!"
Ich wußte wirklich nicht mehr, was ich wollte. Wo gehörte ich hin? Hierhin nicht, unter diese Damen nicht, und dann wahrscheinlich erst recht nicht mehr nach Konstantinopolis. Manchmal träume ich noch von den über dem Marmarameer schwebenden Kuppeln und von dem Licht, das auf ihnen spielt, um mich zu begrüßen, wenn ich an Bord einer Salandria heimkehre. Aber das Licht in meinen Träumen war mit der Zeit immer blasser geworden, mittlerweile so blaß wie das Licht hierzulande, an das meine Augen sich gewöhnt haben. Wer weiß, ob ich den Glanz der Konstantinsstadt, wer weiß, ob ich den Glanz der hellenischen Sonne noch aushalten würde? War ich nicht Barbarin geworden, Urwaldbewohnerin, lichtscheues Sumpfhuhn, ängstlich in's Schilf geduckt? Ein gerupfter Pfau, der besser daran tut, sich nicht zu zeigen?
Doch auch hier am Rhein war ich immer noch fremd, nach all den Jahren noch.
Zu Anfang wäre ich beinahe Frau Ritter von Velp geworden. Damals war ich noch der Meinung, Barbaren ließen sich zivilisieren. Heinrich war ein stattlicher junger Mann, so wohlgestaltet, daß er dem Praxiteles hätte Modell stehen können. Die Haare, die er nicht ganz so lächerlich lang trug, wie das hier bei den Angehörigen adliger Häuser üblich ist, waren blond und viel gepflegter als die der anderen Urwaldkrieger. Meine schwarzen Haare, und meine dunklen Augen schreckten ihn nicht. Er tat mir schön auf eine verlegene, unbeholfene Art, so als fürchte er, einen solch exotischen Vogel wie mich zu vergrämen, wenn er mir auf landesübliche Weise den Hof machte. Aber ich habe mich nicht in den Käfig der Ehe locken lassen. Wir haben beide früh genug gemerkt, daß das nicht gut gehen konnte. Und bis jetzt habe ich es noch kein einziges Mal bereut. Noch nie habe ich eine innere Stimme sich melden gehört, die mir vorwirft: ‚Jetzt könntest du es, und jetzt ist es zu spät!' Heinrich ist ein dickwanstiger stiernackiger Barbar geworden wie alle anderen. Längst hat er vergessen, daß er einmal stotternd mit einer jungen schwarzhaarigen Griechin gesprochen hat, über Eros und über seine Macht, Menschen einander anzugleichen, auch wenn sie noch so verschieden sind. Vor der Palisadenwand war es, dort, wo das Schilf bis nach Uflach heranreicht...
„Nein wirklich, was Sie nicht alles haben durchmachen müssen bei einer solchen — solchen — Furie ist vielleicht das richtige Wort!"
„Mordbrennerin!" „Brandstifterin!" „Heidin!" „Barbarin!" schlugen die

anderen Damen vor und bewegten ihre elfenbeinernen Fächer heftig klappernd hin und her. Dabei war es keineswegs heiß. Vom Rhein her drang unangenehm feuchtkühle Luft durch's Fenster.

„Stimmt es; reitet sie wirklich mit aus, wenn ihre Leute die Klostergüter überfallen?"

„So richtig mit Helm auf und Kettenhemd an?"

„Und das Bett, ist das wirklich aus purem Gold?"

Wie sollte ich diesen an den Rhein verschlagenen Pfauenhennen auch nur irgendetwas von Adela und von dem Leben auf Uflach erklären können? Die verstanden ja von der Eingeborenensprache höchstens ein paar für's Einkaufen nötige Brocken. Die führten auf ihrem künstlichen griechischen Inselchen hier in Köln elfenbeinfächerklappernd ein byzantinisierendes Leben und hatten keine Ahnung von dem, was sich außerhalb der Stadtmauern tat. Wie sollte ich diesen korrekt geschminkten Damen irgendetwas von den Gesetzen des germanischen Urwalds verständlich machen, von der Welt, in der Adela lebte und in der meine Kunstwerkstatt ein exotischer Tupfer war, mehr nicht? Wie sollte ich ihnen beibringen, was Fehde ist, was Sippenrecht und was es mit dem ungeschriebenen Gesetz auf sich hat, von dem Recht, das für gewöhnlich nicht von einer obersten Instanz gewährleistet wird, das vielmehr jeder, so gut er kann, in Anwendung bringen muß, und sei es mit Feuer und Schwert. Ich verstand es ja selber nicht und dachte mit Grauen daran, daß ich zurück mußte nach Uflach, das jetzt wieder aufgebaut wurde mit Werkstatt und Webstühlen und allem — möglicherweise um bald schon ein zweites Mal zu brennen ... Aber wo anders als auf Uflach konnte ich noch leben? Hier? Nein, dann lieber zurück! Die Zeiten, in denen ich Pläne schmiedete, Uflach zu verlassen um zu Theophanu an den kaiserlichen Hof zurückzukehren, waren längst vorbei. Die hatte ich aufgegeben, lange bevor Theophanu starb. Bei den Barbaren könne ich es nicht aushalten, hatte ich damals sagen wollen, im Sumpf müßte ich verkommen. Aber wenn ich mir vorstellte, daß ich dann wie die geplagte Kaiserin heute hier und morgen dort hausen müßte, in Pfalzen, von denen die eine unwirtlicher war als die andere, auf Gehöften von Stammeshäuptlingen, die in einer Hofdame nichts anderes sehen als eine Magd, eine Hörige also, und daß zwischendurch immer wieder Reisen anstanden durch den Urwald, beschwerliche Reisen mit all dem Gepäck, das eine Kunsthandwerkerin nun einmal mit sich führen muß, dann erschien Uflach mir als das geringere Übel. Und an Adela hatte ich mich gewöhnt, hatte irgendwie mich damit abgefunden, daß sie unzähmbar ist, unzivilisierbar und auch

wohl unmissionierbar. Es ließ sich bei ihr leben, auch wenn die griechischen Damen in Köln das nicht begreifen konnten und ihr Bedauern über mich wortreich auskosteten.
„Nun verlästert mir nur nicht unsere beste Kundin!"
Nikias war eingetreten, der Hausherr. Er war der Farbenhändler, ein gutgekleideter, gutgenährter Mann in den besten Jahren, glatzköpfig, das runde Gesicht ganz Wohlwollen und Beflissenheit, mit kaufmännischer List untermischt.
„Das teure Süßzeug da könnten wir uns ohne die verehrte Arbeitgeberin von Fräulein Anna gar nicht leisten. Wenn die Gräfin Adela nicht ihre Werkstatt unterhielte und dadurch bei den Damen des eingeborenen Adels das Kunsthandwerk in Mode brächte — ich wüßte nicht, wie unsere Niederlassung existieren könnte!"
Das Konfekt schmeckte plötzlich bitter. Ich hatte mich schon oft gefragt, was denn eigentlich die Frucht meiner Arbeit sei, von der man in Konstantinopolis uns gesagt hatte, sie solle ein Beitrag zur Zivilisierung der Barbaren sein. Jetzt hatte ich sie im Mund, die Frucht meiner Arbeit. Die süße Praline mitsamt dem süßen Leben einer griechischen Kolonie, das war sie!
„Aus dem Sortiment habe ich Ihnen alles zusammenstellen lassen; fast alles wie gewünscht, Fräulein Chrysophora. Nur die Purpurschnecken..., zur Zeit haben wir keine auf Lager, leider. Aber wenn ich Ihnen einen guten Rat geben darf: Im Judenviertel, nahe am ehemaligen römischen Gouverneurpalast, wohnt Manasse, der Trödler. Bei dem bekommt man alles, auch das Ausgefallenste, wenn man in byzantinischen Solidi bezahlen kann — und das können Sie doch!"
„Das ist an der Hohen Straße, nicht wahr?"
„Etwas weiter zum Rhein hin liegt sein Basar. Aber fragen Sie morgen nur irgendwen dort. Den Laden des Trödlers Manasse ben Joseph kann Ihnen in Köln jedes Kind zeigen."
Ich ging nicht auf direktem Weg zum Rhein. Einen Besuch war ich noch schuldig. Ich mußte zuerst zur Kirche des etwas außerhalb der Stadtmauer gelegenen Klosters Sankt Pantaleon, nicht weit vom griechischen Quartier entfernt.
Neben ihrem erzbischöflichen Verwandten Brun liegt dort Theophanu begraben. Unter einem roh behauenen Stein ruht sie aus von der Last, die auf ihre zerbrechlich aussehenden Schultern gelegt worden war, als Kaiser Otto der Zweite plötzlich starb, in jungen Jahren noch und ihr Söhnchen war erst drei Jahre alt. Aus war es gewesen mit all den Träumen, den Bar-

baren östliche Zivilisation zu bringen. Dafür war jetzt keine Zeit mehr. Für ihr Kind mußte sie das Reich regieren, dieses Reich der unabsehbar sich dehnenden Wälder, die ihr so fremd waren wie mir. Und sie hat es zusammengehalten, obwohl damals viele Hände danach griffen, um es in Fetzen zu reißen. Die Deutschen sind ihr zu Dank verpflichtet. Ob sie sich daran erinnern, daß es eine Griechin war, die das Deutsche Reich rettete, als das noch junge Gebilde seiner ersten Belastungsprobe ausgesetzt war? Es sieht nicht danach aus. Am Grabe des Brun, den sie den Heiligen zu nennen beginnen, brennen Kerzen. Am Grabe daneben nichts. Sie ist die Fremde geblieben.
Sie hat die Konstantinsstadt nicht wiedergesehen. Ich bete an ihrem Grab, wie ich immer betete, wenn ich mit dem Schiff nach Köln gekommen war: Herr, laß sie die Stadt schauen, laß sie das himmlische Jerusalem schauen, Heimat aller, die als Fremdlinge und Wanderer durch's Leben gehen müssen.
„Zum Trödler Manasse willst du? Da hast du dich aber verlaufen! Der wohnt doch in der Stadt!"
Ich hatte gar nicht bemerkt, daß ich beim Gang durch enge Durchschlüpfe das von den Römermauern umschlossene Gelände verlassen hatte. Ich befand mich noch immer zwischen Häusern. In die Rheinvorstadt hatte ich mich verirrt, in eine triste Kaufmannssiedlung vor der eigentlichen Stadt, direkt am Rhein gelegen an der Stelle, wo früher der römische Hafen lag. Seitdem er versandet war, hatte man ihn nach und nach mit Holzhäusern zugebaut.
Der Junge zeigte mir den Weg in die Stadt zurück. Bald stand ich vor Manasses Laden, der sich an die zerbröckelnden Mauern des ehemaligen römischen Prätoriums anlehnte.
Die dunkle Höhle roch nach Basar. Die Vielfalt der Gerüche ließ mich hoffen. Wo so vielerlei durcheinander duftete, da konnte es vielleicht auch ein verstecktes Fach mit Purpurschnecken geben.
Dolche, Krummschwerter und Säbel, Messer, Äxte und Schilde lagen neben Kochtöpfen, Schöpflöffeln und Bratpfannen ausgebreitet. Kupfer-, Eisen- und Zinnwaren lagen bunt durcheinander. Bei dem spärlichen Licht war zu sehen, daß an den Wänden geknüpfte Teppiche hingen; schlechte Ware. Dazwischen baumelten Taschen, Mäntel, Stiefel, getragene Kleider. Tuchballen waren aufeinandergestapelt. Die unzähligen Kästen verrieten ihren Inhalt nicht.
„Stehe zu Diensten!" schnarrte eine rauhe Stimme; aber als ich mich umsah,

war es nur ein Papagei, der neben einem Paar Stiefeln aus feinem Rindsleder auf seiner Stange hin- und herschaukelte. Dann schwieg er und kümmerte sich nicht weiter um mich.

Es dauerte eine Weile, bis es wieder: „Stehe zu Diensten!" schnarrte. Diesmal war es ein kleiner Mann mit Bart und grauen Schläfenlocken. Manasse, der Trödler, war lautlos hinter einem Samtvorhang aufgetaucht.

Ich erklärte ihm meine Wünsche.

„Wo denken Sie hin, Gnädigste?! Wir sind hier doch nicht in Konstatinopolis! Hast du's gehört, Bunter?! Purpurschnecken will man vom alten Manasse ben Joseph. Hast du etwa in Köln jemals solche lieben Tierchen gesehen?! Was, du auch nicht?! Tut mir leid, Gnädige, selbst mein Papagei kann sich nicht erinnern, daß so etwas in Köln je feilgeboten wurde!"

„Solch eine Kostbarkeit müßte natürlich mit byzantinischen Solidi aufgewogen werden!"

„Solidi! Hörst du, Bunter?! Solidi, das sind noch seltenere Vögel als du einer bist! Also, die könnten sogar Purpurschnecken nach Köln locken! Ich will sofort einmal nachschauen, ob da nicht schon welche in Eilmarsch unterwegs sind!"

Er verschwand an einer Stelle, an der ich keinen Durchschlupf vermutet hatte und war länger als eine halbe Stunde mit Kramen beschäftigt.

Als ich jemanden eintreten hörte, dachte ich zuerst an einen neuen Kunden. Aber es war kein Kunde. Der Rabbi war es; ich erkannte ihn sofort trotz der Silberfäden in seinem immer noch gepflegten schwarzen Bart; der Rabbi Kalonymos ben Meschullam.

„Sie hier in Köln?! Ich dachte, Sie wären in Mainz!"

Ich bereute meinen unbedachten Ausruf sofort. Ich erinnerte mich, von Judenverfolgung in Mainz gehört zu haben, von Pogromen; schrecklich soll es gewesen sein. Bei den Barbaren fängt das also auch schon an.

Das Gespräch kam nicht so recht in Fluß, und ich war froh, als Manasse endlich auftauchte, diesmal hinter einem Berberteppich.

„Da sind Ihre Purpurschnecken, Verehrteste! Für byzantinische Solidi läßt Manasse sogar indische Elefanten kommen, wenn es sein muß! Wünschen Sie indische Elefanten? Nein, heute nicht? Aber wenn Sie etwas brauchen, Manasse ben Joseph hält sich empfohlen! Beehren Sie mich wieder!"

Dem Rabbi wollte ich zum Abschied sagen, daß mir das leid tat, das mit Mainz; ich hätte unbedacht geredet. Ich stotterte mir etwas zurecht. Aber da war soviel Verstehen in seinen Augen, soviel Güte inmitten der Kummerfalten, daß ich auf einmal überrascht feststellte: Ich hatte seine Hand geküßt.

Beim Kaufmann Nikias lag ein Brief für mich, eine Vorladung auf die erzbischöfliche Kanzlei. Ein Ladungsgrund war nicht angegeben. Ich konnte mir keinen Reim darauf machen.
Mein Gastgeber war besorgt. „Man ist uns Griechen nicht mehr grün. Theophanu ist tot und Otto ist in Rom, weit weg also. Ein unvorsichtiges Wort, und man ist seine Konzession los. Also, wenn auf der erzbischöflichen Kanzlei die Rede auf mich kommen sollte: Sie wissen am besten von gar nichts. Sagen Sie: Ich kenne den Kaufmann Nikias nur flüchtig. Ich habe keinen Einblick in sein Geschäft. Auch vom Haushalt — am besten kein Wort. Ich weiß, ich kann mich auf Sie verlassen!"
Nach einer Stunde Wartens in einem schmucklosen, weißgekälkten Raum, wurde ich vor einem jungen Kleriker geführt, der, einen Schreiber zu Füßen, in einer Haltung dasaß, die er für Thronen halten mochte, die aber eher lächerlich verkrampft aussah. Als ich ihn ansah, wußte ich sogleich, daß des Nikias Sorgen völlig unbegründet waren. Hier ging es nicht um Farbimporte aus Byzanz und nicht um Konzessionen für den Verkauf von Brokatstoffen. Ein verjüngt reinkarnierter Dietrich von Metz saß da, ohne Zweifel der Diakon Meinwerk, der hier auf der Kanzlei die paar Jahre absaß, die ihn von dem für Bischöfe vorgeschriebenen kanonischen Alter von dreißig Jahren trennten. Ich hatte ihn hier in Köln nicht vermutet. Ich wußte, daß er bei der kaiserlichen Kanzlei beschäftigt war. Da aber der als Nachfolger des noch amtierenden Erzbischofs bestellte Reichskanzler Heribert hier in Köln schon Wohnung genommen hatte, waren Teile der Reichsbehörde mit in der Metropolitankurie untergebracht. Wie oft hatte ich ihm gesagt: „Sitz gerade, Junge!", damals als ich noch Barbaren zu zivilisieren versuchte. Daran dachte er jetzt, natürlich, ich wußte es. Und er wußte, daß ich wußte. Verlegen rutschte er auf seinem Faldistorium hin und her. Er wäre auch der erste Westler gewesen, den ich in thronender Pose länger als drei Vaterunser lang hätte durchhalten gesehen.
„Schreibe: Vernehmung der Anna Chrysophora aus Byzanz, Magd der Gräfin Adela von Elten!"
In der darauf folgenden Stille, die dem dienstbeflissen kreischenden Gänsekiel gehörte, setzte ich mich unaufgefordert auf einen Schemel. Ich

kochte. Dieser Flegel! Und so etwas hat man mit kandierten Früchten gefüttert!

„Erste Frage: Was geschah nach dem Brand von Uflach?"

„Warum willst du das wissen? Uflach hat dich doch schon Jahre lang nicht interessiert!"

„Werde nicht unverschämt, Griechin. Du bist nicht hierherbestellt, um zu fragen. Du bist gefragt. Also los schon: Was geschah nach dem Brand auf Uflach?"

„Die Geflüchteten sammelten sich."

„Wo?"

„Auf Evert's Hof."

„Alle?"

„Alle."

„Das ganze Gesinde?"

„Ich sagte es schon. Ja, das ganze Gesinde."

„Und für wie lange?"

„Das ist verschieden. Vier Tage der ganze Troß, danach zog Adela mit dem Großteil nach Renkum."

„Wieviel sind jetzt noch bei Evert untergebracht?"

„An die dreißig."

„Und die werden dort auch beköstigt?"

„Ja!"

„Schreibe: Adela bedrückt ihre Bauern über die Maßen. Aussage der Magd Anna Chrysophora aus Byzanz: Dem Bauern Evert wurde eine Einquartierung von dreißig Mann auferlegt."

„Aber: der Evert hat eine Entschädigung bekommen, die kann sich sehen lassen. Der wird sich wohl noch öfters so eine unverhoffte Einquartierung wünschen!"

„Schreibe: Adela verschwendet das Vermögen ihrer Sippe. Aussage der Magd Anna Chrysophora aus Byzanz: Adela verschleudert ihr Familienerbe an Bauern!"

Ich wollte protestieren, aber Meinwerk fragte sofort weiter:

„Hat Adela nach dem Brand ihrer Schwester Liutgard, der Äbtissin des Reichsstiftes Hochelten, etwas zugeschickt?"

„Ich sage gar nichts mehr! Hier wird einem ja doch nur jedes Wort im Munde herumgedreht!"

„Schreibe: Auf die Frage, ob Adela von Elten ihre Schwester Liutgard, die Äbtissin des Reichsstiftes Hochelten, vergiftete oder vergiften ließ, ver-

weigert die Magd Anna Chrysophora aus Byzanz die Aussage!"
„Ist Liutgard tot?"
„Ich sage dir noch einmal, Griechin, du bist nicht hierherbestellt, um Fragen zu stellen, sondern um Fragen zu beantworten. Und ich rate dir, prompt und ohne Ausflüchte zu antworten. Griechen sind uns lange schon verdächtig. Besonders verdächtig sind Griechinnen, die mit jüdischen Rabbinern konspirieren!"
Ich ließ mich nicht einschüchtern. Meinwerk konnte mir nichts anhaben. Selbst der Erzbischof von Köln würde es sich siebenmal überlegen, bevor er der Schutzbefohlenen einer Adela von Elten auch nur ein Haar krümmte. Von jetzt ab schwieg ich hartnäckig. Ich war auch nicht dazu zu bewegen, das bisher zu Protokoll Gegebene zu unterzeichnen.
„Da werden wir wohl den sauberen Rabbi einmal hochnehmen müssen, den Rabbi, der die Handküsse kriegt — vielleicht redest du dann etwas mehr!"
Also auch das hatten seine Spione gesehen! Aber als ich auch jetzt noch schwieg, war meine Vernehmung bald beendet.
Ich war beunruhigt. Vielleicht war das nur Bluff gewesen, die Drohung gegen Kalonymos ben Meschullam. Vielleicht auch nicht. Ich würde ihn warnen müssen ...

Liutgard tot? Von Adela vergiftet? Adela angeklagt? Auf Grund meiner Aussage? Kalonymos kurz vor der Verhaftung? Liutgard tot? Von Adela vergiftet? In meinem Kopf jagte ein Gedanke den anderen. Es war da ebensowenig Ordnung hineinzubringen wie in Manasses Basar, in dem wir saßen.
„Für ausgeschlossen halte ich das nicht" sagte Kalonymos ben Meschullam. Es würde zu Adela passen. Zahn um Zahn. Auge um Auge. Leben um Leben!"
„Aber das hat sie noch nie getan, auch noch nicht versucht, wirklich!" protestierte ich.
„An Liutgards Besitz ging es immer wieder, aber nicht an Liutgards Leben. Das kann ich mir nicht vorstellen!"
„Bisher hatte Liutgard auch noch nie einen Anschlag auf das Leben ihrer Schwester gemacht. Aber das mit dem Brandüberfall auf Uflach, war das nicht einer? Denken Sie daran, was Sie einen der Ritter der Abtei haben rufen gehört: Schmoren muß sie, die giftige Schlange! Sie erzählten es vorhin!"
Der Jude hatte recht. Die Situation war anders, grundlegend anders, seitdem Adela mit knapper Not aus dem brennenden Uflach entkommen war.

„Ja, das ist möglich" murmelte ich. „Zahn um Zahn, Auge um Auge. Das hat sie auch schon einmal gesagt! Wann war das noch? Ach, das hat sie oft gesagt. Ein barbarischer Grundsatz!"
Der Rabbi schien beleidigt. Mit Juden zu sprechen ist nicht einfach. Sie sind an Stellen empfindlich, an denen man es nicht vermutet.
„Der Grundsatz, Anna Chrysophora aus Konstantinopolis, den Sie barbarisch zu nennen belieben, stammt aus den Heiligen Schriften unseres Volkes, die Sie als das Alte Testament bezeichnen und die auch bei Ihnen als das Wort Gottes gelten."
„Aber..."
Er ließ mich mit meinen Entschuldigungsfloskeln erst gar nicht zu Wort kommen. Lange Aufgestautes brach sich Bahn.
„Tun Sie doch nicht so, als gäbe es in der Konstantinsstadt keine Rache! Abgeschnittene Nase um abgeschnittene Nase und ausgestochenes Auge um ausgestochenes Auge! Nur eben schäbige private Rache, ich habe es oft genug in der Stadt am Goldenen Horn erlebt! Keine Rache zur Wiederherstellung der Gerechtigkeit wie beim Beter der jüdischen Psalmen und wie bei dieser Heidin und Barbarin Adela!"
Er hatte etwas gegen Konstantinopolis; das war damals vor zwanzig Jahren bei dem Gespräch mit Vater Wigbert und mit den beiden Archimandriten schon zu merken gewesen. Auch dies, daß eine Rhomäerin eigens gekommen war, um ihn zu warnen, hatte seine Ansichten über uns Konstantinopolitaner nicht ändern können.
„Wer die Gerechtigkeit hier schon auf Erden durchsetzen will, statt sie dem Himmel zu überlassen" sagte ich, „der begeht mehr Ungerechtigkeiten, als der, der das erst gar nicht versucht! Die schlimmsten Rechtsbrecher sind noch immer die Gerechtigkeitsfanatiker gewesen!"
„Sehr weise, mein Fräulein, sehr weise und sehr rhomäisch. Aber sie schmeckt mir nicht, Ihre Weisheit, die die Gerechtigkeit dem Himmel überläßt. Da sagt mir die Logik Ihrer Herrin Adela viel mehr zu. Unrechtmäßig war nach Adelas Ansicht die Schenkung der Wichmann'schen Güter an die Abtei Elten und also muß sie rückgängig gemacht werden. Da läßt sie sich auf keine Kompromißvorschläge ein. Auch nicht, wenn diese Vorschläge so weit gehen, ihr des lieben Friedens die Hälfte der Klostergüter zu überlassen. Mehr würde sie bei einer Erbteilung auch nicht herausschlagen können. Aber darum geht es ihr nicht, jedenfalls nicht nur. Die Äbtissin Liutgard soll gezwungen werden zuzugeben, daß die ganze Schenkung Unrecht war von Anfang an. Sie soll herunter müssen vom Eltenberg, her-

unter vom Stammsitz der Grafen des Hamalandes. Irgendwo anders soll sie dann aus dem ihr zustehenden Erbteil eine Abtei bauen. Adela schadet sich selbst mit diesem Standpunkt. Aber sie will ihr Recht, nichts als ihr Recht, notfalls mit Feuer und Schwert. Ich muß sagen, irgendwie imponiert mir das!"

„Als Vater Wigbert Sie nach der Gerechtigkeit fragte und danach, wo Sie sie suchen, da waren Sie gar nicht so sicher, ob Sie irgendetwas darüber aussagen könnten!"

„Ach, Sie erinnern sich?! Das ist jetzt fast zwanzig Jahre her, nicht wahr? Lebt Vater Wigbert noch?"

„Nein. Vor fünf Jahren ist er gestorben; nein, vor sechs Jahren schon. Ich habe oft noch mit ihm gesprochen, denn ich habe das Kloster oben auf dem Eltenberg oft besucht — trotz Adelas Feindschaft mit Liutgard. Adela hat mir das nie verboten. Sie weiß sehr gut, daß ich das brauche, Gespräche, die auf Uflach nicht möglich sind und die Atmosphäre eines Klosters, das trotz aller barbarischen Verfremdung die Herkunft des monastischen Lebens aus dem Osten nicht vergessen lassen kann. Mit Liutgard habe ich oft gesprochen, sie ist eine Dame; bei ihr kann man vergessen, daß man mit einer Barbarin spricht. Und mit Wigbert habe ich mich oft unterhalten. Meist war die Frage nach der Gerechtigkeit unser Thema. Wigbert war davon überzeugt, daß Liutgard deren Sache führe und nicht Adela. Unerschütterlich war er darin und er zeigte dabei dieselbe Einseitigkeit, die Sie ihm damals bei unserem Gespräch auf Uflach, wenn ich mich recht erinnere, zum Vorwurf gemacht haben!"

„Ich weiß, was Sie damit sagen wollen. Ich, als ausgemachter Relativist, werde Recht auf beiden Seiten sehen, Unrecht ebenfalls und das tut einem Gerechtigkeitseiferer nicht gut; das muß seinen Schwung bremsen. Aber ich finde mich nicht damit ab, daß ich deswegen die Frage nach der Gerechtigkeit nicht mehr stellen dürfen soll. Als Jude, als Erbe des von Ihnen so genannten Alten Testamentes kann ich das nicht; nein, damit kann ich mich nie abfinden. Sie als Rhomäerin können das. Ich mache Ihnen daraus keinen Vorwurf. Sie sind so erzogen, daß Sie das können. Aber daß diese Barbaren des Westens es auch nicht können, ebensowenig wie wir Juden, das macht sie mir so sympathisch, besonders diese Deborah Judith Adela, die so maßlos auf ihrem Recht besteht."

„Und wenn diese sympathischen Barbaren in ihrer naiven Überzeugung, im Recht zu sein, Hepp Hepp rufend und brennende Pechfackeln schwingend die Häuser Ihrer Glaubensgenossen stürmen, — was dann? Sind das dann alles Gideons und Davide, die im heiligen Eifer der Sache der Gerechtigkeit dienen, wenn sie möglichst viele Fremdvölker abschlachten?!"

Kaum hatte ich es gesagt, da tat es mir schon leid. Er hatte mich provoziert, ich hatte mich gewehrt und dabei einen seiner wunden Punkte berührt. Den allerdings, diesen wunden Punkt hätte ich kennen sollen. Kalonymos ben Meschullam war aus Mainz geflohen. Bei dem Pogrom an der jüdischen Gemeinde, die er dort als Rabbi geleitet hatte, müssen sich Szenen abgespielt haben, nach denen man ihn besser nicht fragte. Das Wort Abschlachten hätte ich nicht gebrauchen sollen.

Als er antwortete, sah sein Gesicht zerknittert aus und die klugen braunen Augen trübten sich. Seine Stimme klang schwach und stockend, nicht sehr überzeugt.

„Sie sind noch sehr jung, die Barbarenvölker des Westens, Kinder noch. Und Kinder sind grausam. Besonders Alten gegenüber sind sie grausam... Altsein erschreckt sie. Instinktiv fürchten sie: Eines Tages werden wir auch so sein... Wir Juden sind ein altes Volk... Sehr alt ist unser Volk, so alt wie Ihres, Anna Chrysophora, müde, skeptisch und vielleicht ein wenig weise, jedenfalls sehr fremd. Wir ängstigen sie, und da schlagen sie, jung wie sie sind, um sich... Aber sie werden vernünftig werden. Eines Tages werden sie vernünftig sein, und wir werden sie lehren. Wir die Juden, nicht die Griechen. Wer Hunger und Durst hat nach der Gerechtigkeit, der kann bei Israel in die Schule gehen.... Wenn ich nicht glaubte, daß das, was bei den Barbaren hier im Westen neu aufbricht, diesen Weg nehmen kann, — ja dann müßte ich die Stunde verfluchen, in der ich ihrem Kaiser die Zügel in die Hand drückte!"

„Verfluche sie, Kalonymos ben Meschullam, verfluche sie!"

Manasse ben Joseph, der bis jetzt schweigend in einer dunklen Ecke seiner Basarhöhle zwischen zwei Truhen gesessen hatte, meldete sich zu Wort. Seine Schläfenlocken wippten.

„Eines Tages werden auch die Barbaren fühlen, daß sie alt geworden sind" sagte er. „Aber sie werden es nicht wahrhaben wollen. Wir sind immer noch ein junges Volk, werden sie sagen. Was uns so alt aussehen läßt, das ist dieses Gift, das wir mit den Juden in uns heineingelassen haben. Hinweg mit ihnen in's Feuer! Und das werden sie dann sehr viel gründlicher besorgen können als heute. Das Pogrom von Mainz war dagegen nur ein harmloses Vorspiel!"

Der Rabbi saß jetzt noch mehr ineinandergekrochen auf dem Teppich,

dessen Muster im Dunkeln nicht auszumachen war. Seine langen schmalen Hände verkrampften sich um seine Knie.
„Dein Wort nicht in Gottes Ohr! Dein Wort nicht in Gottes Ohr! Wenn du recht hast, wenn..., dann wird's schrecklich! Gründlich können sie sein. Ich will dir keinen billigen Trost sagen, will nicht sagen, bis dahin hat es noch Zeit, tausend Jahre vielleicht noch, vielleicht etwas mehr, vielleicht etwas weniger, bis auch sie alt sind. Nein, das ist kein Trost. Deine und meine Nachkommen auch in tausend Jahren sind deine und meine Nachkommen,... sind deine und meine Nachkommen,... sind deine und meine..."
Seine Rede ging in einen litaneiartigen Singsang über. Wie beim Synagogengottesdienst bewegte er den Oberkörper hin und her, während sein Gemurmel immer unverständlicher wurde.
Ein seltsames Volk, dachte ich. Kommt man, um sie zu warnen, daß ihnen vielleicht unmittelbare Gefahr droht, daß sie zumindest auf der schwarzen Liste eines tückischen jungen, aber einflußreichen Mannes stehen, der sie beschatten läßt, der vielleicht morgen schon zuschlägt — sie aber machen sich Sorgen um ein Jahrhundert, welches in so nebelhaften Fernen liegt, daß man gar nicht wissen kann, ob die Menschheit es überhaupt noch erlebt.
„Wer weiß, ob..." sagte ich nach einer langen Pause, als des Rabbis Litanei immer leiser geworden war.
„Sagen Sie bloß nicht, in der Zwischenzeit könne die Welt untergegangen sein, womöglich deswegen, weil der Geburtstag des Nazareners, den Sie den Messias nennen, sich bald zum tausendsten Male jährt!"
Der Rabbi saß wieder kerzengerade, froh, gegen etwas anderes argumentieren zu können als gegen seine eigenen Ängste.
„Die Konstantinsstadt wird bald untergehen, das ja. Die tolpatschigen blonden Hünen des Nordens und des Westens werden sie zertreten, bald schon, die Perle des Bosporus: Und sollten sie es etwa nicht gründlich genug tun und Konstantinopolis würde überleben — nichts nützen wird es ihm! Diese Barbaren werden die Welt sosehr umkrempeln, daß Byzanz an den Rand gerät, aus der Mitte an den Rand. Die Rolle, die einträgliche Rolle der Spinne mitten im Netz wird ausgespielt sein. Schon jetzt fahren die anderen Wege, Wege, die nicht über Konstantinopolis führen, Wege, die in euer Weltschema gar nicht vorkommen. Ich habe kürzlich hier in Köln mit friesischen Kaufleuten gesprochen. Die wußten zuverlässig zu berichten, daß Wikingerseefahrer ein Land jenseits des Okeanos erreicht

haben, jenseits des Okeanos, man denke! Allen zivilisierten Menschen ist das so absurd wie etwa ein Versuch, den Mond zu erreichen. Aber die Barbaren hier kennen kein Maß. Dieser Maßlosigkeit seid ihr nicht gewachsen. Mit der Konstantinsstadt ist es aus!"
Ich ließ ihn reden. Ich hatte leichtfertigerweise an Wunden gerührt. Jetzt mußte ich mir anhören, was er ausspie, Unsinn wie diese Prophezeiung, die Konstantinsstadt, die den Arabern standhielt, könne den germanischen Barbaren unterliegen.

Es waren nur Gerüchte gewesen. Halbwahrheiten hatten in Köln die Runde gemacht und anscheinend war auch Meinwerk ihnen aufgesessen, so glaubte ich zunächst.
Liutgard war nicht tot. Krank war sie, sehr schwer krank, und sie wünschte meinen Besuch.
Ich beeilte mich. Zwei Tage hatte ich damit zu tun gehabt, alles einzusortieren und zu inventarisieren, was die Uflach'schen Knechte für die neue Werkstatt von Bord des Kölner Kauffahrtschiffes geschleppt hatten; Webstühle und Spinnrocken, Töpfe und Tiegel, Truhen mit Farben und Goldfäden, Kästen mit Nadeln und Kämmen — alles, aber auch alles hatte neu angeschafft werden müssen.
Nach den zwei Tagen war ich geschafft. Aber ich machte mich auf den Weg zum Klosterhügel.
Liutgard lag in ihrer Zelle. Die Dame. So hatte ich sie bei mir immer genannt. Einmal, weil Adela es mir befohlen hatte, auch aber, weil Liutgard wirklich eine Dame gewesen war, — soweit Barbarinnen das überhaupt sein können.
Jetzt war nicht mehr viel davon übrig. Die Augen gingen hin und her. Die Nase war sehr spitz geworden. Ihr Gesicht hatte wie das ihrer Schwester schon immer etwas Vogelartiges gehabt. Nicht Habicht wie Adela, eher Fasan; ja Fasan war es gewesen. Jetzt aber erinnerte ihr Gesicht auf eine rührende Weise an einen Spatz. Ich sah zum ersten Mal ihr Haar. War es nur die klösterliche Schleierhaube gewesen, die diesem Gesicht eine Aura von Vornehmheit gegeben hatte? War das alles nur Rahmen gewesen? Jedenfalls war die Aura jetzt weg. Sie hatte sich verflüchtigt wie der Duft

der Kräuteressenzen, die in mancherlei Töpfchen herumstanden und doch den bittersüßen Geruch von Krankenzimmer nicht vertreiben konnten. Die Miasmen waren stärker.

„Laß uns allein!" befahl Liutgard. Ihre Stimme klang schwach, aber nicht so leise, daß meine Begleiterin, die ich sofort für die neue Priorin hielt, sie nicht hätte hören müssen.

„Laß uns allein!" befahl Liutgard zum zweiten Mal, mit aller Schärfe, die sie noch aufbringen konnte. Diesmal gehorchte die Angeredete — wenn auch widerstrebend.

„Gut, daß du gekommen bist!" Liutgard gewann etwas Farbe. „Mit denen hier kann ich kaum noch reden. Und die lassen mich nicht reden. Wenn ich ihnen mit meinen Zweifeln, Ängsten und Anfechtungen komme, hören sie nicht zu. ‚Sie phantasiert' sagen sie dann. ‚Sie redet im Fieber, achtet nicht drauf!' sagen sie. Und dann geben sie mir scheußliches Zeug zu trinken, Schlafmohn oder — — ich weiß nicht. ‚Das wird dich beruhigen', sagen sie. Aber es beruhigt nicht. — Wenn Vater Wigbert noch lebte, ... aber der neue Beichtvater ... Die wollen mich alle zu einer Heiligen stempeln ... Schwarz — weiß malen wollen die; mich weiß, Adela schwarz. Adela schwarz, das vor allem!"

Sie hustete. Das Sprechen strengte sie an. Die Luft war stickig. Die Zelle hatte so gut wie kein Fenster. Das winzige Loch in der Mauer verdiente den Namen nicht.

„Ich habe es nicht gewollt, wirklich nicht!"

„Was hast du nicht gewollt, Liutgard?"

„Ich habe es nicht gewollt... Du weißt... Deine Mägde und die anderen... Du bist entkommen, Gott sei Dank! Adela ist entkommen, Gott sei Dank! Aber deine Mägde... Wieviele waren es?"

„Zwei" antwortete ich, denn soviel hatte ich begriffen, daß sie nach den Verbrannten fragte. „Zwei von meinen Mägden und Bilitrud. Drei Mägde insgesamt."

„Drei?!" wiederholte sie irritiert.

„Und wieviel Söldner?"

„Sieben."

„Sieben? Insgesamt also nur zehn?" Sie murmelte Unverständliches. „Entschuldige, Anna, auch einer wäre zuviel.... Es ist nur... Es ist nur, weil es mehr sind, viel mehr, wenn sie mich besuchen, nachts. Aber ich habe es doch gar nicht gewollt!... Ich habe es doch gar nicht gewollt! Ich sage ihnen das immer wieder, aber sie glauben mir nicht. Sie schütteln ihre ge-

schrumpften Köpfe, ihre kahlen Köpfe — das Haar ist ja verbrannt, du weißt es besser als ich. ‚Du hast nicht Nein gesagt, Liutgard von Elten' soll das heißen. Und ich habe so oft Nein gesagt. Immer wenn sie mich bedrängten, der Voorthuyzener und der Gocher und der Sevenaarer und all die andern. ‚Laß uns das Nest ausräuchern, laß uns die Schlange verbrennen', wie oft sind sie damit gekommen! ‚Schwester hin, Schwester her — bedenk, was sie uns antut! Des Voorthuyzeners Frau ist beim letzten Überfall dieses Teufels Godizo umgekommen!' " Sie ergriff meine Hand.
„Ich zitiere nur! Denke nicht, daß ich Tote gegen Tote aufrechnen will. — ‚Was liegt dir überhaupt an deinen Vasallen?' haben sie gefragt, ein über's andere Mal haben sie es gefragt. ‚Was liegt denn euch an euren Leibeigenen, hätte ich gegenfragen können. Was liegt denn euch an euren Leibeigenen, die ihr schindet, die ihr auspeitschen laßt, wenn der Ertrag eurer Felder zu mäßig war, gleich, ob sie es überleben oder nicht? . . . Aber ich habe meine Vasallen so nicht gefragt. Ich brauche die Vasallen. Ohne sie kann das Stift nicht existieren. Das Stift . . . Was habe ich nicht schon alles gewähren lassen müssen, des Stiftes wegen . . . des Stiftes wegen ,und immer wieder des Stiftes wegen. Aber mein Gewissen hat sich nicht daran gewöhnen können, nie . . . Und wenn auch der neue Beichtvater noch soviele Sprüche bereit hat, mir meine Skrupel auszureden . . ."
Sie flüsterte nur noch. „Weißt du — zuletzt, — zuletzt habe ich nicht mehr Nein gesagt, jedenfalls nicht laut genug. Und ich wußte, daß ihnen das als Ja reichte . . . Eine Zeitlang habe ich mir eingeredet, sie hätten es ohne mein Wissen und Wollen getan. Aber ich wußte, was mein schwächliches, kaum noch hörbares Nein für sie bedeutete: den Freibrief, Uflach zu zerstören, in meinem Namen Uflach zu zerstören. Ich habe sie nicht zurückgerufen. Ich bin auf meine Zelle gegangen, um nicht sehen zu müssen, wie unten in der Niederung aus dem Schilf die Flammen hochprasselten — und ich wußte, es würde brennen — ich wußte es!"
„Beunruhige dich nicht!" Ich suchte nach Worten. Beunruhige dich nicht war schlecht.
„Ich will mich beunruhigen. Ich muß mich beunruhigen. Ich habe Unrecht getan!"
„Unrecht! Ohne Unrecht läuft die Welt nicht! Die Mächtigen dieser Welt — und du gehörst dazu — die Mächtigen können doch gar nicht anders als Unrecht tun! Dankbar müssen wir den Mächtigen sein, so sagen wir oft in Byzanz, dankbar, daß sie das auf sich nehmen. Diese armen, armen Mächtigen, so sagen wir, arm, weil sie tun müssen, was keiner tun mag und was

sie auch selber nicht tun mögen, ohne das aber die Welt nicht weiterläuft..."
„Suchet zuerst die Gerechtigkeit des Gottesreiches und..."
„Suchet! Suchet steht geschrieben und nicht: Findet! Hier auf Erden ist die Gerechtigkeit nicht zu finden!"
„Adela denkt nicht so! Sie will die Gerechtigkeit, so wie sie sie versteht, will ihr Recht, will es auf Biegen und Brechen, mit Feuer und Schwert. Christlich ist das nicht. Aber konsequent ist es, sehr konsequent... Wenn ich doch so konsequent das Evangelium unseres Herrn Jesus Christus hätte leben können!"
„Adela hat..."
„Adela hat es mir vorgehalten. Ja, Adela kennt die Bibel auch ein wenig. Jedenfalls gut genug, um mir sagen zu können: Wenn du doch warm oder kalt wärest, aber weil du lau bist, will ich dich ausspeien aus meinem Munde!"
„Lau! Liutgard von Elten und lau! Wo doch jeder deinen Eifer für die Kirche rühmt, und das mit Recht!"
„Für die Kirche! Für meine Kirche hier, für Sankt Vitus auf dem Eltenberg! Wieweit ich mit meinem Eifer dafür der Kirche unseres Herrn Jesus Christus und seinem Evangelium diene — ich wage es nicht zu fragen, ich wage es nicht zu denken. Vielleicht haben die ja recht, die sagen, es wäre schon viel gewonnen, wenn einige Töchter des Adels, Mütter des künftigen Adels, hier in der Schule der Abtei das Vaterunser beten lernen — Vergib uns, wie auch wir vergeben —. Aber damit das Stift und seine Schule existieren können, damit also die Voraussetzungen da sind, unter denen die Vergebungsbitte des Herrengebetes gelehrt werden kann, muß ich Abgaben von den Vasallen fordern, muß sie gewähren lassen, wenn sie ihre Leibeigenen auspressen und wenn sie alles andere tun als vergeben und die Schuld nachlassen ihren Schuldnern, sobald auch nur eine Erbsenschote oder ein Hühnerei am erhofften Ertrag fehlt..."
Liutgard hatte sich beim Sprechen immer mehr aufgerichtet. Jetzt fiel sie mit einem Klagelaut auf ihre Kissen zurück.
Die Priorin war sofort zur Stelle. Es war wirklich die neue Priorin, die an die Stelle der verstorbenen Irmintrud getreten war, — ich hatte richtig vermutet. Sie mußte an der Tür gehorcht haben. Sie war ein resolutes Geschöpf mit eng beieinander stehenden grauen Augen, die mich feindselig musterten.
„Die ehrwürdige Mutter Äbtissin braucht jetzt unbedingt Ruhe!"

Sie bemächtigte sich der hilflosen Liutgard und legte sie inmitten der flink zurechtgezupften Kissen so zurecht, daß ihr Kopf jetzt wie in einer Ikonenrahmung lag. Das wirre Haar hatte sie mit zwei, drei raschen Handgriffen in eine notdürftige Ordnung gebracht.
Sie drehte sich zu mir um und war ganz Mißbilligung darüber, daß ich mich noch nicht verabschiedet hatte. Doch bevor sie das äußern konnte, hatte Liutgard sich schon wieder im Bett aufgerichtet und sagte mit einer Entschiedenheit, die ich ihr nach diesem Schwächeanfall nicht mehr zugetraut hatte: „Ich hatte dich nicht gerufen, Asgard!"
Die Priorin knickste, ohne ein Wort zu erwidern, raffte die verschalten Heiltränklein auf einem Tablett zusammen und rauschte damit hinaus, so, als sei sie zu keinem anderen Zweck in die Zelle der Kranken gekommen.
Liutgard lächelte schwach. „Mich wundert, daß sie das nicht schon vorher weggeholt haben. Als Vorsichtsmaßnahme, weißt du! Damit du mir kein Gift hinein tun kannst, Gift im Auftrag von Adela! Ja so ist das hier. Alles, was von Uflach kommt, ist äußerst verdächtig, du nicht ausgenommen. Sie reden sich jetzt schon ein, meine Krankheit sei mir von Uflach her angeflogen. Irgendwie haben sie ja recht: seitdem Uflach brannte und wohl auch, weil Uflach brannte, bin ich krank, mein Herz tut nicht mehr mit. Aber die hier wispern von Gift; von Gift, das im Auftrag Adelas mir unter die Speise gemischt worden ist. Sämtliche Mägde in der Klosterküche sind ausgewechselt worden. Ich habe es nicht verhindern können. Unsinn ist das, Unsinn wie dieses Gerücht. Und ich weiß auch, wer es aufgebracht hat: Niemand anders als mein Neffe Meinwerk, Adelas eigener Sohn. Seitdem seine Boten hier waren, kriecht das eklige Gerücht durch die Abtei und darüber hinaus in die Gehöfte ringsum. — Wie ein Sohn nur so seine eigene Mutter hassen kann! Ich begreife das nicht! Adela muß annehmen, ich hätte ihn aufgehetzt. Im Gegenteil, wirklich, glaube mir: im Gegenteil. Ich habe ihm zugeredet, habe ihn oft, ja immer wieder ermahnt, das vierte der Gebote Gottes ernstzunehmen. ‚Die Feinde der Kirche Gottes sind Gottes Feinde und auch meine Feinde!' sagt er dann nur. Was haben die in Hildesheim aus ihm gemacht!"
„Meinwerks Haß auf Adela ist älter als seine Erziehung in Hildesheim. Ich kenne den Tag, an dem er entstand; ich war dabei. Das war der Tag, an dem Meinwerk weggegeben wurde von der bis dahin vergötterten Mutter; er wurde weggegeben und der Blödling Dirk durfte bleiben. Adela kennt die Zusammenhänge ganz genau und denkt nicht im geringsten daran, dir die feindliche Haltung Meinwerks zur Last zu legen!"

„Das beruhigt mich. Seltsam, das beruhigt mich wirklich. Nicht deswegen, weil Adela also wenigstens in diesem Punkt mir keine üblen Machenschaften unterstellt. Nein; deswegen fühle ich mich erleichtert, weil dann, wenn deine Vermutung stimmt, nicht die Kirche von Hildesheim schuld ist an den wenig kindlichen Gefühlen, die Meinwerk für seine Mutter hegt. Die Kirche, unsere Kirche als Erzieherin zum Elternhaß! Aber es ist ja anders, du bist dir sicher?"

„Ganz sicher. Ich sehe es noch, als wäre es gestern gewesen. Meinwerk hockte am Boden und fütterte den Wolfshund, als er seinen Namen hörte — und er hatte so fest angenommen, wenn schon, dann würde der andere Name fallen und Adela würde seinen Bruder dem Dietrich von Metz mit nach Hildesheim geben. Ich habe es gesehen, wie plötzlich der Haß hochsprang in den Augen des Kleinen!"

„Du sprichst von Dietrich von Metz; Meinwerk sieht ihm ähnlich, nicht wahr?"

„Er ist ihm schon so ähnlich geworden, wie das nur eben möglich ist für einen jungen Mann der noch nicht die Leibesfülle eines Reichskanzlers aufweist!"

Liutgard lachte. Das Lachen quälte sie und ging in ein ersticktes Husten über.

Wieder war die Priorin zur Stelle.

„Mutter Äbtissin! Du hast mich nicht gerufen; aber ich glaube, ich bin verpflichtet, dir zu sagen: Das Sprechen strengt dich zu sehr an. Schicke die Fremde nach Hause!"

„Laß sie, Asgard. Ich verspreche dir, ich werde nicht weiterreden. Aber sie muß mir erst noch etwas singen, ein Lied aus ihrer Heimat, ein geistliches Lied. Ich höre es immer wieder gern. Bitte, Anna, das Lied vom dreifaltigen Licht!"

Ich sang:

> „Einziges und dreifaltiges strahlendes Licht,
> anfangslos,
> unwiderstehlich schön, wohne in mir!
> Und mache mich zum Tempel,
> zum leuchtenden, reinen,
> und lasse mich rufen:
> Preiset alle Werke des Herrn, den Herrn!"

und ich sang weiter:
> „Unteilbare Dreiheit,
> unvermischbare Einheit,
> mache du mich frei
> von mancherlei Gier
> und von dunkler Sünde
> und leuchte
> mit deinen Strahlen,
> den göttlich machenden,
> auf daß ich schaue
> deine Herrlichkeit,
> und daß ich singe
> in Hymnen dich, der Herrlichkeit Herr!"

Liutgard verstand kein Wort von dem, was ich auf griechisch sang, aber sie lächelte. Die Melodie sagte ihr alles; und auch sie, obwohl westliche Barbarin, begriff, daß vor dem Glanz des Pantokrators, vor der Glut des heiligen Pneuma und vor dem Licht des Vaters alle unsere Dunkelheiten zunichte werden. Der selbstquälerisch angestrengte Zug um ihre Mundwinkel verschwand, und als ich die Theotokion-Strophe anfügte, schlief sie ein.

> „Das göttliche Licht,
> das sich erhob,
> Jungfrau und Mutter,
> aus deinem Schoß,
> erhellt das Weltall
> mit dreisonnigem Licht
> und lehrt singen die Erde;
> wie einen neuen Himmel:
> All ihr Werke...."

Die Priorin unterbrach mich mit leiser, aber scharfer Stimme.
„Siehst du nicht, daß sie eingeschlafen ist. Du machst sie noch wach mit deinem ketzerischen Singsang!"
Und ehe ich mich versah, hatte sie mich beim Ärmel gepackt und mit energischem Zugriff auf den schwach erhellten Gang gezerrt.
„Natürlich seid ihr Griechen Ketzer!" begegnete sie meinem Protest. „Gesäuertes Brot nehmt ihr für die Meßfeier! Und mit der Dreifaltigkeit stimmt auch etwas nicht bei euch. Ich komme nicht mehr darauf, was es ist. Aber in Köln habe ich es von Vater Hunfried gehört, der wußte es ganz

genau und hat es uns auch erklären können. Vater Hunfried ist ein eifriger Mönch und gehört einem Reformkloster an, der ist zuverlässig... Irgendetwas mit Christus und dem Heiligen Geist ist es, — aber es ist auch gleich. Denn eines steht fest: Wer in einem solchen Luxus lebt und in solcher Verweichlichung wie die Konstantinstadt, der taugt nicht für die Gefolgschaft unseres Herzogs Jesus Christus; der lebt nicht rechtgläubig. Die Adela da unten auf Uflach hast du schon angesteckt mit deinem konstantinopolitanischen Luxus. Nun, das ist nicht weiter schlimm! An der war sowieso nicht viel zu verderben; die ist nie richtig Christin gewesen, eine Heidin ist das! Aber hier bei uns im Kloster des heiligen Veit auf dem Eltenberg laß dich besser nicht mehr sehen!"

Wenn es noch eines Beweises bedurft hätte, daß hier im Kloster niemand mehr mit Liutgards Genesung rechnete, hier war er. So hatte man bisher nicht mit mir umzugehen gewagt. So würde man auch jetzt nicht mit mir umzugehen wagen, wenn man befürchten mußte, eine genesene Liutgard könne davon erfahren.

Daß die Priorin das Azymenproblem kannte, wunderte mich sehr. In unserem Vorbereitungskurs in Byzanz war zwar die Rede davon gewesen, recht ausführlich sogar, aber es hatte uns wenig interessiert. Auch die Vortragenden hatten zugegeben, daß dies eine längst begrabene Sache sei. Auch die Differenzen in den Auffassungen von der Hauchung des Geistes seien von vorvorgestern. Jetzt aber scheinen Kräfte am Werk zu sein, die an einer neuerlichen Spaltung interessiert sind und die deswegen die alten Streitpunkte ausgraben. Ich habe später noch öfter dergleichen festgestellt und würde mich nicht wundern, wenn das Schisma zwischen Ost und West demnächst auf's Neue aufbräche.

Als ich nachdenklich den Klosterhügel hinabstieg, war Uflach unten nicht zu sehen. Wieder einmal war es sehr neblig. Es war kaum auszumachen, wo die Sonne stand. Sie schwamm in einer Flut von diffusem milchigem Weiß, durch das sie nur mit Mühe einige Bündel Licht in die Rheinniederung hinabbekam.

        Einziges und dreifaltiges strahlendes Licht...
Kein Wunder, daß sie das hier häretisch finden!

Als wir das Geläut der Totenglocken vom Eltenberg her auf Uflach hörten, wußten wir alle, daß es Liutgard galt.
Auch Adela hörte die Glocke. Sie war von Renkum her herübergekommen, wo sie solange residierte, wie ihr geliebtes Uflach eine Baustelle war. Sie

war herübergekommen, um diese Glocken zu hören und um zwischen sich und der Nachricht, die sie brachten, nicht mehrere Stunden Botenwegs haben zu müssen.

Eigentlich hatte ich nicht mitgehen wollen. Die Worte der Priorin waren deutlich gewesen. Ich war da oben nicht willkommen. Aber Adela befahl mir, sie zu begleiten wie damals, als zwanzig Jahre zuvor auch eine Beerdigung stattfand oben auf dem Klosterhügel.

Diesmal war ich nicht ihre einzige Begleitung. Sie hatte Söldner bei sich, zwei Dutzend etwa, und das gefiel mir sogleich überhaupt nicht.

Auch Dirk mußte mit, soviel Einwendungen er auch machte. Man hatte ihn fein gemacht wie lange nicht mehr. Die Nacht hindurch hatten meine Mägde gearbeitet, daß die Nadeln glühten. Am Tage vor Liutgards Beerdigung hatte es sich nämlich herausgestellt, daß keine gräflichen Gewänder für ihn da waren. Die waren beim Brand draufgegangen und seitdem hatte er keine gebraucht. Und in seiner Urwaldbewohnerkleidung hätte man ihn nicht mitnehmen können. Er selbst hatte nicht darauf aufmerksam gemacht. Vielleicht hatte er nicht daran gedacht. Vielleicht aber hatte er darauf gehofft, auf diese Weise davor verschont zu bleiben, an der Beerdigung seiner Tante teilnehmen zu müssen und zu wissen, daß alles sich nach ihm umdreht: Das also ist der Blödling der berühmten Adela!

Waren Adela und ich zur Beerdigung des Grafen Wichmann von Hamaland vor etwa zwanzig Jahren Schleichwege gegangen, quer durch die Macchia hügelauf, so ging es jetzt über den Hauptweg, langsam und gemessenen Schrittes wie in feierlicher Prozession, die Soldaten voran, dann Dirk, dann Adela mit mir.

Dirks Gesicht sah noch bekümmerter aus als sonst. Schuld daran war nicht nur das ungewohnte Prachtwams aus Brokat. So weltfremd er war und sowenig er Bescheid wußte über das, was zwischen Uflach und dem Klosterhügel an gewittriger Spannung knisterte, auch er ahnte Schlimmes. Mehr als fünf Söldner auf einmal bedeuteten meistens Schlimmes, soviel wußte auch Dirk von der Welt außerhalb des Auewaldes.

Und es wurde schlimm. Als wir oben ankamen, war die Liturgie in der Kirche schon beendet und die Trauergesellschaft hatte sich auf den Klosterfriedhof begeben. Der Sarg war noch nicht in die Grube hinabgelassen. Die Klosterfrauen, die im Halbkreis um das Grab Aufstellung genommen hatten, sangen ein lateinisches Lied. Wieder war es das Lied, in dem soviele juristische Ausdrücke vorkommen, daß man meinen kann, es gehe da um einen Rechtsstreitfall und nicht um die Anempfehlung einer unsterblichen

Seele an die Milde des Allerbarmers. Es war das Lied vom streng prüfenden Richter und vom Tag seines Zornes. Es war das Lied von dem vergeblich nach einem Anwalt suchenden Angeklagten, das so ganz anders ist als unsere Totenlieder, in denen wir den Pantokrator bitten, mit seiner Herrlichkeit zu umstrahlen, die hinübergingen zu ihm aus den Stürmen der Welt und die mit den Martyrern rufen: Gepriesen sei Gott, der Gott der Väter, und über alles verherrlicht! Ein Lied der Angst war es, nicht nur wegen des Textes. Auch die hohen Stimmen der Schwarzverschleierten rings um den Sarg klangen ängstlich, so als sei der Rächer schon unterwegs, um auf Heller und Drachme abzurechnen. Und so war es ja auch; der Rächer war unterwegs, vielmehr die Rächerin.
Das Lied wurde nicht zu Ende gesungen. Als der schwerbewaffnete Trupp auf dem Friedhof sichtbar wurde, klang der Gesang dünner. Er hörte ganz auf, als Adela den Priester am Grab beiseite stieß und mit furchtbarer Stimme rief:
„Was habt ihr hier zu suchen?! Das ist meine Schwester! Und das ist meine Erde, in die ihr sie jetzt legen wollt! Es ist meine Erde, in die ihr diese Grube gegraben habt, ohne mich zu fragen! Und was ihr den Klosterhügel nennt, das ist der Grabhügel meines Vaters! Und wer auf dem Grabhügel meines Vaters, meines Großvaters und meines Urgroßvaters wohnen darf als Grabhüter, das bestimme ich, Wichmanns Tochter, sein einziges noch lebendes Kind. Wenn's nach Recht gegangen wäre, hätte ich es schon vorher bestimmt; Liutgard hätte euch nicht herholen dürfen. Aber sie hatte wenigstens den Schein des Rechtes. Doch der ist jetzt tot wie sie, und die Stunde ist gekommen, auf die ich lange gewartet habe! Wenn ihr schwarzen Schleiereulen in diesem Gemäuer hier weiternisten wollt, werdet ihr euch bequemen müssen, mir den Lehnseid zu schwören, ja, jetzt sofort; jetzt, noch bevor dieser Leichnam unter die Erde kommt!"
Adela winkte. Die Söldner streckten ihre Lanzen vor und taten einen bedrohlich großen Schritte näher auf die kreischenden Frauen zu.
„Hilfe!" schrieen sie und „Gewalt" und „Blasphemie!" und „Wir schwören, was du willst!"
Und sie schworen. Sie huldigten Adela als der Herrin des Eltenberges. Endlich, nach Jahren endlich. Ob es jetzt Ruhe gab?

Natürlich gab es nicht Ruhe. Schon auf dem Friedhof hatte die Priorin gezischelt: „Erzwungene Eide gelten nicht!"
Und es kam Bescheid von der kaiserlichen Kanzlei: Die Frauen der Reichs-

abtei Sankt Vitus auf dem Eltenberg im Hamaland haben recht. Erzwungene Lehnseide gelten nicht. Wenn Ansprüche vorhanden sein sollten, müßten sie vor Gericht geklärt werden. Außerdem wurde Tadel ausgesprochen wegen Verletzung der Klosterimmunität und wegen Friedhofsfrevels.

Nach diesem Bescheid war Adela sehr beschäftigt. In alle Himmelsrichtungen schickte sie Boten mit Briefen, zu allen Großen, von denen sie sich Unterstützung ihrer Ansprüche versprach und einen besonders umfangreichen Brief an die kaiserliche Kanzlei.

Sie war eigentlich sehr zuversichtlich.

„Die Sachsen werden mich nicht im Stich lassen. Das ist doch die Gelegenheit für uns Sachsen, am unteren Rheinlauf die Stellung wiederzubekommen, die wir hatten, bevor Wichmann sich die vielen Güter für das Reichsstift abschwatzen ließ. Ich habe immer zu den Sachsen gehalten. Das wird sich jetzt auszahlen. Sachsen sind treu, viel treuer als Franken, von Griechen ganz zu schweigen. Du bist eine Ausnahme." Besonders zählte sie auf einen gewissen Ekbert mit Beinamen der Einäugige, einen Stammeshäuptling der Sachsen, der sich mit dem Reich und seinen Zentralisierungstendenzen noch nicht abgefunden hatte. Und noch andere Namen wußte sie aufzuzählen, gewichtige Namen und sehr geeignet, Eindruck zu machen bei den Schreiberlingen der Kanzlei.

Umso mehr war sie enttäuscht, als sie das Ergebnis erfuhr. Kaum waren die Kuriere zurückgekehrt, da tobte sie.

Ihre Ansprüche waren nicht zurückgewiesen worden; das nicht. Die Sippe der Brunharinger, vertreten durch Adela als letztes noch lebendes Mitglied direkter Abstammung, habe durchaus Ansprüche zu stellen, gewiß doch. Erloschen seien die Rechte dieser hochangesehenen Sippe an Wichmanns Gütern keineswegs und nach Liutgards Tod sei die Lage der Wichmann'schen Stiftung durchaus nicht rechtseindeutig, nur — Adela als Frau könne die Ansprüche nicht geltend machen. Ob sie nicht bis zum nächsten Reichstag einen ihrer Söhne benennen könne, der ihre Ansprüche vertritt? Oder sonst einen männlichen Erbberechtigten?

„Die wissen genau, daß ich Dirk nicht schicken kann. Seine Unterschrift ist nicht rechtsgültig. Und Meinwerk, als ob Meinwerk etwas tun würde, was meinen Zielen dient! Daß Meinwerk lieber eine Kröte lebendig verschluckt, das wissen die auch! Diese Gänsekielritter! Das haben die sich gut ausgedacht! Wie die sich jetzt die Hände reiben: Erledigt haben wir Adela von Elten, erledigt haben wir sie ohne einen einzigen Speerwurf, ohne

einen Tropfen Blut, allein mit unseren Gänsekielen und mit ein paar Spritzerchen schwarzer Tinte!"
Adelas Stimme war bis in den letzten Winkel von Uflach zu hören. Das Gesinde ging auf Zehenspitzen umher. Es war nicht ratsam, Adela aufzufallen, wenn sie in einer solchen Gemütsverfassung war.
„Und das von den eigenen Leuten! Von Sachsen, die nie genug von sächsischer Zusammengehörigkeit faseln konnten! Aber wenn es darauf ankommt... Der einäugige Ekbert tut, als habe er eine Adela von Elten nie gekannt; die Immedinger sind untergetaucht und stellen sich tot. Und die anderen sind nicht besser. Eine hinterlistige, meineidige, treulose, gemeine Bande! Geschenke davontragen von Uflach, bergeweise teuerste byzantinische Stoffe, das können sie; aber wenn es darauf ankommt, dann ist man von diesen raffgierigen Helden im Stich gelassen als Frau!"
Eine Frau hat in Germanien tatsächlich wenig Rechte. Nicht daß eine Frau nicht mitreden könnte, selbst wenn es um staatspolitische Dinge geht — Adela war ein lebendes Beispiel dafür, daß das möglich ist. Aber sobald es um rechtliche Dinge geht, gilt eine gemanische Frau nicht viel.
„Aber die werden sich wundern! Und wie die sich wundern werden! Ich werde ihnen einen Mann präsentieren!"

Es war ein sehr strenger Winter gekommen. Wieder war das eingetreten, was in Konstantinopolis keiner glauben wird, der meinen Bericht liest: Der Rhein, meeresarmbreit, war von Ufer zu Ufer völlig zugefroren und Kaufmannsschiffe staken hilflos im Eise fest. Mittlerweile hatte ich mich an den Anblick gewöhnt. Aber beim ersten Mal war ich wie benommen gewesen. Ich erinnere mich, daß ich mich in eine andere Welt versetzt glaubte. Ich hatte zwar in Konstantinopolis davon reden gehört, daß im hohen Norden das Meer zu kristallenem Eis erstarrt, daß im Winter das Wasser der großen Flüsse sein Leben verliert und in Todesschlaf versinkt, solange, bis Zephyr kommt, es zu wecken. Aber ich hatte das für Ammenmärchen gehalten. Für Seemannsgarn hatte ich es angesehen, ebenso wenig ernst zu nehmen wie das Gerücht, an den südlichen Gestaden Afrikas, weit südlich des Roten Meeres, beginne im Hochsommer das Meerwasser zu kochen und die Matrosen könnten in Netzen die gesottenen Fische an Bord ziehen. Wer weiß, vielleicht stimmt dieses Gerücht doch. Seitdem ich den Rhein zugefroren gesehen habe, bin ich vorsichtig geworden mit dem Gebrauch des Wörtchens unmöglich.
Am absurdesten sieht es aus, wenn die Vereisung dann eintritt, wenn der

Rhein die Ebene überflutet hat. Weite Flächen von spiegelndem, glitzerndem Eis, wohin das Auge auch sieht! Ich kann das Entsetzen nicht beschreiben, das mich befiel, als ich es zum ersten Mal sah. Ich hielt den Jüngsten Tag für gekommen, als ich morgens vor die Tür schaute und eine andere, eine total andere Welt vorfand, eine Welt von äußerster Fremdheit. Ich hielt die Parusie unseres Kyrios Jesus Christos für hereingebrochen, wähnte das in der Apokalypse des Theologen Johannes beschriebene Kristallmeer vor dem Throne des Lammes zu erkennen und hielt schon Ausschau nach den sieben Ältesten mit ihren Kronen und nach den Lebenden Wesen. Aber da war nichts Lebendes. Auch die Bäume sahen tot aus und weißer als Schnee, wie überstäubt von winzigen Kristallen und von einer Zerbrechlichkeit, die an feinstes Filigran erinnert. Als sich dann doch etwas bewegte auf der opalen Fläche und lebende Wesen sichtbar wurden, stieg mein Entsetzen bis nahe an die Grenze, an der eine Ohnmacht den Menschen hilfreich dem Grauen enthebt. Dunkle vermummte Gestalten waren erschienen. Sie waren nicht gelaufen gekommen, auch nicht geflogen; lautlos herangeglitten waren sie mit dämonischer Geschwindigkeit. Als sie einander etwas zuriefen und ich ihre Stimmen erkannte, wollte ich es zuerst nicht glauben: Es waren Knechte vom Uflach'schen Hof, grobe Pferdeknechte, die kaum etwas anderes kennen als ihren Stall. Ulf, Leif und Evert hießen sie. Und diese Burschen mit klobigen Gliedmaßen, mit Pranken statt Händen, bewegten sich dort auf dem Eis mit einer Eleganz, die, könnten sie ihre Bahnen im Hippodrom der Konstantinsstadt ziehen, auch das verwöhnteste Weltstadtpublikum zu Begeisterungsstürmen hinreißen würde. Als sie auf meinen erstaunten Schrei hin auf mich zu kamen, in Rundbögen ausfahrend bremsten, alle Dämonie dabei verloren und wieder der Ulf, der Leif und der Evert waren, die ich kannte, haben sie es mir erklärt: Zu Kufen geschliffene Knochen hatten sie sich unter die Schuhe gebunden. Schaatse nannten sie das, ganz einfach sei das, ob ich das denn noch nie gesehen hätte?!

Jetzt war wieder Schaatszeit. Kinder versuchten sich auf dem Eis, fielen hin, standen auf, machten weiter, fielen hin. Uflach war rechtzeitig vor dem Einbruch des Winters soweit hergestellt worden, daß die meisten Gesindeleute mit ihren Familien hatten zurückkehren können.

Die Palisadenwand stand wieder. Es waren nur ausgesuchte, gleichmäßig gewachsene Eichenstämme verwendet worden. Die Lehmhütten der Eingeborenen hatten sich schon von innen dagegen angelehnt. Noch sahen sie sauber aus und der Duft, der ihnen entströmte, war noch erträglich, obwohl schon einiges Viehzeug mit eingezogen war. Der Palas war noch nicht fertig. Er wurde aus Steinen gemauert. Solange es fror, konnten die Arbeiten nicht weitergehen.

Auch meine Werkstätten standen. In ihnen wurde gearbeitet, was das Zeug hielt. Adela hatte verlangt, sobald der Palas fertig sei, müsse alles bereit sein, um ihm innen seine alte Pracht zurückzugeben, Teppiche, Vorhänge, Polsterkissen, nichts dürfe fehlen, natürlich auch nicht der Vorhang für das sogenannte Goldene Bett. Die Mägde waren übermüdet und murrten. Ich mußte sie antreiben. Wir alle hofften, daß der Frost in diesem Jahr möglichst lange vorhielt. Je länger die Bauarbeiten am Palas ruhten, desto mehr Zeit hatten wir und desto größer war unsere Chance, die uns gesetzte Frist einhalten zu können.

Von den Eingeborenen bekam ich manche Hilfe. Daß ich zwei Webstühle arbeiten ließ, um Wolldecken herzustellen und das, obwohl wir Adelas Terminsetzung im Nacken hatten, wußten sie zu schätzen. Bei aller Aufbauarbeit hatten sie keine Zeit gehabt, selber zu weben, und die Kinder froren des Nachts. Die eingeborenen Mütter nahmen die buntgemusterten Decken dankbar entgegen: Nein, sowas Feines sind wir doch gar nicht gewöhnt; besten Dank, Anna Kriezoffera! Besonders vom „Krummen" bekamen wir Hilfe. Das war ein buckliger Alter, der keinen anderen Namen zu haben schien und von allen so gerufen wurde. Er stand bei den Eingeborenen in hohem Ansehen, weil er jedem Schwein an den Augen ansehen konnte, ob es rotlaufanfällig war oder nicht und weil er mit einer an Sicherheit grenzenden Wahrscheinlichkeit herausbekam, was einem kümmernden Ferkel fehlte. Er hatte auch geschickte Hände und kam oft in unsere Werkstatt hinüber, um etwas zu reparieren. Die neuen, in Köln erworbenen Webstühle wollten noch nicht so recht. Ohne seine Hilfe wäre uns vieles nicht so schnell von der Hand gegangen.

Zum Christgeburtsfest kam Adela von Renkum nach Uflach herüber.

Nachts um vier Uhr, weit vor Sonnenaufgang, begann die Liturgie. Die Burgkapelle war noch nicht wiederhergestellt und der Gottesdienst fand deswegen in einer Scheune statt. Die neuerrichtete Scheune stand leer; denn auf Uflach gab es in diesem Jahr keine Ernte aufzubewahren. Dem Brand war kein Körnchen entkommen.

Es war ein langer Gottesdienst, dem Rang des Hochfestes entsprechend. Die Länge wurde aber nicht dadurch erzielt, daß Psalmgesänge, Hymnen und Litaneien in feierlicher Folge sinnvoll in die Liturgie eingefügt wurden, sondern einfach dadurch, daß der Priester drei Messen hintereinander zelebrierte. Ich bin bis heute nicht dahinter gekommen, was die Eingeborenen sich bei diesem seltsamen Brauch denken; denn alle ihre Priester tun es. Der neue junge Burgkaplan tat es genauso wie sein alter zahnloser Vorgänger. Er hat es mir ebenso wenig erklären können wie Vater Wigbert von Hochelten, den ich mehrmals danach gefragt habe und der mir immer wieder versprach, wenn er demnächst nach Köln oder nach Utrecht käme, wolle er sich erkundigen. Aber auch der Pfarrer der Martinskirche in der Siedlung Niederelten konnte mir darüber keine Auskunft geben. Bis heute habe ich es nicht verstehen können.

Dennoch wurde in diesem Jahr die Christgeburt bei den Barbaren zu einem Fest, das ich mitfeiern konnte. Nicht weil ich mich jetzt an diese Art von Hochfestliturgie gewöhnt hätte, die auf typisch barbarische Weise durch Quantität ersetzen will, was ihr an Qualität abgeht. Auch nicht deswegen, weil der junge neue Burgkaplan, der im Gegensatz zu seinem winzigen Vorgänger hochgewachsen war, das Latein der Liturgie mit mehr Verständnis las. Latein bleibt eine fremde Sprache für mich, nur um Grade über die Barberei erhoben. Das Heimweh blieb. Es war das Heimweh nach den Preisgesangchören griechischer Mönche, die in der allgesegneten Nacht den Himmel auf die Erde herabholen und die die Schranken vergesssen lassen können, die zwischen unserem Gesang und dem der Cherubim bestehen. Der junge Eingeborenenpriester aber tat etwas, was sein Vergänger nie getan hatte: Er sprach uns an. Er erzählte mit einfachen Worten, was in Bethlehem geschehen war. Er sprach von der Panagia und ihrem heiligen Beschützer Joseph. Er sprach davon, wie sie kein Obdach hatten und Zuflucht nehmen mußten in einem Viehstall.

„Die meisten von euch wohnen mit dem lieben Vieh zusammen wie unser Heiland, der Herr Krist bei seiner Geburt. Er ist zu uns gekommen in unsere Hütten. Da braucht keiner von uns mehr Angst zu haben!"

Ich vermißte mit einem Mal die Preisgesangschöre nicht mehr so sehr. Bethlehem war nicht weit weg. Es war nähergerückt, nicht in der Weise, wie ich das zuhause empfand, wenn die Melodie der himmlischen Liturgie, wenn das Ehre dir in den Höhen erklang und wenn die herzentrückenden Melismen einer byzantinischen Sängerschar die Seele in den Chor der bethlehemitischen Engel einstimmen ließ, nein, einfach deswegen, weil hier Menschen waren, arm, dumpf, frierend und doch voller Hoffnung, Menschen wie die Hirten im Stall von Bethlehem — und ich stand mitten unter ihnen in der Scheune.

„Keine Angst braucht ihr zu haben vor dem wilden Heer in den Lüften!

Keine Angst braucht ihr zu haben vor den verzauberten rauhen Nächten! Ihr braucht keine bösen Geister zu beschwichtigen. Beschwörungen und Besprechungen habt ihr nicht nötig. Der Mächtigste unter allen Herren, der Herr Krist ist zu euch gekommen. Er ist bei euch in euren Hütten und überall, wohin ihr auch geht; sein Schutz ist überall wirksam! Niemand kann euch etwas anhaben, kein Loki, kein Werwolf und kein Teufel! Diese Nacht ist eine Weihnacht und keine Rauhnacht!"

Beim anschließenden großen Festschmaus gab es Gebildbrote; das waren Brotlaibe mit Kopf, Armen und Beinen, mit einem angedeuteten Mund und mit eingesetzten Nüssen an den Stellen, wo die Augen ihren Platz haben. Der Priester sah es mißbilligend. Heidnischer Brauch war das, Opferbrote für irgendwelche Gottheiten der Eingeborenen sollte das darstellen. Die Sonnwendfeier der Germanen forderte ihren Tribut. Die Rauhnacht war noch nicht vom Glanz der Weihnacht vertrieben.

Hatte der Priester die aus Brot gebackenen Götzchen, wenn auch stirnrunzelnd, übersehen, - als ein Trupp junger Burschen mit Gegröle an den Tisch kam, sprang er zornbebend auf, ließ sich aber von begütigend auf ihn einredenden Männern wieder auf die Bank zerren. Resignierend zuckte er mit den Schultern und sah sich das Schauspiel an. „Jul! Jul! Jul!" Laut brüllend zog der Trupp um den Festtagstisch, viermal oder fünfmal. Mir war das nichts Neues. Jedes Jahr hatte ich das Fest der Christgeburt erlebt und der zum Schluß zahnlose und fast taube Burgkaplan hatte immer wieder hilflos dazu gelächelt. Auch in Konstantinopolis ist diese Sitte der Barbaren bekannt. Die Warägergarde unseres Kaisers Johannes Tsimiskes ließ es sich auch durch den Einspruch des Patriarchen nicht nehmen, zur Wintersonnenwende mit ihrem heidnischen Julgeschrei die bösen Geister zu vertreiben, die ihnen vielleicht aus ihrer nordischen Heimat bis an den Bosporus gefolgt waren.

Die Julbrüller schleppten etwas mit sich, was sich bei näherem Zusehen als eine riesige Baumwurzel herausstellte. Das war der sogenannte Julknubben. Brennen mußte das Ding, acht Tage lang und acht Nächte lang, solange, bis die verzauberten Nächte vorbei und die wilden Heerscharen Wotans hinweggezogen waren. In die Küche wurde das ungeschlachte Ding geschleppt und unter dem Gekreisch der Mägde ins offene Feuer geworfen. Dick genug war es, um die Feuerstelle acht Tage lang zu versorgen. Der Einäugige konnte, wenn er über die Uflach'sche Esse daherfuhr und hineinschaute, zufrieden weiterrasen. Das wilde Heer brauchte diesen Ort nicht vormerken, um im Laufe des Jahres zu ihm zurückzukehren und Schaden anzurichten.

Das neue Jahr hatte kaum begonnen, als es Unruhe auf Uflach gab. Der Räuberhauptmann Balderich wurde erwartet, derselbe, der im Bund mit Godizo von Aspel und mit den Vasallen der Abtei Elten Uflach in Brand gesteckt hatte. Nicht als Feind diesmal, nicht als Brandstifter, nicht als Belagerer, sondern als von Adela angeforderter Bundesgenosse rückte er an. Es gab nur wenige auf Uflach, die sich davon etwas Gutes versprachen.

Gegen Mittag traf er ein. Fünf Kumpane hatte er bei sich, mehr nicht. Viele sahen es mit Erleichterung, ich auch. Mißtrauisch äugte er nach allen Seiten, ob nicht irgendwo hier in den von ihm verursachten Trümmern ein Hinterhalt gelegt war.

Das also war Balderich, der Räuber!? Ich war enttäuscht. Zwar machte der etwa fünfunddreißigjährige dunkelblonde Mann im ersten Augenblick einen verwegenen Eindruck. Bei genauerem Hinsehen stellte sich aber sehr bald heraus, daß daran die von einem Streit her eingeknickte und seitdem etwas schräg stehende Nase schuld war, dazu sein prächtiges Gebiß. Aber um seine Augen herum hatte er einen Zug, der ihn verriet: Das war einer, der oft seitwärts schielte, Rückzugsmöglichkeiten zu erkunden, so wie auch jetzt. Ein Fuchs, der so tut, als wäre er ein Wolf! Der stolzierende Gang, mit dem er über den Hof auf mich zukam, war Theater, war gespielt um Eindruck zu schinden. Mehr als deutlich war das, lächerlich deutlich.

„Euer Gnaden haben mich rufen lassen! Da bin ich!" Er bleckte die prachtvollen Zähne und machte eine übertriebene Verbeugung. Wahrhaftig, er hielt mich für Adela!

„Die Gräfin erwartet dich und deine Kumpane. Ich soll euch hineinführen." Balderich schien verwirrt. „Gut! Nein, nicht gut! Sollen die etwa mit?! Es genügt doch wohl, wenn ich komme!"

Ihm war sichtlich unbehaglich zumute. Bisher hatte er es nur mit seinen Halbvettern zu tun gehabt, den ansfridingischen Grafen im nördlichen Brabant; da wußt er, woran er war. Die ließen den Bastard durch die Hintertür herein. Denn wem sie ihn samt seiner Bande auf den Hals hetzten, das brauchte keiner zu wissen, keiner vom Hofgesinde und, bevor es losging, auch keiner von den Räubern. Auch über die Provisionen ließ sich viel besser unter vier Augen sprechen. Hier auf Uflach versprach er sich ein außergewöhnlich gutes Geschäft, das er auf keinen Fall verpassen wollte. Ein wie gutes Geschäft es wurde, brauchte eigentlich kein anderer zu wissen.

Sein Unbehagen wuchs, als er mit seinen Kumpanen vor Adela stand und entdeckte, daß auch sie nicht alleine war. Einige ihrer Vasallen waren da. Sie hatte sie eigens für diesen Tag nach Uflach bestellt, ohne einen Grund für die Ladung anzugeben. Auch der Uflach'sche Hausverwalter war herzitiert worden. Er starb fast vor Neugierde, denn Adela hatte sehr seltsame Andeutungen gemacht.

„Euer Gnaden haben mich rufen lassen, da bin ich!"

Wieder bleckte er die Zähne, wieder machte er seine übertriebene Verbeugung. Die zweite Aufführung aber war noch mäßiger als die erste im Hof einige Minuten zuvor.

„Stell dich nicht so an! Ich will dich nicht als meinen Narren anwerben. Ich habe dich herbestellt, um dich zu fragen, ob du mein Mann sein willst!"

„Der Gräfin wird nicht unbekannt sein, daß — eh —" Er wand sich, um weder das gute Geschäft zu verderben noch bei seinen Leuten den Eindruck zu erwecken, er paktiere über ihre Köpfe hinweg mit den Großen des Landes. Lehensmann der Gräfin Adela sollte er werden? Ja, wenn man wüßte, wie groß das Lehen sein würde! Wenn es nur eine Klitsche war, blieb das Geschäft mit der Räubertruppe einträglicher und es lohnte sich dann nicht, an einen einzigen Auftraggeber sich fest zu binden. Wenn diese Adela doch etwas deutlicher reden würde!

„Der Gräfin wird nicht unbekannt sein, daß Leute wie ich und meine Kumpane etwas — eh — etwas außerhalb der Legalität stehen und nicht jemandes Lehensmann werden können. Das soll nicht heißen, daß wir nicht jemandes gerechte Ansprüche gegen einen hartnäckigen und uneinsichtigen Widersacher von Fall zu Fall unterstützen — wenn — eh — wenn es sich mit unseren Interessen vereinbaren läßt."

Er wischte sich den Schweiß von der Stirne. Diese Art von Verhandeln war er nicht gewohnt. Vor versammelter Mannschaft verhandeln, was das bloß sollte? Ob das Ganze nicht doch eine Falle war und auf Rache für die Brandschatzung Uflachs hinauslief?!

„Du verstehst mich nicht, Balderich! Oder willst du mich nicht verstehen. Ich brauche keinen neuen Lehensmann oder Vasallen. Davon habe ich genug. Ich brauche einen Ehemann! Zwanzig Jahre lang bin ich jetzt Witwe gewesen. Das reicht, und jetzt will ich mich wieder verheiraten!"

Balderichs Unterkiefer klappte herab. Seine Augen wurden groß, wurden größer, traten aus ihren Höhlen hervor, die schräg in die Welt gestellten

Nasenlöcher erweiterten sich zu einer unwahrscheinlich angeregten Tätigkeit, so als wollten sie erschnuppern, ob das Hohn war oder Finte oder Ernst.
Es wetterleuchtete in seinem Gesicht. Heiße Freude schoß hoch, sofort wieder abgekühlt durch Zweifel und eisige Furcht. Er war nahe daran, sich in den Arm zu kneifen, um festzustellen, ob er nicht träume. Vorbei das Hausen in den Wäldern? Vorbei die Jahre der Demütigung und des Sich-Bückens vor den Vettern; vorbei das seiltanzgefährliche Lavieren zwischen Besitzenden und Besitzlosen?
Hohn schien es nicht zu sein; das witterte er schnell. Kein Spottgelächter schlug über ihm zusammen. Empörte Rufe klangen aus der Ecke, in der er kurz zuvor noch einige von Adelas Vasallen hatte stehen sehen. Jetzt sah er nichts mehr. Sterne tanzten vor seinen Augen, goldene Sterne, verheißungsvolle Sterne...
„Ich... ich..." brachte er mühsam hervor. Dann ging es nicht weiter.
„Ich... ich..."
„Du brauchst nichts anderes zu können als unterschreiben. Mehr erwarte ich von dir nicht. Du brauchst nur deine Kreuzchen machen zu können in dem Siegel, das ich mit deinem Namen versehen anfertigen lassen werde. Das traust du dir doch wohl zu?! Nun, willst du oder willst du nicht?!"
„Ich... ich... verdammt, ich will!!"
„Er will! Haben's alle gehört: Balderich will mein Ehemann werden! Dann also: Richtet euch ein für den nächsten Donnerstag! Adela lädt alle ein zum großen Hochzeitsfest auf Uflach! Der Palas ist zwar noch nicht fertig. Aber wir haben die große Scheune, die dank Balderich frei ist für jede Art von Festlichkeit! Was steht ihr noch herum? Es gibt viel zu tun, wenn bis Donnerstag alles fertig sein soll. Los, los! Rasch, rasch!" Sie klatschte in die Hände und lachte aus vollem Hals über die Verwirrung, die sie angerichtet hatte.
Die Vasallen standen mit hochroten Köpfen da. Sie redeten erregt aufeinander ein. Keiner hörte, was der andere sagte. Die Mägde kreischten draußen. Sie hatten gelauscht. Auch die Räuber palaverten erregt durcheinander.
Auf die Räuber ging Adela zu.
„He, ihr Waldbewohner! Grüßt eure Kumpane und ladet sie für Donnerstag ein. Nicht alle natürlich! Sagen wir dreißig oder auch vierzig. Und sucht die aus, die am besten sich aufs Saufen verstehen. Ich schätze, die werden auf ihre Kosten kommen hier bei mir auf Uflach!"

Noch Stunden später standen überall Grüppchen beisammen und tuschelten.
„Habe ich das nicht gleich gesagt! Habe ich nicht gleich gesagt, daß Unglück über Uflach kommt! Der Julknubben ist ausgegangen, am zweiten Tag schon. Das ist auf Uflach noch nie passiert, solange ich denken kann; und ich bin jetzt immerhin schon an die dreißig Jahre hier. Wenn das kein böses Vorzeichen ist!"
„Und die Griechin hat gewaschen! Leinen hat sie gewaschen, als die Rauhnächte noch nicht um waren; heimlich hat sie das getan, aber ich habe es gesehen!"
„Vielleicht wäre das alles noch nicht so schlimm, wenn die Fliege nicht gewesen wäre. Eine Fliege hat überwintert in der Schlafstube des blöden Grafen. ‚Tut meiner Fliege nichts!' hat der immer gesagt, und jetzt haben wir's! Bestimmt hat das Biest auf die in den Rauhnächten gewaschenen Leinentücher ihren Dreck gesetzt, in Kreuzform womöglich, das soll besonders schlimm sein, hat jedenfalls meine Großtante immer gesagt, und die wußte Bescheid in diesen Dingen, kann ich euch sagen..."
„Wer weiß, was uns noch alles bevorsteht!"
Mir war diesmal nicht nach Lachen zumute. Das abergläubische Geschwätz der Eingeborenen amüsierte mich sonst. Aber jetzt war das anders. Auch ich fühlte Böses herannahen.
Am Abend sprach ich sie an.
„Adela, der Mann gefällt mir nicht! Laß dir raten, nimm ihn nicht!"
Adela war in aufgeräumter Stimmung.
„Laß gut sein! Davon verstehst du nichts!"
„Er ist nicht ehrlich!"
„Wer sagt denn, daß ich einen ehrlichen Mann will?! Ich will doch keinen Mann für's Gemüt — oder für die Familie — oder für's Bett! Dafür gibt's andere. Ich brauche jetzt einen Mann für die Schreibstube der kaiserlichen Kanzlei, einen, der unterschriftsberechtigt ist. Dafür ist dieser Balderich gut genug. Auf dem nächsten Reichstag wird man sich wundern!"
„Warum nimmst du nicht einen Grafen? Könnte ein Graf dich auf dem Reichstag nicht viel besser vertreten als dieser Strauchritter?"
„Eben nicht! Ich hatte dich für intelligenter gehalten! Wer auch nur ein bißchen Macht hat, der vertritt auf dem Reichstag zunächst einmal seine eigenen Interessen. Jeder Graf würde versuchen, meine Güter in seine Politik mit einzubuttern. Balderich wird erst gar nicht versuchen können,

eine eigene Politik zu machen. Der setzt stellvertretend für mich seine Unterschrift und damit hat sich's!"

„Aber muß es denn ein solcher Bastard sein?! Du bist doch die Tochter des hochedlen Wichmann, die Urenkelin des Herzogs Eberhard Saxo und die Ururenkelin des Kaisers Karl!!"

„Das sagst du?!" Adela lachte. „Wer war denn doch die, die sich immer über unsere Standesunterschiede lustig gemacht hat?!"

Adela hatte Recht. Ich hatte nie begreifen können, warum die Eingeborenen einen solchen Wert auf die blutmäßige Abstammung legen. Ich habe den Verdacht, sie glauben wirklich, das Blut der Adligen bestehe aus einer anderen Substanz als das der Bauern und Hörigen oder auch das der einfachen Freien. Manche habe ich behaupten hören, es habe auch eine andere Farbe. Und die das sagten, meinten das im Ernst. — Die Eingeborenen hinwiederum begreifen nicht, daß bei uns in Konstantinopolis ein Hafenarbeiter oder ein Stallbursche Basileus werden kann und eine Zirkusartistin Basilissa. Einen solchen Umgang mit dem kaiserlichen Purpur halten sie für ein Zeichen äußerster Dekadenz. Hier liegt einer der stärksten Gründe, deretwegen sie uns Griechen verachten.

„Aber er ist ein Franke!"

Ich wußte, daß ich damit meinen gewichtigsten Trumpf ausspielte.

Ich habe zwar nie einen Unterschied zwischen den Barbaren westlich des Rheins und denen östlich des Rheins feststellen können, aber Adela behauptete, Sachsen seien ganz andere Menschen als Franken. Franken verabscheute sie, obwohl sie selber eine Fränkin war, mütterlicherseits jedenfalls.

„Ein Franke, natürlich! Umso besser! Mit den Sachsen bin ich fertig! Die Sachsen haben mich schmählich im Stich gelassen. Die werden mich noch kennen lernen! Denen wird ihre Untreue noch leid tun! Nein, daß dieser Waldbewohner ein Franke ist, paßt mir sehr in den Kram! — Und die Hochzeit hat noch andere Vorteile! Male dir nur einmal aus, was für Augen mein lieber Sohn Meinwerk machen wird, wenn er davon hört! Der spekuliert doch darauf, bald ein gewichtiges Bistum oder gar Erzbistum zu bekommen auf Grund seiner erlauchten Abstammung, irgendetwas Fettes jedenfalls, Mainz vielleicht oder auch Utrecht. Vielleicht hat er am liebsten Utrecht. Von da aus kann er mir am meisten schaden! Aber mit einem Stiefvater namens Balderich ist er in Mainz unmöglich und in Utrecht auch!"

„Du willst Meinwerk unmöglich machen. Adela, überlege doch! Machst du

nicht am meisten dich selber unmöglich?!"
„Ich bin schon unmöglich genug. Ich kann nicht noch unmöglicher werden. Aber ich kann es mir leisten, unmöglich zu sein, Meinwerk, der Diakon, der Bischof werden möchte, kann es sich nicht leisten!"
„Wird dir das nicht noch mehr den Weg zu einer Versöhnung mit Meinwerk verbauen?"
„Verdirb mir meine gute Laune nicht! Du weißt, was ich von dem Wort Versöhnung halte!"
Am nächsten Tag war ihre gute Laune dahin. Wieder einmal war sie die Grimmschnaubende, die Gefürchtete, die Unberechenbare. Wieder einmal ging das Gesinde auf Zehenspitzen.
„Du kannst es dir nicht vorstellen, Anna, aber ich habe unseren Kaplan davonjagen müssen! Muckte der Kerl doch auf! Die kleinen Pfaffen fangen jetzt also auch schon an. Bei den Großen, bei den Bischöfen, sehen sie sich das ab, sehen, wie die den Herzögen und gar dem Kaiser dreinreden und wie der klein beigibt, wenn sie wettern. Weigert der unverschämte Kerl sich doch, die Trauung am Donnerstag vorzunehmen! Was der sich einbildet! Faselt der mir doch was daher von mangelndem Ehewillen, und ob ich Kinder mit Balderich haben wolle! Ich und Kinder mit dem verbasterten Waldbewohner! Und sowas wagt der mich zu fragen!"

Es wurde ein wildes Fest. Adela hatte von Emmerich her einen Geistlichen aufgetrieben, der weniger Fragen stellte als der von Haus und Hof gejagte Kaplan Willehalm, einen Priester in abgeschabtem Rock, der sein Sprüchlein murmelte, sein Handgeld einsteckte und wohlweislich schnell wieder von Uflach verschwand.
Met gab es, ein süßes, stark alkoholhaltiges Getränk, das die Eingeborenen aus Bienenhonig herstellen und das sie sehr schätzen. Die Räuber hatten tatsächlich sehr trinkfeste Leute geschickt. Adelas Vasallen saßen zuerst sehr reserviert da. Die Gesellschaft der Waldbewohner war ihnen peinlich. Aber je mehr Met es gab, desto schneller tauten sie auf, und nur ihre Frauen behielten die beleidigten Mienen bei, mit denen sie zu erkennen gaben, als was für eine Zumutung sie das Fest empfanden und wie sehr ihre Anwesenheit dabei eine reine Pflichtübung war.
Es wurde sehr schnell getrunken. Das hierzulande übliche Übermaß an Fett sowie das Salz, mit dem ausnahmsweise einmal nicht gespart worden war, schrieen danach, begossen zu werden. Kaum hatte einer der Zecher seinen Krug an den Mund gesetzt, dann rief auch schon ein anderer: „Leer den

Krug!" und sofort tranken beide um die Wette, solange, bis auch der letzte Tropfen in die Kehlen geronnen war. Wer zuerst fertig ist, hat gewonnen; so will es die Regel dieses Trinkspiels. Eine andere barbarische Zechgewohnheit besteht darin, daß ein Stiefel voll Met geschüttet wird, und wer beim Rundreichen oder beim Trinken etwas verkleckert, muß noch einmal trinken. Es wurde viel getrunken und es wurde viel verkleckert.
Ein Platz war leer geblieben. Dirk war an diesem Tag nicht auf Uflach zu sehen. Trotz der Kälte hatte er sich in eine seiner Schilfhütten zurückgezogen. Er müsse nach den Futterstellen für die Tiere sehen, hatte er gesagt, und war nicht nur dem Festmahl ferngeblieben, sondern auch dem Trauungszeremoniell. Es war ihm anzusehen gewesen, daß er jetzt gar nichts mehr von der Welt verstand, wenn er je etwas von ihr verstanden hatte.
Er machte sich Vorwürfe wegen des Kaplans. Er meinte, seinetwegen habe Willehalm Adela die Trauung verweigert. Er hatte ihm vorgejammert, wie unerträglich ihm der Gedanke war, Adela an diesen bösen Menschen gebunden zu wissen, an diesen vulgären Typ, an diesen Bastard. Willehalm und ich waren die einzigen, zu denen er mit diesen Dingen kommen konnte; niemand anders nahm ihn ernst. Ich hatte ihn zu beruhigen versucht, aber Willehalm hatte ihm recht gegeben. „Das muß verhindert werden: Das ist ein Hohn auf die göttliche Einrichtung der Ehe!" hatte Willehalm gesagt und Dirk lief seitdem mit einem Schimmer von Hoffnung im Gesicht umher. Der Abschied von Willehalm traf ihn darum doppelt hart.
Jetzt saß er wahrscheinlich zähneklappernd, in seinen langen grauen Mantel gehüllt, mit hochgeschlagenem Kragen irgendwo im Wald und sah mit Augen, die denen seiner leicht aufscheuchbaren Gefährten und Schützlinge glichen, in Richtung Uflach. Vielleicht lauschte er den Fetzen des Lärms, die bis zu ihm vom Festtrubel herüberdrangen. Viel wird er nicht gehört haben, denn es lag Schnee.
Schnee ist hier im Norden etwas ganz anderes als bei uns. Auch in den Niederungen bleibt er liegen. Wochenlang bleibt er liegen, drei, vier oder auch fünf Fuß hoch. Alles ist schneegepolstert und die Bäume in den Wäldern ächzen unter ihrer Last.
Schnee schluckt den Lärm, und Dirk hat von dem Gejohle und Gekreische auf Uflach wahrscheinlich gar nichts gehört.
Balderich stand auf einem Schemel und ließ alle, die noch zuhörten, wissen, was seine Vettern ihn jetzt könnten ... Es war eine sehr vulgäre Rede. Balderich drohte öfters dabei umzukippen.
Ich behielt ängstlich die Becken mit glühender Kohle im Auge, die die

Scheune erwärmten. Wenn Balderich, der wild mit den Armen ruderte, das Gleichgewicht verlor, konnte er leicht Uflach ein zweites Mal in Brand stecken.

„Hör auf mit deinen popeligen Vettern! Erzähl uns lieber, was du springen lassen willst für deine Brüder im Wald, für deine Spießgesellen, die daheimgeblieben sind! Wir müssen berichten, wenn wir in den Wald zurückkommen. Sag es uns, bevor du unter den Tisch rollst und zu schnarchen anfängst! Das dauert nicht mehr lang; wir kennen dich doch!"

„Einen... einen... gebratenen Ochsen,... nein... zwei drei vier gebratene Ochsen,... vier ga... ganze Ochsen... und drei Fässer Met... Met... Met, drei Fässer... ach was, zehn Fässer Met für die Kameraden im Wald!"

Seine Stimme kippte über. Nur mit Mühe hielt er die Balance auf dem Schemel.

Die Männer johlten. Drei Fässer Met, das war offensichtlich unter ihrer Erwartung geblieben. Zehn aber schien weit darüber hinausgeschossen. Sie hoben den schwankenden Balderich auf ihre Schultern. Sie trugen ihn durch die Scheune, und als sie ihn, ohne daß ein Glutbecken umgestoßen war, wieder auf seinen Platz setzten, fütterten sie ihn auf's Neue aus dem Stiefel. Diesmal brauchte er nicht dem eigentümlichen Saufzeremoniell der Barbaren zu gehorchen. Er durfte sitzen bleiben. Er hätte auch nicht mehr stehen können.

Es dauerte nicht lange mehr, da war es auch mit Sitzen vorbei. Er rollte unter den Tisch.

„Laßt ihn liegen!" lachte Adela. „Da liegt er gut!"

Als der Spuk vorüber war und Adela nach dem Fest samt Balderich und dem großen Gefolge nach Renkum sich aufgemacht hatte, wollte in Uflach keiner so recht seine Arbeit wieder aufnehmen. Alle waren wie betäubt, wie benommen von einem wilden, absurden Traum, der einen überfällt, beutelt und dann entkräftigt und entnervt entläßt.

Die Mägde in den Werkstätten stellten sich an wie die blutigsten Anfängerinnen. Immer wieder riß der Faden. Immer wieder klemmte ein Webstuhl, und der Krumme mußte gerufen werden. Aber auch er, der sonst jedesmal auch den schwierigsten Fall mit seinen gichtigen und doch so flinken Fingern erfolgreich angegangen war, steckte voller Unruhe. Ratlos schnüffelte er an dem aus dem Leim gegangenen Rahmen herum, als könne er am Geruch feststellen, was getan werden mußte. Unverständliches Zeug murmelte er in seinen grauen Stoppelbart, fast als nehme er eine Beschwörung des widerspenstigen Holzes vor. Die ersten beiden Male klappte es dann auch, aber als er beim dritten Mal zupackte, um das Holz an die richtige Stelle zu rükken, splitterte es.

Die Magd Helmtrud schrie auf. Die Arbeit mehrerer Tage war hin; unentwirrbar durcheinandergeraten waren die Fäden. Der Krumme blickte wie ein geprügelter Hund hoch.

„Verhext!" knurrte er. „Ich will ja nichts gesagt haben, aber seitdem die Frau den Waldteufel genommen hat, ist hier die Hölle los. Imma hat gestern morgen das Salzfaß umgeschüttet. Zwei Schweine sind eingegangen, zwei kerngesunde, und niemand weiß, was ihnen gefehlt haben kann. Das geht alles nicht mit rechten Dingen zu! Und dabei haben wir nicht einmal einen Kaplan hier, der mit Weihwasser durch die Ställe gehen könnte!"

Nach einigen Tagen war auch Dirk aus seinem Schilfhüttenasyl heimgekehrt und suchte ganz Uflach nach seiner Stubenfliege ab. Er schaute durch jeden, der ihm dabei begegnete wie durch Glas hindurch und sprach mit sich selbst.

„Weggeflogen ist sie, weg ... Und es ist so kalt. Warum bist du weggeflogen, Katharina; hast du nicht gemerkt, daß ich dir gut bin?! Aber du bist ja nicht weggeflogen; entführt bist du! Der Waldteufel hat dich entführt! Hat dich entführt in die Kälte, in der du erfrieren mußt. Denn auch du bist ein Geschöpf, das Wärme braucht, — ich weiß es, Katharina, auch wenn du so tust, als brauchtest du das nicht. Ein bißchen Wärme, ein ganz klein bißchen Wärme habe ich dir doch geben können, gib es zu, Katharina!"

Hinter ihm her erkicherte das Spottgelächter des Gesindes, das ihn nachäffte: „Oh Katharina, meine Fliege, wohin bist du entflogen ...?"

Ich konnte nicht mitlachen. Ich wußte, daß der Name Katharina bei Dirk eine Geheimchiffre war, eines seiner Codewörter für seine Mutter. Und um Adela machte auch ich mir Sorgen.

Draußen vorm Hoftor sprach er mich an, als er mich dort alleine traf. Sein Blick war glasig und fast hätte ich mich vor dem harmlosen Dirk gefürchtet.

„Du weißt, wo sie ist! Er hält sie gefangen, nicht wahr?!"

„Wer soll wen gefangen halten?"

„Der Waldteufel hält sie gefangen, sie ... sie, ... du weißt genau, was ich meine!"

„Schlag dir das aus dem Kopf, Dirk! Deine Mutter ist weder gefangen genommen worden, noch hat sie jemand entführt!"
„Nun sag's schon! Wo kann ich sie befreien?!"
„Du?!!"
„Ja, ich, der Freund der Hasen! So nennst du mich doch, und ich höre das gar nicht ungern. Hasen sind friedliche Tiere. Aber sie kämpfen, wenn's nötig ist und wenn gar nichts andres mehr übrigbleibt!"
„Sei vernünftig, Dirk! Es ist nicht nötig zu kämpfen, wirklich nicht! Deiner Mutter geht es gut. Auf Renkum ist sie jetzt, und zwar ganz freiwillig. Niemand hält sie gefangen!"
Ich hätte genau so gut zur Palisadenwand hinter ihm sprechen können. Er hörte gar nicht zu.
„Unterschätze die Hasen nicht!" sagte er eifrig, und fuchtelte mit seinen langen dünnen Armen.
„Waffen haben sie nicht. Hasen haben keine Fangzähne zum Zubeißen und keine Pranken zum Totschlagen. Aber eine Katze lehren, Fersengeld zu geben, das können sie, das habe ich mit eigenen Augen gesehen!"
Ich wich etwas zurück, denn er stand mit erhobenen Fäusten fuchtelnd vor mir.
„Aber ich bin kein Hase, nicht einmal das!" sagte er, wieder in sich zusammensinkend. „Den Kater Balderich würde ich nicht in die Flucht schlagen können. Und dabei ist dieser Balderich nicht einmal ein echter Wildkater, sondern eine Hofkatze, die sich für eine Weile in den Wald verlaufen hat und struppig zurückgekommen ist. Ich müßte es doch lernen können, diese räudige Bestie aus dem Feld zu schlagen, aber wie?!"
„Dirk! Ich kenne dich nicht wieder! Ist das noch mein sanftes Lamm, mein stilles Lamm, das seinen Mund nicht auftut vor seinen Scherern?"
Plötzlich war die glasige Trübung in seinen Augen weg.
Er hatte das damals öfters. Wenn seine Narrheit in Schüben eine Klimax erreichte, schlug sie um.
Ich sah, daß es wieder so weit war. Sein schmales Gesicht war sehr bleich. Die blaugeäderten Lieder flatterten über den klar gewordenen Augäpfeln, als wollten sie ihn barmherzigerweise hindern, zu sehen. Er zitterte.
Der Mantel der Narrheit war heruntergeglitten. Die Schutzhülle, in der er sich versteckt hielt vor sich und vor den anderen, war weg, für mindestens drei Stunden war sie weg — ich kannte das.
Zitternd und frierend stand er da und mußte die Welt sehen, wie sie war und mußte sich sehen, so wie er war.

In solchen Stunden sah er oft mehr, als andere in Jahren sehen.
Ich wünschte ihm, daß es diesmal nicht viel länger als drei Stunden dauern würde.
„Nenne mich nicht das Lamm! Ich verdiene es nicht! Das Lamm, das seinen Mund nicht auftat vor seinen — Schlächtern, das ist unser Herr Krist. Aber der hat vorher seinen Mund aufgetan und hat alles gesagt, was notwendig war, zu sagen — und da mußte das Lamm eben geschlachtet werden.... Aber ich, der harmlose Dirk, ich habe nichts gesagt, kein Sterbenswörtchen habe ich gesagt. Ich habe ihr nicht geraten: Tu's nicht, nimm ihn nicht, habe sie nicht gewarnt. Nicht als nähme ich an, daß sie auf mich gehört hätte. Auf dich hat sie auch nicht gehört, denn du hast es ihr gesagt, darum möchte ich wetten. Die Worte, die ich heruntergeschluckt habe, gären mir im Leib, treiben mich um und um, und ich kann sie nicht loswerden, auch jetzt nicht, wo ich sie vor dir ausspucke: du bist nicht die richtige Adresse, Adela hätte ich es sagen müssen, Und ich schlucke immer noch. Schick ihn weg, müßte ich sagen, aber ich sage es nicht. In meine Schilfhütte habe ich mich verkrochen, um diesem Bastard Balderich nicht begegnen zu müssen und werde das von jetzt ab wohl noch oft tun, wie oft — wer weiß...?"
Ich ließ ihn reden und ging schließlich mit einer Sorge mehr durch das Hoftor nach Uflach hinein. Diese eine Sorge mehr galt nicht Balderich.

Es war wärmer geworden und das Eis sang. Das Eis auf dem Flußlauf des Rheines, das nicht wie auf den überschwemmten Flächen spiegelglatt war, sondern Buckel und Schründen bildete, begann sich zu spannen. Risse bildeten sich in der aus Schollen zusammengebackenen Decke. In seltsam hohen Tönen sang das Eis, und es ächzte und stöhnte. Wir auf Uflach kannten die Musik, kannte sie als Vorboten des Frühlings. Diesmal aber, so schien mir, klang sie anders, wilder, ängstigender, mir jedenfalls genauso bedrohlich wie damals, als ich sie zum ersten Mal hörte und fast von Panik gepackt aus dem Haus geflohen wäre, weg, nur weg von diesem Aufstand der Elemente!
Als es soweit war und die aneinandergepappten Schollen sich voneinander lösten und sich übereinander schoben in ihrer Eile, von dem sich befreienden Fluß in's Meer getragen zu werden, da schabten sie mit urgewaltiger Wucht am Klosterhügel und rissen ihm die Unterseite seiner Flanke wund.
Als ich zusah, verdichtete sich in mir die Ahnung, in diesem Jahr werde der Sturm gegen das Kloster auf dem Eltenberg losbrechen.

Nicht lange nach der großen Schmelze kam Adela nach Uflach. An allem hatte sie etwas zu mäkeln: Die Bauarbeiten am Palas waren nur zögernd aufgenommen worden und das Mauerwerk stand noch längst nicht so, wie sie es erwartet hatte. Die Pferde waren nicht gut genug in Futter und bei ihrer Inspektion der Speisekammer schienen ihr auch die Vorräte für die Küche nicht ausreichend. Ihre Stimme kam uns doppelt so schrill vor wie sonst. Vielleicht aber lag das nur daran, weil wir sie längere Zeit nicht mehr gehört hatten; aber ich meinte, einen deutlichen Unterton von Verärgerung heraushören zu können.

Tatsächlich, es hatte Ärger gegeben. Wieder war ein Brief mit dem großen roten Siegel der Reichskanzlei angekommen. Herzlichen Glückwunsch zur Vermählung mit dem Ritter Balderich hatte man ihr geschrieben und ihr Gatte könne natürlich ihre Angelegenheiten auf einem Reichstag vorbringen, daran bestehe nicht die geringste Spur von Zweifel. Aber — ob Balderich sie in ihrer Rechtssache gegen das Reichsstift Sankt Vitus in Elten vertreten könne, das — ja das sei noch nicht genügend geklärt. In einer Sache, bei der die klagende Partei sich auf spezifisch sächsische Rechtsgewohnheiten berufe, könne ein Franke — und Balderich sei nun einmal ein Franke — wahrscheinlich die Klägerin nicht vertreten. Das müsse noch geprüft werden, Gutachten müßten eingeholt werden, man werde wieder von sich hören lassen.

„Weißt du, was das bedeutet?!" fragte sie mich. „Gutachten und Gegengutachten! Warten bedeutet das, Jahre warten, warten bis man schwarz wird, warten, bis ich tot bin und dann also keiner mehr da ist, der gegen das Stift klagt. Bis dahin wird man Ausflüchte zur Hand haben, immer wieder neue. Aber ich werde nicht warten! Auf dem nächsten Reichstag steht das Thema auf der Liste der Schreiberlinge — darauf kannst du dich verlassen!"

In der Werkstatt lebten wir in der Erwartung des Donnerwetters, das kommen mußte, wenn Adela merkte, daß auch wir nicht so weit gediehen waren, wie sie es wünschte. Der Krumme schlich umher, bleich vor Furcht, eine der Mägde könne sein Mißgeschick mit dem Webstuhl ausplaudern.

Aber seltsamerweise interessierte sich Adela diesmal überhaupt nicht für unsere Arbeit. Im Gegenteil: Sie befahl uns, aufzuhören, unsere Sachen zusammenzupacken und die Werkstätten zu räumen. Die Mägde wurden für unbestimmte Zeit nach Hause geschickt. Adela brauchte Platz. Söldnereinquartierungen standen an. Die Mägde jammerten. Unsere schönen Werkstätten! Unsere schönen Schlafsäle! Wie die nachher aussehen! Und das arme

Kloster auf dem Eltenberg! Denn das wird daran glauben müssen, jetzt. Auch die Mägde wurden eingespannt, Proviant herbeizuschaffen. Jeder verfügbare Winkel im halbfertigen Uflach wurde damit vollgestopft.

Als sie kamen, wußten wir, daß das Stift verloren war. Gegen eine solche Übermacht würden auch alle Vasallen des Stiftes zusammen keine wirksame Verteidigung auf die Beine bekommen.

Von allen Seiten rückten sie heran. Es sah unheimlich aus. Adela hatte diesmal alles aufgeboten, was ihr an Kriegern zur Verfügung stand. Die Vasallen mit ihren Leuten, dazu Balderich mit der gesamten Räuberschar — im Handumdrehen glich Uflach einem kleinen Heerlager.

Das Gesinde ließ sich nicht mehr blicken. Den Räubern war nicht zu trauen und den anderen auch nicht. Was sie an eigenem Kleinvieh besaßen, hatten die Frauen vorsorglich zu Verwandten auf ringsum liegenden Höfen beziehungsweise in die Siedlung Niederelten gebracht. Soweit es ihnen gelungen war, die Hühner einzufangen, waren auch diese in Körben abtransportiert worden, zu Dutzenden an den Füßen aneinandergefesselt. Einige Hennen waren den Mägden entwischt, zu ihrem Unheil, wie sich bald herausstellen sollte. Unter den Räubern gab es geschickte Hühnerdiebe. Die wußten, wie man eine Henne angehen, aufscheuchen und packen muß mit sicherem Griff zwischen die wild flatternden Flügel. Das war Übung. Adelas Vasallen sahen es und rümpften die Nasen. Mit solchen Leuten, mit Hühnerdieben sollten sie gemeinsame Sache machen ...

Doch als die notdürftig gerupften Hennen am Spieße schmorten, wirkte der liebliche Duft bald zumindest soweit verbrüdernd und nasenentrümpfend, daß auch der Ritter von Wageningen sich nicht genierte, ein gut gebratenes Keulchen aus Räuberhand anzunehmen.

Die ganze Hühnerjagd war eigentlich gar nicht nötig gewesen. Voreilig war sie; denn Adela ließ auffahren. Die Spieße drehten sich bis in den späten Abend hinein. Auch Met wurde ausgeschenkt, aber wohlweislich nicht viel; eher eine Kostprobe für das, was zu erwarten blieb, wenn der Auftrag erfüllt war und das Kloster in Asche lag.

Balderich stieg auf einen umgestürzten Trog, um seine vor jedem Angriff übliche aufmunternde Ansprache zu halten.

Aber entweder hatte das Gerücht von seiner Beredsamkeit etwas Falsches gemeldet oder aber sein neuer Status nahm seiner Suada die Würze — jedenfalls kam das, was er sagte, so langatmig, so lahm und ledern daher, daß die Männer gähnten wie die Walrösser.

Adela schob ihn beiseite und stieg selber auf den Trog. Ihr Gesicht brannte vor Zorn und vor Aufregung. Ihr immer noch kupferrotes Haar leuchtete seltsam im Schein des niedrigen Feuer.

„Männer!" rief sie. „Ich weiß, ihr seid fast alle einmal Freie gewesen, freie Männer auf eigenem Hof! Und wenn es gerecht zugegangen wäre, dann säßet ihr auch heute noch da und hättet es nicht nötig, bei einer Gräfin Adela auf spendierten Met zu lauern, dann hättet ihr selber welchen und könntet selber spendieren!"

„Bravo!" riefen die Männer.

„Recht hat sie, die Gräfin!"

„Aber es ist nicht gerecht zugegangen mit euch und mit eurem Eigentum. Zahlen habt ihr müssen, zahlen bis ihr blau und schwarz wurdet, zahlen bis euch die Luft ausging und ihr von Haus und Hof mußtet! Und wofür?!! Zur Verteidigung haben sie euch gesagt. Heerfolge mußte geleistet werden, so ist's alter Brauch und wer nicht folgen kann, weil der Acker bearbeitet werden muß und sonst keiner da ist, der das übernimmt, der muß sich freikaufen. Alter Brauch soll geachtet sein; wir sind gut gefahren damit zur Zeit meines Urgroßvaters Eberhard Saxo, des Normannenvertreibers, ihr wißt es. Aber hielten die sich an alten Brauch, die euch haben zahlen lassen?! Heißt das noch Verteidigung des Landes, wenn Heerfolge geleistet werden soll gegen irgendwelche Völker weit im Osten, Liutizen, Obodriten, Heveller oder wie sie alle heißen und die keiner von euch je hier zu Gesicht bekommen hat, die keinem von euch je etwas weggenommen haben und von denen auch nicht im geringsten ein Angriff auf die niederen Lande zu erwarten ist?! Und wenn der Kaiser Heerfolge verlangt in Kalabrien, Apulien und Benevent, in Basilicata und in Kampanien, in Gegenden, deren Namen kaum auszusprechen sind für eine deutsche Zunge, so weit liegt das weg, in Gegenden, unter denen sich keiner etwas vorstellen kann, ja, dann geht es doch nicht mehr um eure, sondern um eine ganz fremde Sache, mit der ihr nichts zu tun hattet und für die ihr auch kein Wehrersatzgeld zu zahlen brauchtet! Betrogen seid ihr durch das Reich! Das Reich hat euch das Unglück auf den Hals gebracht! Was brauchen wir überhaupt das Reich?! Weg mit dem Reich! Weg mit dem Stück Reich da oben auf dem Eltenberg! Weg mit dem Reichsstift Hoch-Elten!"

Balderich staunte. Er hatte Adela geraten, sich nicht sehen zu lassen. Er würde das schon machen, seine Leute seien an ihn gewöhnt. Waren das noch seine Leute?!

„Hoch Adela!" schrieen sie, viel lauter, als sie jemals „Hoch Balderich!" geschrieen hatten.

„Was brauchen wir das Reich!" schürte Adela das Feuer weiter. „Was brauchen wir Niederländer das Reich?! Wir sind fränkische Lotharingier! Lotharingien zwischen Schelde und Rhein ist groß genug, um sich selbst verteidigen zu können! Denkt daran, wie der Brunharing Eberhard die Normannen verjagte! Ohne das Reich! Ohne den Kaiser! Das ging auch so!"

„Hoch Eberhard! Hoch Adela!"

„Der Löwener und die Hennegaugrafen denken wie ich. Die lahmen Ansfridinge, Balderichs Sippschaft, werden nicht anders können als mitziehen. Und wenn wir die ganzen niederen Lande erst frei haben von der Bevormundung durch das Reich, dann werden sich Wege finden lassen, euch wieder ansässig zu machen als freie Leute, und zwar so, daß ihr auch freie Leute bleiben könnt!"

Das war ihr Traum: So wie es früher gewesen war, so sollte es wieder werden. Oft hatte ich ihr das auszureden versucht — vergeblich. Das Rad der Geschichte läßt sich nicht zurückdrehen. Eine Binsenwahrheit ist das, eine der binsigsten Wahrheiten, die es gibt. Aber so intelligent Adela sonst war, — hier hatte sie ihren blinden Fleck. Sie glaubte im Ernst, die auf überschaubare Stammesverbände gegründete Eingeborenengesellschaft lasse sich wieder herstellen. Aber: nachdem die Gebiete auch des äußersten Westens in den Sog der Weltgeschichte geraten waren und ein germanischer Häuptling sich Kaiser des Westens nennen ließ, um seine die Ökumene betreffenden Ansprüche zu bekunden, da war das, was Adela jetzt den entwurzelten Männern versprach, eine Illusion. Eine Lüge war es nicht, denn sie glaubte an ihre Illusion.

„Weg mit dem Reich!" „Weg mit dem Stift!" Die Männer waren wie betrunken, obwohl es nur wenig Met gegeben hatte.

Als sie loszogen, singend, grölend und fluchend, ging ich auf meine Kammer. Ich hatte mir vorgenommen, darin zu bleiben, bis sie zurückkamen. Ich wollte nicht sehen, wie das Stift brannte.

Und dann sah ich es doch. Am späten Abend hielt ich es drinnen nicht mehr aus und ging vor die Palisadenwand.

Es war eine sternklare Nacht. Die am Himmelsgewölbe befestigten Lichter waren für hiesige diesige Verhältnisse außergewöhnlich groß und deutlich zu sehen, fast so wie in einer von Ruhe durchatmeten Nacht bei uns zuhause am Bosporus. Meist stehen sie klein und flackernd da, unruhig wie alles hier, bereit, im nächsten Augenblick zu verlöschen. Manchmal, wenn

man die Sterne so sieht, kann einen das seltsame Gefühl überfallen, als sei das Himmelsgewölbe gar nicht da, als habe sich die mütterlich bergende Weltenhöhle aufgelöst in Nichts und als gähne hinter den schwächlichen und flüchtigen Lichtpünktchen ein unermeßbarer finsterer Abgrund.
Sternklar war es in der Nacht, als das Reichsstift Sankt Vitus brannte und die rote Fackel auf dem Eltenberg war weit zu sehen.

III. Teil

Wie ein Vorzeichen des Weltenbrandes hatte es ausgesehen, als die Flammen das Stift fraßen, als sie rot und heißhungrig hochprasselten und sich hochreckten, als wollten sie von ihrem breithingelagerten Sockel aus bis an die Sterne greifen.

Aber als drei Jahre später das erste Jahrtausend, das nach der Geburt unseres Kyrios Jesus Christos gezählt wird, in dem Abyssos der Schatten und der Vergessenheit versunken war, geschah nichts. Des Pantokrators Gluthauch führte die Welt noch nicht ihrem gesetzten Ziel zu. Der Termin, dem so viele geängstet und voll Erwartung entgegengesehen hatten, war verstrichen, ohne daß die zweite Epiphanie, die in Herrlichkeit, die ersehnte und doch gefürchtete, aufgestrahlt wäre. Es lief alles wie gehabt. Aber gerade deswegen lebte ich in dauernder Angst vor einer nächsten Katastrophe, vor einem nächsten Brand.

Uflach war dran, zu brennen, wenn schon nicht die Welt; überfällig war Uflach! Und deutlich war es zu spüren, denn so konnte es nicht weitergehen. Adela überzog ihr Spiel!

Das neue Jahrtausend, das zweite nach Christi Geburt, war mittlerweile sechzehn Jahre alt. Adela war zu diesem Zeitpunkt, an dem ich, zwanzig Jahre überschlagend, meinen Bericht wieder aufnehme, längst grau geworden, dazu etwas fülliger als früher.

Immer mächtiger war sie geworden, die Mächtigste am unteren Rheinlauf, die Mächtigste zwischen dem Meer und der Ruhr, aber noch immer nicht mächtig genug. Sie gab keine Ruhe, denn das Stift gehörte ihr noch nicht ganz; noch war nicht völlig der Besitzstand hergestellt, auf den sie in Hoch-Elten Anspruch zu haben glaubte. Immer skrupelloser waren die Kämpfe geworden, immer verbissener und blutiger, und ich überschlage diese zwanzig Jahre nicht, weil sie langweilig gewesen wären. Es gäbe genug zu berichten, allerdings nichts Entscheidendes, nur Eskalierendes. Immer öfter war Uflach nahe daran gewesen, ein zweites Mal zu brennen. Anlässe dafür hätte es viele gegeben. Daß aber dann schließlich Dirk die lange erwartete Katastrophe auslösen würde, das hatte niemand geahnt. Keiner hätte es für möglich gehalten, am wenigsten Dirk selbst.

Auch der fünfzigjährige Dirk war die Harmlosigkeit in Person. Er war hinreichend beschäftigt mit seiner Volière, in der es jetzt neben den Pfauen auch Fasanen zu sehen gab. Auf Uflach war er ein Stück Inventar, das nur fehlte, wenn Balderich auftauchte. Dann ging er in sein Schilfhüttenasyl und ließ sich auf Uflach nicht blicken. Lange brauchte er meistens in den Auewäldern nicht auszuhalten, denn Balderich war mittlerweile zum Gra-

fen in der Drente avanciert, in einem Gebiet, das weit nördlich von Uflach liegt und in dem Adela viele Besitzungen aus Wichmann'schen Erbe und aus eigenem Erwerb liegen hatte. Balderich war viel unterwegs und so war die Welt — so schien es — für Dirk wieder in Ordnung.
Nur noch Neuankömmlinge lachten über Dirks absonderliches Gebaren. Man hatte sich daran gewöhnt, und Gewöhnung tötet auch die hartnäckigste Spottlust. Man ließ ihn gewähren und kümmerte sich nicht viel um ihn.
Doch jetzt hatte er Besuch bekommen, er, Dirk. Mir war das von Anfang an nicht geheuer. Adela war zur Zeit weit weg. Am Meer war sie. Auch dort, weit nördlich vom Drentegebiet, hatte sie Güter und mußte nach dem Rechten schauen. Womöglich war sie gerade auf einer der friesischen Inseln.
Zehn Jahre zuvor hatte ich sie gebeten, mich an's Meer mitzunehmen. Ich hatte sehr inständig gebeten. Einmal doch wollte ich es noch sehen, das Spiel des Lichtes auf den Wellen, die glänzende Fläche. Einmal wollte ich sie noch atmen, die Luft aus Wind und Salz. Einmal wollte ich es noch hören, das monotone Gemurmel, mit dem die Wellen das Ufer unterhalten. Als die Eingeborenen es mir zeigten: „Da ist es, das Meer, da!" glaubte ich ihnen erst nicht. Maßlose Enttäuschung! Schlick und Schlamm, soweit das Auge reichte, Pfütze neben Pfütze, darin trübe Rinnsale, von armseliger Sonne grau beschienen und von steifem Wind in Bewegung gehalten. Dazwischen schwarzköpfige, ansonsten aber weißgefiederte Möwen, die aussahen, als hätten sie alle gleich weit ihre Köpfe in den Schlick gesteckt.
Doch, doch, das sei das Meer, wurde mir versichert. Das Wasser allerdings habe sich zur Zeit zurückgezogen, in ein paar Stunden komme es wieder, ja, eigentlich sei es jetzt schon im Kommen, Flut sei. In den Schulstunden bei Vater Kyrillos, dem frommen und gelehrten Mönch aus dem Kloster des heiligen Nikolaus unweit des Blachernenpalastes hatte ich zwar etwas von Ebbe und Flut gehört, Vater Kyrillos hatte fromme Betrachtungen daran angeknüpft, ich weiß nicht mehr, welche; und am Ufer des Mittelmeeres hatte ich auch schon Unterschiede des Wasserstandes gezeitenbedingt gesehen — aber daß das Meer ganz auf und davon gehen könne, ganz aus Sichtweite hinweg, einige trübe Lachen zurücklassend, das schien mir denn doch dummes Gerede, gut genug, von weither gereiste Ausländer zum Besten zu halten. Als dann das Meer doch kam, als es zurückflutete, wie die Eingeborenen es vorhergesagt hatten, erschrak ich auf's Tiefste. Wasserberge, weit mehr als haushoch, warfen sich brüllend gegen das Ufer, rollten heran,

Wutschaum spritzend. Grauschwarz sahen die Wassermassen aus. Die fahle Sonne konnte ihnen keinen Schimmer Blau oder Silber entlocken.
Auch das Mittelmeer kann wütend werden.
Schwarzgraue Wassermassen in Aufruhr hatte ich auch schon in der Ägäis gesehen. Aber das da war etwas anderes. Das war unheimlich, und nie mehr habe ich seitdem ein Verlangen gespürt, an die Küste mitgenommen zu werden.
Als die beiden kamen, Dirk zu besuchen, hatte ich wieder das Gefühl, als rolle etwas heran, etwas noch Undefinierbares, erst sachte, aber stetig anwachsend zu äußerster Bedrohung.
Der Bischof von Paderborn gab Uflach die Ehre und den Grafen Hugmann hatte er mitgebracht.
Seinen Bruder wollte der Bischof besuchen. Solange schon nicht mehr gesehen den Dirk und gar nicht verändert in all den Jahren; immer noch die Bohnenstange von damals, während er — nun ja die bischöfliche Tafel Paderborn sei nicht schlecht! Dazu Schulterschläge und Küsse auf die Wangen des verdutzt und verbiestert dreinschauenden Dirk. Man konnte es Meinwerk schlecht verwehren, seinen Bruder zu besuchen, auch wenn er jahrelang sich nicht um ihn gekümmert hatte. Das sagte auch der Burgverwalter.
Den Hugmann hätte man wegschicken können; aber warum? Zur Zeit hielt er Frieden mit Adela und Balderich und kürzlich war er noch auf Renkum mit ihnen zusammengetroffen.
Meinwerk hatte die Leibesfülle seines Großonkels, des Reichskanzlers Dietrich von Metz, mittlerweile nicht nur erreicht, sondern schon übertroffen. Seine Glatze ging in einen noch mächtigeren Stiernacken über, als der Metzer je aufzuweisen gehabt hatte. Die Augen aber waren noch dieselben wie früher; und die Verletzung, die ihm im Palas widerfahren war an dem Tag, als er nach Hildesheim geschickt wurde und nicht der blöde Dirk, lag in ihnen noch immer offen zutage. Es war ein neues Element von finsterem Blick hinzugekommen durch die Demütigung, als Stiefsohn des Bastards Balderich keines bedeutenden Bistums für würdig befunden worden zu sein. Den heruntergewirtschafteten Sprengel Paderborn hatte er bekommen, das ärmste Bistum in ganz Sachsen, wenn nicht in ganz Deutschland überhaupt. Kaiser Heinrich, sein Freund und Schulkamerad aus Hildesheimer Zeiten, hatte gelacht, als er sich bei ihm beklagte: Ein so junger unternehmungslustiger und besitzbewußter Mann wie er, dazu mit soviel Gütern aus dem Immedingischen und vielleicht demnächst auch einmal aus dem Brun-

haringischen Familienerbe gesegnet, müsse doch einen solchen Sprengel wieder in die Höhe bringen können; wer weiß, vielleicht mache er noch das bedeutendste Bistum Sachsens daraus; wer weiß, vielleicht lege er noch den Grundstein zu einem späteren Erzbistum! Seitdem nisteten in Meinwerks Augenwinkeln noch mehr Ehrgeiz und Besitzgier.

Auf den ersten Blick sah Hugmann sympathischer aus als Meinwerk, auch auf den zweiten, nicht unbedingt auf den dritten. Alles war groß an ihm, seine Gestalt, seine Hände, sein Gesicht mit dem breiten Mund und dem ausgeprägten Kinn, alles übermäßig groß — nur die Augen, die saßen klein und stechend dazwischen.

Er war leutselig und wußte die Menschen für sich einzunehmen, denn er war nicht sparsam mit Lob.

Jeden Mann, Dirk nicht ausgenommen, begrüßte er mit dem Anruf: „Stolzer Recke!" und jedes weibliche Wesen wurde „Schöne Frau" tituliert. Wenn man es ein Dutzend Mal gesagt bekommen hatte, konnte man die Verachtung heraushören, die darin steckte für alle, die sich auf so billige Art einfangen ließen. Man konnte sie heraushören, ... wenn man nicht schon eingefangen war; ich will mich da nicht ausschließen. Komplimente sind in diesem Lande der Barbaren etwas so Seltenes, daß eine alte Konstantinopolitanerin, die vierzig Jahre in den germanischen Urwäldern ausgehalten hat, in dieser Beziehung völlig ausgehungert ist. Es gab Stunden, in denen ich mich deswegen schalt. Aber meine Aufmerksamkeit war abgelenkt. So kam es, daß ich es bis zuletzt für eine harmlose Sache hielt, wie Hugmann sich um Dirk kümmerte.

Dirk war wie umgewandelt. Er ging nicht mehr trüben Blicks vornübergebeugt umher, den Kopf zwischen den Schultern eingezogen. Er wirkte um eine Haupteslänge größer. Erst jetzt war zu sehen, wie groß er eigentlich war. Eine Bohnenstange — Meinwerk hatte Recht, ihn so zu begrüßen. Uns war das gar nicht mehr aufgefallen, weil wir uns an seine ineinandergesunkene Körperhaltung gewöhnt hatten.

Dirk war kaum wiederzuerkennen, so sehr strahlte er, seitdem sich einer für seine Schilfhütten, für seine Pfauen und für seine Fasanen interessierte. „Ausgezeichnet!" sagte Hugmann, und es tat nichts, daß seine Auszeichnungen nur so regeneten auf alles, was eine verdient hatte oder auch nicht.

„Ausgezeichnet!" das galt dem Palas, der prächtiger als früher entstanden war. Die Wandbehänge prunkten mit noch erleseneren Farben und die Teppiche mußten nicht mehr einen Fußboden aus schwarzen und weißen Rheinkieseln verbergen: Marmor war hergeschafft worden von Kölner Kauffahrtsschiffen.

„Ausgezeichnet!" das galt dem billigen Parfümfläschchen aus Bagdad, dem glitzernden, karfunkelsteinähnlichen Ding, das als vermeintlich wertvollstes Stück der Beute damals Balderich zugefallen war und nur durch Heirat nach Adelas Uflach zurückgefunden hatte.

„Ausgezeichnet!" das galt einer solch ausgemachten Scheußlichkeit wie der angebrannten Gemüsesuppe, die dem Gesinde verabreicht wurde. „Ausgezeichnet!" sagte Hugmann, nachdem er einen halben Löffel davon gekostet hatte. „Wie schade, daß ich schon zu Mittag gegessen habe; ich bekomme geradezu Lust, mitzuhalten!" Die Köchinnen, Imma voran, strahlten und nahmen sich vor, demnächst dem liebenswürdigen Grafen Hugmann mit noch mehr Sorgfalt die besten Stücke an der Herrentafel zuzuschanzen.

„Ausgezeichnet!" das galt jetzt auch Dirks Schilfhütten und der mit Pfauen und Fasanen besetzten Volière.

Meinwerk machte dabei nicht mit. Seinem barschen Wesen lag das nicht, obwohl er wie weiland Onkel Dietrich Fuchs genug war, um sich, wenn es sein mußte, auch honigsüß geben zu können. Wenn es sein mußte, dann ja! Aber dem blöden Bruder Dirk auf die süße Art zu kommen, das ging ihm gegen den Strich, das war unter seiner Würde, das ließ er den Hugmann lieber alleine machen.

Mit dem Grafen Hugmann verstand der Bischof Meinwerk sich prächtig. „Wir Sachsen..." begann jeder zweite Satz. Auf diese Weise konnten sie ihre Feindschaft gegen Adela am besten auf einen kurzen gemeinsamen Nenner bringen, ohne sie allzudeutlich auszudrücken, was auf Uflach nicht angebracht war.

Adela galt ihnen als Verräterin an der Sache der Sachsen und an der Sache des Reiches, was für die beiden ein und dasselbe war. Das Reich war nämlich nach der Meinung Meinwerks wie auch Hugmanns nur soweit nützlich, wie es dem Einfluß der Sachsen diente. Adela aber unterminierte schon seit ungefähr zwanzig Jahren die Position des Reiches in den niederlothringischen Gebieten zwischen Rhein, Yssel und Schelde, in den sogenannten niederen Landen. Verbündet war sie dort mit allen Feinden des Kaisers: mit dem Grafen von Löwen-Brabant, mit dem von Hennegau, mit den luxemburgischen Brüdern der Kaiserin Kunigunde und mit dem Erzbischof von Köln. Lotharingien den Lotharingiern: der Abfall der niederen Lande würde den Ruin des Reiches bedeuten— das mußte verhindert werden.

„Unser Kaiser!" Nach „Wir Sachsen!" war „Unser Kaiser" der am häufigsten gebrauchte Ausdruck. Ich mußte keine Strichliste führen, um das festzustellen. Auf Kaiser Heinrich hielten sie große Stücke. Der war energisch, der würde mit Adela und ihren Machenschaften eines Tages auch noch fertig werden, auch wenn ein erster Anlauf nicht zum Ziel geführt hatte und Hugmann dabei auf der Strecke geblieben war — vorläufig jedenfalls.
Hugmann, der Graf im sächsischen Anteil des Hamalandes, war es, den Kaiser Heinrich ausersehen hatte, ein sächsisches Gegengewicht gegen Adela im niederrheinischen Raum zu bilden, ein stabilisierendes Element inmitten fränkischer Wankelmütigkeit.
Als der ausfridingische Graf des niederrheinischen Hattuariergaues starb, wurde nicht dessen Halbvetter oder Viertelsvetter Balderich zu seinem Nachfolger ernannt, auch nicht irgendein anderer niederlothringischer Franke, sondern der Sachse Hugmann Billung. Sein Vetter Bernhard war seit einiger Zeit sächsischer Herzog, die Billungersippe war neben der Kaiserfamilie das bedeutendste Haus in Sachsen.
Zwar war Hugmanns Vater Ekbert der Einäugige alles andere gewesen als ein eifriger Parteigänger des Reiches. Ein Hochverratsprozeß war ihm gemacht worden. Er hatte die ostelbischen Slawen gegen das Reich geführt und hatte, als das fehlgeschlagen war, mit dem König von Frankreich gegen das Reich konspiriert. Aber von des Einäugigen Sohn versprach Heinrich sich einiges Gute für das Reich.
Doch Heinrich hatte Hugmann überschätzt, — oder Adela unterschätzt. Hugmann hatte sich am Niederrhein nicht behaupten können. Eine Position nach der anderen hatte er aufgeben müssen: Die Niersgegend, die Lippemündung, schließlich auch die Ruhrmündung. Zwar war es ihm zwischenzeitlich gelungen, Balderich durch einen seiner Lehensmänner gefangennehmen zu lassen und ihm einige Güter, unter anderem Aspel, als Lösegeld abzupressen, aber das hatte seine Niederlage nicht verhindern, nur herausschieben können.
Kaiser Heinrich hatte schließlich, den tatsächlichen Machtgegebenheiten entsprechend, Balderich neben der Grafschaft in der Drente auch noch die Grafschaft im Hattuariergau übertragen. Adelas Stellung war damit stärker als je. Es sah aus, als habe Hugmann sich damit abgefunden.
Was der Sachsengraf immer wieder im Gebiet der Schilfhütten mit Dirk zu schaffen hatte, blieb unklar, interessierte auch niemand. Auch ich machte mir keine Gedanken darüber. Es wäre nie herausgekommen, hätte der Krumme es nicht gesehen. Er war dort in der Gegend herumgekrochen,

um Kiebitzeier zu suchen, und so hat er es bemerkt. Gesagt aber hat er es nachher, als es zu spät war. Für harmlos hatte er es gehalten, für eine närrische Spielerei.

Graf Dirk nahm auf seine alten Tage noch Fechtstunden! Diesmal war er mit mehr Eifer dabei, als vierzig Jahre zuvor. Hugmann hatte bald herausgebracht, wie er ihn anfassen mußte.

Adela warte nur darauf, daß ihr Ältester sich endlich als Mann zeige, so blies er ihm ein, aber bis dahin habe sie Balderichs Schutz eben nötig und müsse in Schande an der Seite des Bastards leben, ach was leben..., schmachten, dahinvegetieren! Wenn er, Dirk, sich doch endlich einmal als Hausherr auf Uflach zeigen wolle! Das sei er doch, natürlich sei er das! Wenn er doch einfach einmal dem Balderich den Zutritt auf Uflach verwehre, ihn einfach einmal nicht hineinlasse! Das würde ein Signal für Adela sein. Dann, ja dann würde sie wissen, sie hat den Bastard nicht mehr nötig, denn sie hat einen Sohn. Einen Sohn, auf den sie zählen kann!

Ich gebe zu: das hat der Krumme nicht gehört. Aber so muß es gewesen sein. Deutlich hat der Krumme mitbekommen, wie Hugmann Dirk anfeuerte: „Schlag ihn, den Waldteufel! Los, noch einen Hieb von rechts unten nach links oben!" — oder auch umgekehrt... ich kenne mich in den Regeln der Fechtkunst nicht aus. „Befreie sie, deine Katharina! Befreie sie aus der Gewalt des Waldteufels! Ja, so war das schon ganz gut! Ausgezeichnet!"

Dann ging alles sehr schnell. Der Burgverwalter Adelas war abgesetzt, ehe er sich dessen versah, ja, ehe er überhaupt begriff, was gespielt wurde.

„Was?! Du willst keine Weisungen entgegennehmen vom Grafen Dirk, dem rechtmäßigen Grafen des westlichen Hamalandes und der Betuwe?!" Wer ist denn Hausherr auf Uflach, wenn nicht mein lieber Bruder Dirk?! Zweifelst du etwa daran, du Ratte? Du stinkender Hund, zweifelst du etwa daran, daß ich, Meinwerk, der Bischof von Paderborn, daß ich, der Freund und Vertraute unseres Kaisers Heinrich, das Recht habe, im Namen sowohl des Reiches als auch der Immedingersippe meinem Bruder Dirk die Mündigkeit zuzusprechen, die ihm vorenthalten wird, und das von einer so zwielichtigen Gestalt wie dem Bastard Balderich, dem sogenannten Graf des Hattuariergaues und der Drente?! Ist sonst noch jemand da, der daran zu zweifeln wagt? Er soll sich melden, der Hund!"

Es meldete sich keiner.

Dem Burgverwalter fielen fast die Augen aus dem Kopf. Er konnte es nicht glauben: Keine Hand rührte sich, ihm zu helfen! Der Bischof von Paderborn konnte ihn ungehindert am Kragen halten und ihn hin und her beuteln!

Meinwerk und vor allem Hugmann hatten gut vorgearbeitet. An Geld war nicht gespart worden. Mancher Söldner und mancher Knecht auf Uflach hatte zufrieden grinsend ein Goldstück eingesteckt; so billig kommt man nicht oft daran — einfach für's Nichtstun. Und kein Risiko war dabei! Niemand würde ihnen Meuterei vorwerfen können, wenn sie Dirks Befehlen gehorchten. Niemand konnte von ihnen verlangen, solche komplizierten Sachen zu durchschauen und herauszufinden, wer denn nun wirklich Hausherr auf Uflach war.

„Wirklich, es ist kein Risiko dabei!" hatte Meinwerk beteuert und Hugmann hatte dazu mit dem Gold geklimpert. „Wenn Dirk den Befehl nicht gibt, seid ihr an nichts gebunden. Aber er wird!"

Ganz ohne Stottern war es nicht gegangen mit dem vom Bischof Meinwerk von Paderborn angekündigten Befahl. Und das, obwohl Hugmann viel Mühe darauf verwandt haben muß, Dirk den Satz so gut auswendig lernen zu lassen, daß er ganz natürlich klang.

„Hier... hiermit erkläre ich die Burg Uflach als unbetretbar und verboten für Balderich, den Grafen der Drente und des Hattuariergaues und für seinen Anhang! Der Zutritt ist ihnen verwehrt!"

Alle Uflachbewohner staunten. So laut und mit so heller Stimme hatte noch niemand den Grafen Dirk sprechen gehört.

„Ihr habt es gehört, Männer", schrie Meinwerk. „Der rechtmäßige Graf hat gesprochen! Der Hausherr auf Uflach! Und diesen Wicht hier, der sich Verwalter nennt, Verwalter auf Uflach — ihr habt doch hier irgendwo einen Kerker; ich glaube, dort hinten bei den Pferdeställen... nun bringt den Kerl doch schon dahin!"

Dirk spielte mit. Er strahlte. Damals hatte er nie mitspielen dürfen, wenn es interessant wurde, damals vor langer Zeit — waren es vierzig Jahre oder tausend? Oder wenn doch, dann höchstens in einer winzigen Nebenrolle, Kieselsteinmunitionslieferant oder so etwas daher. Jetzt aber ließ ihn sein Freund und Blutsbruder Hugmann eine Hauptrolle spielen: Auf seine Entscheidung kam es an, ob Uflach für Balderich gesperrt wurde. Und er hatte sich entschieden, endlich, endlich sich entschieden, brauchte nicht mehr auszuweichen in die Auewälder und in die Schilfhütten, tagelang, wochenlang, solange wie Balderich jeweils auf Uflach blieb, und das seit tausend Jahren oder waren es doch erst zwanzig?

Und eine noch wichtigere Aufgabe stand ihm zu spielen bevor: Er würde

Uflach verteidigen. Und nach den Reden Hugmanns, die er, unpolitisch, wie er war, nicht verstand, nicht nur Uflach, sondern darüber hinaus ganz Lotharingien und sogar das Reich! Adela würde sich zu wundern haben über ihren Ältesten.

Als die Sache so weit gediehen war, hielten Meinwerk und Hugmann es für angebracht, sich zu verabschieden.

„Du mußt es alleine tun, stolzer Recke!" sagte Hugmann schulterklopfend. „Adela muß deutlich sehen können, daß sie diesen Waldschrat Balderich nicht braucht, wenn sie doch dich hat! Du wirst ein Held sein, ich weiß es!"

Die Uflach'schen Männer hinter ihm lachten Tränen, aber Dirk merkte es nicht. Den Kopf hochgereckt wie nie starrte er seinen neuen Freund an, den ersten und einzigen, den er in seinem wenig mehr als fünfzigjährigen Leben hatte — oder zu haben glaubte. Nachher habe ich mich oft gefragt, ob nicht Hypnose mit im Spiel war — so sehr bohrten sich Hugmanns Blicke in Dirks blaue, weitaufgerissene Augen, die treuherzig standzuhalten versuchten.

Die Männer lachten immer noch. Nein, würde das ein Gaudi! Dirk als Verteidiger einer belagerten Burg, einer Burg, auf der außer dem blöden Kommandanten niemand ernsthaft an Verteidigung dachte! Eine großartige Gaudi war das, die der Spaßvogel Hugmann sich da ausgedacht hatte. Schleierhaft blieb nur, warum er sie sich soviel kosten ließ, manchen sogar in Gold dafür bezahlte. Aber das war seine Sache, das war wirklich nur seine Sache!

Auf Uflach begannen die Arbeiten, die Dirk für nötig hielt, um sich auf eine Belagerung einzurichten. Da er keine Ahnung von derlei Dingen hatte, kamen die unsinnigsten Befehle dabei heraus. Aber alle wurden prompt ausgeführt, mit unterdrücktem Gekicher oder mit lautem Gelächter, jenachdem, wie weit der „Junggraf" Dirk entfernt war.

Vier Männer postierte Dirk auf eine Art Hochstand in der Nähe des Palas, für jede Himmelsrichtung einen. Ausschau halten sollten sie und sofort Alarm schlagen, wenn sich etwas Verdächtiges zeigte. Daß da oben eine gemütliche Würfelspielrunde entstand, bemerkte er ebensowenig wie den Alkoholnachschubdienst, der in immer kürzeren Abständen die vier Wächter belieferte.

Die Zugbrücke war seine große Sorge. Ständig mußte ausprobiert werden, ob sie auch wohl funktionierte. Herauf und herunter rasselte das aus Eichenbohlen gefügte Ding und ächzte und stöhnte. Die Enten, die auf den Uflach vorgelagerten Gewässern zuhause waren, wurden aus ihrer friedlichen Gründelei immer öfter aufgescheucht und in das dichte Schilf getrieben, bis sie es vorzogen, unter großem Protestgeschnatter davonzuschwimmen, zur anderen Seite der Burg hinüber, wo es zwar weniger zu gründeln gab, wo aber kein verrückt gewordenes Holzungetüm auf und ab fuchtelte.

In Dirks Gesicht waren jetzt Züge zu sehen, die seine Ähnlichkeit mit Adela um vieles deutlicher machten. Diese Entschlossenheit auf einmal rings um die Mundwinkel, Entschlossenheit, mit dem Kopf durch die Wand zu gehen, und nicht eher zu ruhen, bis die Endlösung erreicht ist. Derselbe Wahn, es könne eine Endlösung geben! Und ich hatte einmal gedacht, der stille Dirk, der zurückgezogene sanfte Mann könne vielleicht so etwas wie einen guten Eremiten abgeben. Aber Westler können wahrscheinlich gar keine Einsiedler werden; ohne etwas zu bewerkstelligen, kommen sie nicht aus. Kürzlich noch hörte ich von einem Versuch, eine Eremia im Bayrischen Wald zu errichten. Und was ist daraus geworden? Ein Straßenbautrupp zur Erschließung unwegsamen Geländes! - - -

Als Dirk sich endlich mit hochrotem Kopf und schwitzend auf eine Bank setzte, müde vom vielen Hin- und Herlaufen und heiser vom Kommandieren, nützte ich die Gelegenheit und sprach ihn an.

„Dirk, merkst du denn nicht, daß sie dich zum Narren machen?! Dirk, nun hör doch zu! Zum Narren machen die dich, laß es dir gesagt sein! Weißt du noch, damals — du warst noch ein kleiner Junge— da haben sie dich auch einmal mitspielen lassen bei ihren Kriegsspielen. Gefesselt haben sie dich damals, an Händen und Füßen gefesselt. Zu deiner Rolle gehöre das, zu deiner Rolle im Spiel, haben sie gesagt, und du hast sie machen lassen, geduldig lächelnd und froh, daß du überhaupt eine Rolle in ihrem Spiel bekamst. Und als sie dich gut verschnürt hatten mit fest angezurrten Knoten, da haben sie dich liegen lassen und sind hohnlachend weggerannt. Da konntest du schreien, so laut es ging, da kam keiner zurück, dich zu befreien, da mußtest du halb kriechend, halb hüpfend wie eine große Kröte durch den Morast dich nach Uflach quälen. Halbtot bist du angekommen, beinahe wärst du ertrunken. Und dann lagst du vor mir und hieltest mir die Hände hin, denn zu mir bist du damals gekrochen, weil du wußtest, ich meine es gut mit dir. Dirk, ich meine es auch jetzt gut mit dir!

Laß dir raten von einer alten Frau: Gib das Kriegsspielen auf! Es ist genau wie damals. Die treiben nur ihren Spaß mit dir, die wollen nur dich lächer-

lich machen: Dirk, der Feldherr, der nicht einmal eine Fliege töten kann!"
„Keine Sorge, Anna, ich werde niemand töten!"
Er hatte tatsächlich wieder einmal nicht zugehört. Als ob das meine Sorge gewesen wäre!
„Hugmann hat mich gelehrt, wie man kämpfen muß, wenn man den Gegner nur kampfunfähig machen will, ohne ihn zu töten. So — von links unten nach rechts oben und so — und Grätschstellung und zustoßen..."
Er war aufgesprungen, hatte das Schwert aus der Scheide gerissen und — es war unheimlich anzusehen — mit ruckartigen Bewegungen schwang er es in einer Weise, die mich mit einem Mal gar nicht mehr so sicher sein ließ, Dirk könne niemals einen Menschen töten. Wie einer der Maschinenmänner kam er mir vor, wie einer der Automaten, die im kaiserlichen Palast von Byzanz im Empfangssaal für auswärtige Delegationen stehen. Auf Barbaren aller Art macht es immer einen großen Eindruck, wenn der Basileus mit Hilfe der byzantinischen Technik per Fahrthron vom Himmel oder zumindest von der Decke herabschwebt, und wenn dabei die künstlichen Löwen zu fauchen und die eisernen Riesen rasselnd sich zu bewegen beginnen, Fuß vor Fuß setzend wie jetzt Dirk.
„Dirk...!"
„Ja, das hat Hugmann mich gelehrt, mein Freund Hugmann. Treue haben wir uns geschworen und Blutsbrüderschaft haben wir geschlossen für immer. Hugmann versteht mich. Er weiß, daß ich es nicht länger leiden kann, Adela in der Gewalt dieses Balderich zu sehen; er weiß aber auch, daß ich niemand töten will. Aber jemand kampfunfähig machen — wenn das der Preis ist, um den Adela befreit und Balderich vertrieben werden kann — nun, Hugmann hat es mich gelehrt: So — von links unten nach rechts oben und so — und Grätschstellung und so — und zustoßen und Rückzug und parieren und von links unten nach rechts oben und - - -"
Ich gab es auf. Mit einem aufgedrehten Automaten kann man nicht reden. Ich hätte weiterreden müssen, habe ich mir später oft gesagt, sage es mir auch jetzt noch immer wieder — was wäre uns nicht alles erspart geblieben, wenn er auf mich gehört hätte!
Ich hätte ihn anschreien müssen: So kannst du töten!
Aber ich gab es auf, für den Moment wenigstens, hoffte, eine günstigere Gelegenheit zu finden.
Ich kam nicht mehr dazu. Am nächsten Tag war es soweit. Adela und Balderich waren nicht weit weg gewesen, die Inspektionsreise zur Küste war vorzeitig beendet und so traf sie die Nachricht, daß Graf Dirk die Burg

Uflach für sie beide zum Sperrgebiet erklärt hatte, in Renkum, anderthalb Tagesmarsch von Uflach entfernt.
Dirk sah die anrückenden Truppen als Erster. Aufgeregt gab er den Befehl, die Zugbrücke hochzuziehen.
„Es geht nicht! Es geht nicht!" riefen die Männer und drehten mit übertriebener Dienstfertigkeit an der Kurbel, die sie mit einem Bolzen blockiert hatten. Dirk rannte in stolpernder Hast hinzu.
„Wo ist die Kurbel?"
„Hier, Herr Graf! Bittschön, Herr Graf! Wenn der Herr Graf selber... nein, das ist nicht die Kurbel, das da, ja, richtig!"
Sie genossen seine kopflose Aufgestörtheit. So eine Gaudi!
Wie ein aufgescheuchtes Huhn, wirklich! Und wie er jetzt sich gegen den Griff der Kurbel stemmte, wie sein Kopf rot und röter wurde — aber die Brücke blieb störrisch liegen und hob sich um keinen Zoll.
Adelas Truppen stürmten heran. Die ersten Krieger hatten schon fast die Brücke erreicht, als Dirk plötzlich die widerspenstige Kurbel losließ, das Schwert zog und mit bloßer Waffe den Belagerern entgegenlief.
„Mir nach!" rief er.
„Und wie gesagt — nicht töten, nur kampfunfähig machen!"
Mitten auf der Brücke blieb er stehen und erwartete den Ritter von Wageningen, der ihm lachend entgegenkam mit Handbewegungen, als wolle er Hühner scheuchen. Als der Blödling wider sein Erwarten, wider seine sichere Annahme nicht davonlief, sondern standhielt mit starrender blanker Waffe, zog auch er sein Schwert. Mit einem Hieb wollte er Dirk das gefährliche Spielzeug aus der Hand schlagen und ihn dann verdreschen mit der flachen Klinge. Adela rief ihn nicht zurück. Grimmig blickend stand sie am anderen Ufer des Rheinarms, der Uflach zur Insel machte. Die Demütigung hatte er verdient, ihr Ältester, sollten es doch alle sehen, wie er, der ihr den Zugang zu Uflach, zu ihrem Uflach, sperren wollte, sich davontrollen mußte wie ein geprügelter Hund!
Der Wageninger merkte bald, daß er sich verrechnet hatte. Auch den Zuschauern auf beiden Seiten des Grabens verging das Lachen schnell. Der Mechanismus war in Gang gekommen: Von links unten nach rechts oben und — Grätschstellung und zustoßen und Rückzug und parieren und von links unten nach...
Das war ein Kampf auf Leben und Tod!
Schon blutete der Wageninger aus zwei schweren Wunden und der wieder unheimlich mit ruckartigen Bewegungen unbeirrbare Dirk bedrängte ihn

auf's äußerste. Da — in völliger Verzweiflung tat der Wageninger den Hieb, der den Kampf entschied.
Dirks Verletzung war tödlich. Alles Gerenne und Gelaufe der Mägde, deren amüsiertes Gekicher in jähes Entsetzen umgeschlagen war, blieb zwecklos. Da halfen keine Verbände mehr, keine Kräuter und keine Salben.
Als Adela auf den Hof kam, lebte Dirk noch. Unwillig schob sie den verstörten Wageninger beiseite, der vor ihr stammelte:
„Das wollte ich nicht, Herrin! Das wollte ich nicht! Ich konnte nicht anders, wahrhaftig, ich konnte..."
Der Engel des Todes hatte Dirk angerührt. Ungeduldig schon stand er neben ihm, bereit, seine Seele hinüberzuleiten in das Reich des Lichtes. Noch wollte sie nicht folgen, seine Seele, noch bemühte sie sich, etwas zu melden, bevor sie mit dem angelos psychagogos sich auf den Weg machte zu den Gefilden, aus denen keine Botschaften mehr zu den Lebenden dringen. Sie hatte noch die Kraft, die blassen Lippen des lang ausgestreckt am Boden liegenden Körpers in Bewegung zu setzen; aber es wurde nicht deutlich, zu welchen Worten.
Adela war gemeint, das war zu sehen an den Augen, die weit offenstanden, nicht vor Angst, jetzt nicht mehr. Dirks Seele war schon jenseits aller Angst. Von der Anstrengung her standen sie weit auf und von der Besorgnis, etwas Wichtiges nicht mehr mitteilen zu können.
Es war seltsam still geworden. Auch Adela schwieg. Sie jammerte nicht. Mit einem Gesicht, das ein Byzantiner, der die Eigenarten der Eingeborenen noch nicht kennt, für teilnahmslos gehalten hätte, sah sie zu, wie das Leben des einzigen Menschen, der sie wirklich liebte, zusammen mit dem aus den Mundwinkeln rinnenden Blut wegsickerte. Sie zeigen es nicht, wenn sie leiden, die Menschen im Norden. Dem Jammer Lauf zu lassen und dadurch aller Welt zu bezeugen, wie teuer uns ein Mensch ist, den wir verlieren, und wie sehr wir auf tröstendes und stützendes Mitklagen und Mitleiden angewiesen sind, ist hierzulande ganz und gar verpönt.
Einige Männer nahmen die Kopfbedeckungen ab. Respekt stand in ihren Gesichtern. War es die Würde, die die Berührung des Todesengels auch Narren verleiht? War es die aus heidnischer, gar nicht so ferner Zeit stammende fast magische Wertschätzung des durch das Schwert verursachten Todes? Oder war es nur verlegene Betretenheit, weil alle auf eigenartige Weise sich mitschuldig fühlten an diesem Tod — ich nicht ausgenommen?
Des Engels Geduld war erschöpft. Dirks Lippen hatten immer noch kein

deutliches Wort formen können, da zog der nicht staubgeborene Bote mit der Seele davon, den Befehlen des Gottes gehorsam; zog davon in das Land, wo die Zelte der Sanftmütigen in Frieden stehen.

Zwei Tage später legten wir Dirks Leichnam in das Grab. Adela bestand darauf, daß er draußen in den Auewäldern zu liegen kam, nahe bei seinen Schilfhütten.
Der Hofkaplan, diesmal wieder ein altes verhutzeltes und gefügiges Priesterchen, kein Aufsässiger wie damals vor zwanzig Jahren bei der Trauung mit Balderich, hatte nicht lange auf seinen Einwendungen beharrt.
Ich kam mir vor wie bei einem heidnischen Ritus, als wir zur Beisetzung in den Wald gingen. Zwar zog ein Kreuz der Prozession voran, zwar ließ Adela aus ihrer Reliquienapotheke einiges mit ins Grab legen, was ihren Dirk der Gemeinschaft mit den weißgewandeten Martyrern am Thron des Lammes versichern sollte, zwar besprengte der Hofkaplan die frisch ausgehobene Grube mit geweihtem Wasser und für demnächst war hier der Bau eines Kirchleins vorgesehen — aber ich kam mir inmitten der ragenden und rauschenden Bäume vor wie in einem Stück Welt, in das die Erlösung durch den Christos, den Sohn des Gottes, noch nicht vorgedrungen ist. Im Wald herrschen noch die Dämonen, ist Pan noch nicht besiegt vom Pantokrator, da lauert hinter jedem Stamm noch das Unerwartete, das es für den Christen nicht mehr gibt, seitdem die Welt ein für allemal zu ihrem Ziel gekommen ist durch den am Baum des Kreuzes Erhöhten und seitdem nur noch das Offenbarwerden der neuen, endgültigen, schon gekommenen, aber noch verborgenen Wirklichkeit abzuwarten bleibt. Dirks Meinung war das nicht; er hatte seine eigenen Auffassungen über den Gott, typisch westliche. „Gott webt und wirkt noch immer" sagte er öfters. „Gott" sagen sie hier, nicht „der Gott", und schon daran, daß sie den bestimmten Artikel nicht mitsprechen, läßt sich merken, wie unbestimmt und diffus das Gottesbild der Barbaren ist. Und Dirk war im Grunde ein Barbar geblieben, trotz all der griechischen Bücher, die ich ihm zu lesen gegeben hatte und die er verschlang.
„Gott ist noch nicht fertig mit der Welt! Er hat noch einiges mit uns vor, das wir nicht ahnen!"
Darin sind sie wie die Kinder, diese Eingeborenen hier wie alle jungen Völker, die noch nicht zu der Einsicht der Erwachsenen gereift sind: Es gibt nichts Neues unter der Sonne. Hätte er sonst den törichten, kindi-

schen Versuch gemacht, sich aufzulehnen, statt sich abzufinden damit, daß Adela den bösen Balderich zu ihrem Komplizen und Gatten machte? Als ob wir das Böse aus der Welt schaffen können, endgültig, solange der Kyrios noch nicht wiedergekommen ist! Als ob wir es bekämpfen könnten, das Böse, und als ob uns etwas anderes bliebe, als es zu erleiden. Wie oft habe ich ihm das gesagt! Er hat mir recht gegeben, oft; ihm, dem wehrlosen Freund der Wehrlosen, fiel es leicht, mir zuzustimmen. Aber es blieb immer ein Rest. „Gott empört sich!" sagte Dirk dann zum Schluß, immer dann, wenn ich fast glaubte, diesmal hätte ich ihn zu östlicher Ruhe, Abgeklärtheit, Gelassenheit und Indifferenz bekehrt.

„In mir fühle ich es, daß er sich empört, und daß Er es anders haben will, anders auch durch mich!"

„Und was ist jetzt anders?" wollte ich ihn fragen, als sie ihn in die Grube legten. Aber er war der Antwort enthoben.

Seltsam, daß man sie beide „Waldbewohner" genannt hat, dachte ich, als ich an Dirks Grab auch Balderich stehen sah, bemüht, seinem Gesicht einen Ausdruck von Trauer zu geben. War Balderich Loki, der abgründig böse Walddämon, der den Eingeborenensagen zufolge den lichten Waldgott Baldr durch List in die Grube brachte? Und drei Fuß tiefer, dort in der Grube, lag dort Baldr — das Gute unterliegt? Ich konnte in Balderich das radikal Böse, das Dirk in ihm verkörpert sah, nicht entdecken. Ein unglücklicher Mensch war das, wie wir alle; ein Opportunist wie viele; eine bemitleidenswerte, erlösungsbedürftige Kreatur wie jeder Sterbliche.

Dennoch fühlte ich Empörung in mir kochen, fast als gehöre ich mittlerweile doch schon zu den Barbaren des Westens, die in der Illusion leben, inmitten des Geflechtes von Unrecht und Bosheit, von Güte und Rechtschaffenheit, aus denen das Leben der Menschen geknüpft ist, lasse sich das Böse orten, lasse sich mit dem Finger zeigen: Da steht er, der Schuldige, der da, der ist es! Ich wußte, auf wen ich mit dem Finger zeigen würde; nur, er war nicht dabei, natürlich nicht. Hugmann war zur Beerdigung nicht gekommen.

Hodr, der Blinde, tötet seinen Bruder Baldr durch das Schwert Mistilstein oder durch einen aus dem Mistelzweig geschnitzten Pfeil — was die Tatwaffe angeht, ist die Sage nicht eindeutig festgelegt und die Sänger, die auch auf Uflach ab und zu auf heidnisches Repertoire zurückgreifen, sind sich da nicht einig. Unabsichtlich jedenfalls tötet Hodr und — darin zeigen die Sänger wieder Übereinstimmung — angestiftet durch Loki, den Bösen, der alles so arrangiert, daß Hodr den verhängnisvollen Schuß oder Stoß tut.

Wenn hier einer Lokis Rolle spielte, dann Hugmann. Ich bin von Byzanz her wahrhaftig heimtückische Listen zur Genüge gewohnt — aber das ließ mich kochen.
Daß er ihn in das offene Schwert geschickt hatte, absichtlich, das steht für mich fest. Adela gab mir sofort recht, als ich den Verdacht äußerte. Die Vernehmungen auf Uflach waren am Tag der Beisetzung noch nicht abgeschlossen, aber es war schon eine Menge zusammengekommen und zutage gebracht, was meinen Verdacht bestätigen mußte. Auch der Krumme war zitiert worden. Zitternd war er gekommen, auch er von dem seltsamen Gefühl bedrängt, irgendwie mitschuldig zu sein an Dirks Tod. Die Aussagen, die er über seine Beobachtungen bei den Schilfhütten machte, ließen keinen anderen Schluß zu: Hugmann hatte Dirk aufgedreht wie einen Mechanismus und ihn auf eine Bahn gesetzt, die in des Wageningers Schwerthieb enden mußte.
Als wir von der Beerdigung zurückkamen, lagen der Pfau und eine der Hennen verendet im Gehege, die zweite Henne verdrehte die Augen; auch sie war nicht mehr zu retten. Das Wassernäpfchen war leer, die Tiere waren verdurstet. Dirk fehlte auf Uflach. Eigenartig, der Narr fehlte. Uflach war nicht mehr dasselbe wie vorher. Die verendeten Pfauen waren ein Signal.

Als das Wort Prozeß zum ersten Mal fiel, war ich noch ahnungslos. Ein Prozeß sollte in Dortmund stattfinden, und ich war als Zeugin geladen. Adela war in den vier Wochen seit der Beerdigung gealtert. Abgemagert war sie. Was sie in den letzten Jahren an Fülle gewonnen hatte, war weg. Die Augen lagen tiefer. Die Nase war spitzer geworden. Die Haut hing. Zwischen den grauen Haaren leuchteten weiße Strähnen.
„Du wirst auf deine alten Tage noch reisen müssen, Anna!"
„Das tue ich doch jedes Jahr!"
„Nach Köln, ja! Mit dem Schiff, ja! Aber diesmal mußt du durch die Wälder!"
„Wo liegt denn dieses Dortmund?"
„Im Sächsischen. Der Prozeß soll im Sächsischen geführt werden!"
„Ich halte den Prozeß für sinnlos. Ich bin zwar wie du der Meinung, daß Hugmann schuldig ist, aber du wirst es nicht nachweisen können. Was kann ich schon aussagen? Daß Hugmann Dirk fechten lehrte? Was ist daran strafbar? Daß er ihn dazu brachte, Uflach zu sperren — na und? Adela,

ich rate dir, gib die Sache mit dem Prozeß auf, das bringt nichts. Beweisen läßt sich da nichts!"

„Du meinst wohl, ich bin die Klägerin?" Adela versuchte zu lachen. „Und Hugmann ist der Angeklagte? Deine Rollenbesetzung ist grundfalsch. Kläger ist Meinwerk!"

„Und der Angeklagte? Soll etwa Jan von Wageningen der Prozeß gemacht werden? Der arme Kerl hat doch in Notwehr gehandelt. Das zu bezeugen bin ich sofort bereit! Und wenn ich dafür durch den Urwald reiten muß!"

Adela nahm ein Schriftstück vom Tisch. „Da, lies!" sagte sie.

„Klage des Bischofs Meinwerk von Paderborn gegen die Gräfin Adela von Elten. Beschuldigung: Mord an dem Grafen Dirk, Graf im westlichen Hamaland und in der Betuwe, Bruder des Klägers. Verhandlungsort: Dortmund. — —

Aber, ... aber das ist doch absurd!"

Über vierzig Jahre war ich nun schon in Germanien, und ich hatte mir das Wort „absurd" immer noch nicht abgewöhnt. Was heißt schon absurd? Was heißt paralog? Die Paralogie ist die Schwester des Chaos und die Cousine der Barbarei. In den germanischen Urwäldern lauert diese Sippschaft hinter jedem Baumstamm; ich wußte es doch, aber ich sagte: absurd. Als ob das Absurde hier nicht an der Tagesordnung wäre!

Die Reise nach Dortmund ging besser vonstatten als ich gedacht hatte. Von Emmerich bis Duisburg fuhren wir mit dem Schiff rheinaufwärts und von Duisburg aus führte ein einigermaßen gebahnter Weg bis zu unserem Ziel.

Das Quartier in Dortmund war umso fürchterlicher. Adela war nicht viel besser untergebracht als ich, aber ihr machte das nichts. Sie reiste immer und war Schlimmeres gewöhnt.

Die Stimmung war genauso feindselig wie damals vor zwanzig Jahren auf dem Reichstag von Nimwegen, als Adela und Balderich sich vor Kaiser Otto dem Dritten wegen des Überfalls auf den Eltenberg zu verantworten hatten. Dieselben Blicke, die, wenn sie töten könnten, ein Urteil und seine Vollstreckung schon vorweggenommen hätten.

„Verräterin!" „Fränkin!" „Räuberbraut!" „Mordbrennerin!" „Hexe!"
Dieselben Beschimpfungen wie in Nimwegen — und Adela überhörte sie mit einer Verachtung, die sie auf ihrem Greisinnengesicht genauso deut-

lich zutage zu tragen wußte wie zu der Zeit, als sie sich gerade erst den Titel Räuberbraut eingehandelt hatte.
Es waren jetzt einige neue Titel hinzugekommen.
„Herodias!" war einer. Den mehr oder weniger bibelfesten Klerikern war bei der Suche nach einem möglichst schlimmen Weib nichts besseres eingefallen.
„Medea" war ein anderer. Zwar konnte sich keiner etwas Rechtes unter der unglücklichen Zauberin von Kolchis, der Gattin des Argonauten Jason vorstellen. Aber man hatte von Kindesmord gehört — und das genügte. Etwas heidnisches war es überdies.
„Merodias!" schimpfte einer von den sächsischen Großen hinter Adela her, ein würdig aussehender Greis, der ihr mit der Faust drohte.
„Diesmal kommst du nicht so glimpflich davon wie in Nimwegen!"
Das fürchtete ich auch. Ein solches Glück wie in Nimwegen gab es kein zweites Mal, konnte es nicht noch einmal geben.
Die Anklageliste war lang gewesen, länger als jetzt.
    Brandschatzung eines Reichsstiftes....
    Schändung einer Kirche....
    Verletzung des Immunitätsrechtes....
    Tötung eines Ritters, nachdem der Kampf schon zu Ende war....
Die Sache mit dem Ritter ging auf Balderichs Konto. Einen von Liutgards Rittern, einen von seinen ehemaligen Kampfgefährten, hatte er auf dem Kirchplatz ergriffen, einen, mit dem er eine persönliche Fehde auszutragen hatte. Bei dieser günstigen Gelegenheit wollte er sie an ein blutiges Ende bringen. Mit drei oder vier Räubern packte er den Unglücklichen, zerrte ihn bis zum Stiftsbrunnen und warf ihn kopfüber hinunter. Hohnworte schickte er dem Todesschrei des Stürzenden hinterher, dann hielt er inne, lauschte und wartete, bis er ihn in zweihundert Fuß Tiefe aufschlagen hörte. Angekreidet wurde Balderich auf dem Nimweger Reichstag nicht der Tod des Ritters, auch nicht die grausige Weise, wie er ihn ums Leben brachte. Was diese Tat in den Augen der Reichstagsteilnehmer so verwerflich machte, war etwas anderes, war der Umstand, daß Balderich den Ritter ergriffen und getötet hatte, obwohl er in eine sogenannte Freistatt geflüchtet war. Der Platz vor der Stiftskirche, Freistatt oder auch Freiheit genannt, ist ein Ort besonderen Schutzes, eine ausgesparte Insel der Rechtssicherheit inmitten eines wildwogenden Chaos von Blutrache und privater Fehde. Solche tabuisierten Inseln sind ersonnen von klugen Leuten, die wissen, daß man den Barbaren zivilisierte Rechtsnormen nicht mit einem

Schlage zumuten kann, sondern sie ihnen löffelchenweise zu kosten geben muß in der Hoffnung, daß sie sich daran gewöhnen. In Frankreich ist man darin schon weiter gediehen. Dort gelten nicht nur bestimmte Orte, sondern auch schon bestimmte Wochentage als der privaten Fehde und Blutrache entrückt.

Der damals über die Anklagen gegen Adela und Balderich zu befinden hatte, war niemand anderes gewesen als Theophanus Sohn, ihr einziger Sohn neben mehreren Töchtern. Sie hatte ihm den Namen Otto gegeben, einen Barbarennamen, aber er war kein Barbar geworden. Ich wußte es sofort, als ich ihn in Nimwegen wiedersah. Als ich ihn das erste Mal sah, war er einen Tag alt. Jetzt war er ein Knabe von siebzehn Jahren, staunenswert schön, nicht in wilder Barbarenschönheit, kein goldenes Haar, das nicht; es war eine durchgeistigte Schönheit, die den schwarzhaarigen Sohn einer schwarzhaarigen Griechin auszeichnete. Obwohl schon seit seinem dritten Lebensjahr Kaiser des westlichen Rom, besaß er die glühenden Augen dessen, dem das Leben die Träume noch nicht gelöscht hat.

Eigentlich hätte ich bei seiner Geburt dabei sein sollen. Theophanu hatte es gewünscht und in Nimwegen hatten wir schon alles vorbereitet. Auch Adela war gekommen, denn die kaiserliche Pfalz Nimwegen liegt in dem Gebiet, das ihrer Aufsicht unterstand und durch das hindurch sie Geleit zu geben hatte. In Nimwegen hatte Theophanu ihren Ersten zur Welt bringen wollen. Diese Pfalz am unteren Rheinlauf war ihr Lieblingsaufenthalt geworden, so als hätte sie geahnt, daß sie von hier aus die Heimreise antreten würde, daß von hier aus der Todesengel sie heimführen würde in das himmlische Jerusalem, heraus aus allen Beschwernissen der barbarischen Fremde und heraus aus all den Sorgen um einen unmündigen, erst neunjährigen Sohn, der schon als Kind die Kronen vieler Reiche zu tragen hatte. Aber nicht in Nimwegen wurde er geboren, sondern im Wald, — zu früh traten die Wehen ein, — und ich hatte die Kammer in Nimwegen zu früh heizen lassen.

„Soll er's doch gleich am ersten Tag sehen, in was für ein Land ich ihn hineingeboren habe!" vermochte Theophanu zu scherzen, als ich mit Adela in der Hütte eintraf, in die sie sich geflüchtet hatte. „An den Urwald und an seine Gesetze wird er sich gewöhnen müssen!"

Er hatte sich nicht gewöhnt. Er war ein Grieche geworden zum Leidwesen seiner Verwandten. Auch sein Kaisertum faßte er griechisch auf. Sein Vater noch hatte sich als ein Barbarenkönig gefühlt, der die kaiserliche Würde nur als ein Mittel betrachtete, barbarische Politik besser durchsetzen zu können, will sagen für die Interessen seiner Sippe einzutreten, denn Barbaren können nur in Sippenzusammenhängen denken. Er aber sah sich als Kaiser Roms, der wie seine auf dem Palatin lebenden Vorgänger seine Aufgabe darin erblickte, die Grenzen der in Griechenland entstandenen Zivilisation voranzurücken auf Kosten der Barbarei. Zum Zeichen dessen schlug er selbst seine Residenz auf dem Palatin in Rom auf. Von dort aus wollte er über die Völker des Westens herrschen und das Römische Reich erneuern. Jetzt hatten die Deutschen ihn über die Alpen gerufen, damit er nach dem Rechten schaue in seinem eigentlichen Königreich, wie sie das nannten. „Denke daran, hier bist du geboren!" hatten sie ihm am Tag zuvor noch gesagt, als sie, von Aachen kommend, durch den Ketilwald auf Nimwegen zuritten. „Hier gehörst du hin, und an Deutschland muß dir vor allem liegen und in Deutschland vor allem an den Sachsen, dem Stamm unserer Sippe!" Das aber war nicht seine Konzeption. Als Kaiser des Westens wußte er sich als Schutzherr mehrerer Völker, nicht eines Volkes vor allem. Kürzlich noch hatten Maler ein Evangeliar für ihn angefertigt; das Titelblatt zeigte ihn auf dem Thron und die Völker huldigten ihm: Roma, Gallia, Germania, Sclavinia — in dieser Reihenfolge; Deutschland kam unter anderem. Den ganzen Weg von Aachen bis Nimwegen hatten seine sächsischen Begleiter ihm in den Ohren gelegen, daß sie von einem deutschen König anders erwarteten: Sclavinia dürfe nicht gleichberechtigt Zutritt haben zum kaiserlichen Thron. Sie hatten ihn getadelt wegen seiner Freundschaft mit dem Herrscher der Polen. Den Interessen des Reiches abträglich sei das und erst recht den Interessen des sächsischen Stammes, der Bewegungsfreiheit nach Osten behalten müsse und der angewiesen sei auf den Handel mit polnischen Sklaven. Jetzt hier in Nimwegen gehe es auch um sächsische Interessen; die Angeklagte Adela Gräfin von Elten, diese Halbfränkin, diese Verräterin an der sächsischen Sache nehme sich heraus, sächsische Rechte zu verletzen — und gegen das Reich wühle sie auch. Seine Majestät habe Gelegenheit, hier seine Geneigtheit der sächsischen Sache gegenüber zu beweisen. Allerdings hatte Seine Majestät keine Lust, irgendetwas zu beweisen, erst recht nicht Geneigtheit und vor allen Dingen nicht Geneigtheit den Sachsen gegenüber, die er für die barbarischsten aller Barbaren hielt.

Er hatte die Anklageliste gehört und erst lange geschwiegen. Ich möchte sagen, bockig geschwiegen, wenn dieser Ausdruck für einen Knaben, der die Kaiserkrone trägt, zutreffend sein kann. Sagen wir besser: er war verstimmt.

Nachher ist behauptet worden, Adela habe ihn bestochen. Aber womit?

Die Kostbarkeiten, die in meiner Werkstatt hergestellt wurden, mochten dazu gut sein, einen Ritter oder einen Vasallen, vielleicht sogar einen Grafen in Versuchung zu führen, aber doch nicht einen Kaiser.
Behext habe sie ihn, sagen andere, bezaubert mit Sprüchen und Kräutern, um ihn sich günstig zu stimmen, schon in der Wiege. Als Theophanu vorzeitig mit ihm niedergekommen war, damals auf dem Weg nach Nimwegen in den Wäldern nah bei Uflach, da sei sie die erste gewesen, die zur Stelle war wie eine böse Fee und eine Griechin habe sie bei sich gehabt, die habe die Sprüche ins Rhomäische übersetzt und sie dadurch noch wirksamer gemacht.
Mit der Griechin war ich gemeint. Adela und ich waren tatsächlich die ersten Frauen gewesen, die an der holzumstapelten Hütte eintrafen und der kopflosen Zofe Beistand leisten konnten bei ihren unvorhergesehenen Hebammenpflichten. Und als ich den winzigen Barbarenprinzen, dieses schrumpelige Frühchen, im Holzbottich badete, habe ich wohlriechende Kräuter ins warme Wasser getan — soweit stimmt das Gerücht und griechisch gesummt habe ich auch. Kinderlieder waren es. „Der Delphin schwimmt nach Hause ins Schwarze Meer" und „Das Zicklein springt von Klippe zu Klippe", vielleicht auch: „Die Sonne und der Ölbaum". Griechische Lieder sollte Theophanus Sohn als Erstes hören. Vielleicht war auch das abergläubisch gedacht, aber mit Sicherheit war es keine Zauberei.
Otto war ein Grieche geworden, wenn auch mit barbarischem Einschlag. Griechen mögen nicht gegängelt werden. Als die ihm so angelegentlich zur Bestrafung empfohlene Gräfin vor ihm stand, mit der byzantinisch orientierten Eleganz ihrer besten Kleider angetan, und schon dadurch in seinen Augen wohltuend von ihrer barbarischen Umgebung sich abhebend, da bestätigte er die voreiligen Verdikte seiner sächsischen Berater nicht.
„Die Argumente der Gräfin scheinen mir gar nicht so weit hergeholt. Ihr selber redet doch sonst auch immer davon, daß altes Sippenrecht geachtet werden muß. Ist es nun sächsisches Sippenrecht, daß bei Stiftungen ein Erblasser das Einvernehmen der Erben einholen muß? — Nicht drumherumgeredet: Ja oder Nein?"
Ja, das schon. Ja — widerwillig genug kam es. „Aber Euer Majestät seliger Großvater hat die Schenkung bestätigt."
„Was höre ich?! Der Kaiser darf das Sippenrecht ändern? Oder aufheben? Ich darf das also auch? Wie mein seliger Großvater?"

Nein, das nun wieder nicht. So nicht. Im höheren Interesse des Reiches vielleicht. So wie hier. Denn Reichsinteressen sprächen heute wie damals dafür, das Stift ungeschmälert bestehen zu lassen.

„Lotharingien muß fest angenagelt sein ans Reich. Das Stift Elten ist einer dieser Nägel, der es festhält. Ziehen Majestät ihn nicht heraus!"

„Diese Schreinerpolitik mag ich nicht. Schreiner können Käfige aus Latten fabrizieren, aber Käfige sind nichts für Völker. Der polnische König hat sich mir, dem Kaiser des abendländischen Rom, freiwillig angeschlossen und sein Volk in Freiheit in die Gemeinschaft der westlichen Völker eingebracht. Was meint ihr, ob nicht auch die Lotharingier freiwillig beim Reich bleiben, wenn sie spüren, daß ihre Rechte beim Kaiser gut aufgehoben sind?"

Die sächsischen Berater hätten jetzt darauf hinweisen können, daß Adela keineswegs lotharingisches Sippenrecht ins Feld führt, sondern sächsisches, paradoxerweise sächsisches Recht, um ihre in Lotharingien liegenden Interessen zu wahren. Aber sie waren viel zu aufgebracht, um diese ihre Chance zu nutzen.

„Dem Kaiser von Rom angeschlossen — das verpflichtet zu nichts! Majestät als dem deutschen König unterstellt, das wäre schon was, oder dem sächsischen Herzog, das wäre noch besser!"

Ottos Zank mit den Sachsen schlug für Adela als großartiger Gewinn zu Buche. Der kaiserliche Spruch wurde zu einem Triumph für sie! Das Stift Elten mußte die Hälfte der Güter herausgeben und war damit praktisch unter Adelas Botmäßigkeit gebracht. Daß Balderich ein Bußgeld zu zahlen und zur Sühne eine Kirche zu bauen hatte wegen des in den Brunnen gestürzten Ritters, fiel demgegenüber nicht im mindesten in's Gewicht. Den Reichstag von Nimwegen verließ Adela mit hocherhobenem Kopf und mit vor Schadenfreude funkelnden Augen.

In Dortmund stand alles viel ungünstiger. Ich habe es mir mehrere Male erklären lassen, bevor ich es begriff: da Dirk umkam bei einem Angriff, den Adela befohlen hatte, galt sie als Mörderin und mußte mit einem Todesurteil rechnen.

Bei dem Angriff auf das Reichsstift Elten, der in Nimwegen verhandelt wurde, waren auch Menschen umgekommen, Ritter, Vasallen, Bauern, Knechte, Hörige. Immer wieder kommen Menschen um bei diesen ständig neu aufflackernden Fehden. Aber diesmal war ein Blaublütiger gefallen, — und das änderte alles. Wenn er auch ein Narr gewesen sein mochte, er

war ein Sprößling der Brunharinger, der Immedinger, Widukindssproß, königliches Blut. Die Teilnahme des Reichstages, fast alle Blaublütige, Angehörige des Hochadels, wollten Rache. Eines der vielen ungeschriebenen Gesetze war verletzt worden: Bei den privaten Fehden, die zwar nicht sein sollten, die man aber nicht ausmerzen konnte, durfte zumindest kein Mitglied der regierenden Familien zu Tode kommen.
Kaiser Heinrich war noch nicht in Dortmund eingetroffen. Noch konnte der Prozeß nicht beginnen, noch ließ sich hin- und herverhandeln.
Aber Adela war untätig, seltsam untätig. In Nimwegen hatte sie große Betriebsamkeit entwickelt, hatte jeden aufgesucht, dessen Stimme einige Aussicht bot, für sie nützlich zu werden. Jetzt aber verließ sie kaum ihre Kammer, saß oft stundenlang apathisch da, stumm, mit stierem Blick, sehr alt. Sie bemerkte es kaum, wenn ich sie besuchte. Obwohl nur wenig Licht durch das schmale Fenster kam und die Kammer schon beim ersten Dämmern voll dunkler Schatten war, wollte sie keine Kerze angezündet bekommen. „Laß!" sagte sie, wenn ich es versuchte. Ihre Stimme war dann scharf wie sonst, aber mehr sagte sie nicht.
„Nun hilf mir doch! Ich muß doch wissen, was ich aussagen soll! Du weißt doch, daß ich mich mit euren sonderbaren Rechtsgewohnheiten nicht auskenne. Wie leicht habe ich etwas gesagt, was dir schadet!"
Sie schwieg.
Hatte sie sich aufgegeben?
Von Kaiser Heinrich durfte sie sich keinen so günstigen Spruch erhoffen wie von dessen Vorgänger. Zu sehr hatte sie in Niederlothringen mit allen Feinden Heinrichs zusammengearbeitet, mit dem Löwener, dem Hennegauer, den Luxemburgern, dem Grafen von Flandern und dem Erzbischof von Köln.
Der Erzbischof! Daß ich darauf nicht eher gekommen war! Der Erzbischof war ja am Ort! Als einziger Lotharingier unter all den Sachsen! Einige der Sachsenbischöfe waren seine Suffragane und so hatte er in sächsischen Dingen mitzureden.
Heribert von Köln war ein Mensch, mit dem sich reden ließ. Ein langer, zwar nicht hagerer, aber doch schmaler Mann mit einer hohen Stirn, Falten darin, die anzeigten, daß er einer war, der abzuwägen verstand und der es deswegen nicht leicht hatte in einem Land, in dem Abwägen schnell als Zaudern ausgelegt wird.
Ich kannte ihn von meinen Fahrten nach Köln. Er hatte mich öfters zu sich rufen lassen und mir Aufträge gegeben für meine Werkstatt, litur-

gische Gewänder und Antependien. Er hatte Kunstverstand und ließ es sich nicht nehmen, seine Vorstellungen mit mir zu besprechen — trotz des Kopfschüttelns, das er damit bei seiner Umgebung hervorrief.
Auch diesmal wurde ich sofort vorgelassen.
„Sie kommen wegen Adelas Prozeß, nicht wahr?"
Er sprach griechisch. Als Ottos Freund hatte er es gelernt, nicht fließend, auch nicht so, daß er das ganze Gespräch darin hätte durchhalten können, aber er liebte diese Erinnerungen wachrufende Sprache, in der ihn der Sohn der Theophanu so oft angeredet hatte, der Kaiser mit den hochfliegenden Plänen, mit dem er sich um so vieles besser verstehen konnte als mit dem seiner Meinung nach einseitig und engstirnig nur deutsche Politik betreibenden Heinrich.
„Es steht schlimm für Adela; hier sind alle gegen sie!"
„Nicht alle!"
„Ich weiß, Sie nicht. Aber außer Ihnen alle! Als ein Monster gilt sie, als ein Ausbund von Mordlust und Habgier und Bosheit und von allem, was verwerflich ist. Warum nur? Was tut sie, was die andern nicht im selben Ausmaß oder noch darüber hinaus auch tun? Fehden, in denen Blut fließt, sind hierzulande doch nun wirklich nicht selten! Oder nimmt man ihr so etwas besonders übel, deswegen, weil sie eine Frau ist? Oder weil sie eine Sächsin ist, aber mit den Franken sich verbündet hat? Oder ist die nun schon jahrelang dauernde Propaganda ihres Sohnes Meinwerk so wirksam?"
„Das mag alles mitwirken. Aber das Wichtigste ist: Sie hält sich nicht an die Spielregeln, jedenfalls nicht an die Spielregeln, die sie für neu hält, weil sie zur Zeit ihres Urgroßvaters noch nicht galten.
Zum Beispiel: Getötet wird in fast jeder Fehde. So grausig und verabscheuenswert das ist — es ist üblich. Getötet darf aber nicht werden in einer Freistatt. Das ist Übereinkunft. Adela sieht solche Dinge nicht ein und hält sich auch nicht daran. Man kann einer solchen Einstellung Konsequenz nicht absprechen, aber gerade das ist es, was die Leute gegen sie aufbringt, weil es ihre eigene Inkonsequenz desavouiert ,weil es sie daran erinnert, daß sie in heidnischen Zeiten konsequenter lebten als unter dem Vorzeichen eines nur halbherzig angenommenen Evangeliums."
„Das mit dem Ritter in Elten war nicht sie, das war Balderich!"
„Balderich hätte sich das nie herausgenommen, wenn er nicht wüßte: sie billigt das! Außerdem war das nicht das erste und auch nicht das letzte Mal; es war dies nur das einzige Mal, daß eine solche Sache bis vor den Reichstag

gelangte. Adela legte es doch geradezu darauf an, Übereinkünfte zu mißachten! . . . .
Nehmen Sie ihre Heirat mit Balderich! Es mag ja noch angehen, daß eine Gräfin einen Ritter ehelicht. Aber daß sie einen Ritter nimmt, der zum Räuberhauptmann abgesunken ist, das ist schon keine Mesalliance mehr, das ist einfach gegen die Spielregeln der regierenden Familien!"
„Aber deswegen ist sie doch kein Untier!" sagte ich. „Jedenfalls nicht mehr Untier als die anderen auch!" fügte ich schnell hinzu, weil ich mich erinnerte, daß ich sie anfangs oft für eine Bestie gehalten habe, anfangs, bevor ich lernte, daß im germanischen Urwald vieles anders ist als zuhause.
„Ich behaupte ja nicht, daß sie ein Untier ist. Ich versuche nur, Ihre Frage zu beantworten, warum die andern sie für ein Untier halten!"
„Jetzt nennt man sie sogar eine Kindesmörderin. Medea nennt man sie, als ob Dirk ein kleines Kind gewesen wäre und als ob sie ihn absichtlich und dazu noch eigenhändig getötet hätte wie die Zauberin aus Kolchis ihre Kinderchen. In Wirklichkeit . . . ."
„Ich kenne Ihre Theorie vom aufgedrehten Automaten Dirk, Ihre Theorie, die dem Grafen Hugmann die Schuld an Dirks Tod gibt. Ich muß sagen, ich halte davon nicht viel, sie klingt mir zu unwahrscheinlich. Und hier vor dem Reichstag wird Adela erst recht nicht damit durchkommen. Will sie das allen Ernstes vorbringen?"
„Ich weiß nicht, wie Adela sich verteidigen will. Ich weiß nicht einmal, ob sie sich verteidigen will. Ich kenne sie nicht wieder, so apathisch sitzt sie in ihrer Kammer. Sie sagt mir kaum etwas, und wenn ich sie frage, was ich aussagen soll, schweigt sie ganz. Deswegen bin ich ja hier, weil ich Ihren Rat brauche. Ich will nichts aussagen, was ihr schadet!"
„Läßt sich irgendwie glaubhaft machen, daß sie noch nicht eingetroffen war, als . . . als das Unglück passierte?"
„Nein, auf keinen Fall. Alle haben es gesehen, wie sie auf der anderen Seite des Grabens stand, als ihr Ältester sich mit Jan von Wageningen schlug!"
„Schlimm, wirklich schlimm! Und sie hat nichts unternommen, es zu verhindern?"
„Wie sollte sie? Es ging alles so schnell! Wie sollte sie wissen, daß es einen Kampf geben würde, einen echten? Daß ihr sanftmütiger Dirk das Schwert ziehen würde — und nicht nur das! Er wußte es auch zu gebrauchen! Als das Gefecht auf der Zugbrücke anfing, war nichts mehr zu unternehmen. Ich habe mehr Schuld als Adela. Ich wußte, daß der harmlose Dirk gefährlich geworden war — und habe ihn nicht zurückgehalten!"

„Wenn das so ist, tut Adela vielleicht sehr klug daran, in ihrer Kammer zu bleiben und untätig auf den Gerichtstermin zu warten."
„Wieso das?"
„Meinwerk wird damit rechnen, daß sie zu verhandeln anfängt. Daß sie ihn durch Mittelsmänner bedrängt, die Klage zurückzunehmen, gegen Zahlung eines Wergeldes natürlich, eines gesalzenen Wergeldes!"
„Wäre das nicht das Klügere?"
„Nicht unbedingt. Mir scheint, daß Adela pokert. So nennt ihr doch dieses Spiel, bei dem es darauf ankommt, daß man seine Trümpfe nicht verrät."
„Was für einen Trumpf soll Adela noch haben?"
„Den, daß sie die Mutter des Klägers ist. So unbeliebt sie bei den Sachsen sein mag — ich glaube, kaum einer hier auf dem Reichstag hätte Verständnis für Meinwerk, wenn er auftritt mit einer Klage gegen sie; zumal ein Todesurteil fällig ist, so wie die Dinge liegen. Er wird darauf rechnen, daß sie Unterhändler schickt. Wergeld will er; Güter will er; das ist es. Er kann kein Interesse daran haben, daß man ihn den Sohn einer Hingerichteten nennen wird, erst recht nicht als Bischof. Und vor allem wird er es sich sehr überlegen, bevor er sich in die Lage begibt, sich nachsagen lassen zu müssen, daß er die eigene Mutter, die leibliche Mutter ans Richtschwert lieferte!"
„Das habe ich mir auch schon gesagt. Aber ich bin mir dessen garnicht so sicher. Er haßt sie!"
„So sehr?"
„So sehr!"
Heribert von Köln konnte sich das nicht vorstellen. Es nutzte auch nichts, daß ich die Geschichte erzählte von dem kleinen Knaben Meinwerk, der seine Mutter vergöttert hatte, sich für ihren ausgesprochenen Liebling hielt und eines Tages erfahren mußte, daß sie ihn weggab, dem Dietrich von Metz zu Gefallen, weit weg, nach Hildesheim.
„Das ist lange her!" sagte der Erzbischof und das Gespräch war beendet, ohne daß ich klüger geworden war.

Der Kaiser kam schulterklopfend nach Dortmund. Hoch recken mußte er sich dabei, denn er war klein von Gestalt. Bei uns am Bosporus würde er für mittelgroß durchgegangen sein, aber hier inmitten all der Hünen sah er aus wie ein Zwerg. Vergnügt blinzelten seine wasserblauen Augen — er genoß den Jubel, mit dem sein Volk einen so leutseligen Herrscher begrüßte. In der Konstantinsstadt hätte ein Basileus mit solchem Gehabe sofort jeden Respekt eingebüßt, aber in Germanien wird so etwas geschätzt.

Meinwerk stand unübersehbar breit unter denen, die ihm Willkommen boten. Er stahlte. Der Kaiser hatte geruht, ihn „Alter Esel" zu nennen. So familiär war er keinem anderen der sächsischen Großen gekommen. Alles lachte, denn jeder mußte an den Streich denken, den Heinrich dem Bischof im Jahr zuvor gespielt hatte, als er in Paderborn Quartier nahm und sich mit dem Meßbuch seines Schulfreundes aus Hildesheim beschäftigte. Latein war nie Meinwerks Stärke gewesen, aber die Geheimnisse der Syntax und der Grammatik, ja sogar die des fremden Wortschatzes hatte er nie enträtselt, auch nie zu enträtseln versucht. Schlimm genug, daß er Buchstaben hatte lernen müssen— wofür gab's Schreiber?! In Meinwerks Meßbuch hatte Heinrich radiert, im Kanon der Liturgie, an der Stelle, wo das Memento famulorum famularumque begangen wird, das Gedächtnis der Diener und Dienerinnen des Gottes. Zweimal die Silbe fa hatte Heinrich hinwegradiert und sich im hochfeierlichen Ostergottesdienst im von Meinwerk aus eigenen Gütern neuerrichteten Dom mitangehört, wie sein Schulfreund das Memento mulorum mularumque sang und so der Esel und Eselinnen des Gottes fürbittend gedachte. Bei uns zu Hause würde das Gelächter über einen solch unglaublichen Lapsus für einen Bischof tödlich wirken — hier hob es Meinwerks Prestige. Toller Kerl das, Haudegen, der das Schwert zu führen weiß und sich mit Schreibkram nicht abgibt, einer von uns! So dachten die sächsischen Grafen.

Der Kaiser setzte die Termine für die Verhandlung fest. Die Klage gegen Adela stand als letzter Punkt auf der Tagesordnung. Wahrscheinlich wollte Heinrich Zeit lassen, um einen Vergleich doch noch möglich zu machen.

Mit einem Mal war Adelas Untätigkeit wie weggeblasen. Vergleich? Was?

Sie schickte mich zu Heribert von Köln. Kommen solle er, sofort, es sei wichtig, auch für ihn.

Als er da war, begann sie, laut zu überlegen, was Meinwerk als Wergeld zustehen könnte.

„Riswyk könnte er beanspruchen. Nein, ganz nicht, aber die Hälfte. Und halb Durstede wahrscheinlich. Putten, halb Hilversum, Rees, Birten, Velp...."

„Soll ich also mit Meinwerk sprechen?" fragte der Erzbischof.

„Was soll es mit Meinwerk zu besprechen geben?"

„Nun, — daß du ihm Riswyk anbietest und...."

„Meinwerk?! Ich Meinwerk Riswyk anbieten? Wie kannst du nur auf eine so hirnverbrannte Idee kommen? Dir möchte ich es anbieten, der Kirche von Köln möchte ich es schenken. Und Rees und Birten und all das. Nichts soll davon übrig sein für den Herrn Sohn, wenn er mich unter's Beil gebracht hat!"
„Soweit wird er es nicht kommen lassen!"
„Du kennst ihn nicht! Er wird! Willst du nun Riswyk haben oder nicht? Und Rees und Birten und Velp und Setten und Stockum und Hilversum?"
„Du weißt nicht..."
„Willst du es haben oder nicht?"
„Ich würde die Interessen des Kölner Sprengels schlecht wahren, wenn ich nein sagte. Ich befürchte nur, du weißt nicht..."
„Du willst also! Dann laß uns keine Zeit verlieren! Schicke nach einem von deinen Schreibern, daß wir sofort einen Schenkungsvertrag machen!"
Es war ihr nicht anzusehen, wie schwer ihr der Entschluß wurde. Jedes Stück Besitz war ein Stück Macht und jedes Stück Macht war ein Stück Leben für sie gewesen. Mühsam hatte sie Lehen für Lehen das Netz ihrer Macht geknüpft. Jetzt begann sie es zu zerreißen — und konnte noch lachen dabei.
Vielleicht bedeutete die Macht ihr nicht mehr soviel, seitdem er ausgeträumt war, ihr Traum, in dem sie die niederländischen Gebiete frei von der Reichsgewalt und frei für eine Stammesverfassung alter Art gesehen hatte. Aus war der Traum gewesen in dem Augenblick, als Kaiser Heinrich alle ihre Verbündeten in den südlichen Niederlanden besiegt hatte. Lambert von Brabant war in der blutigen Schlacht von Florennes gefallen, der luxemburgische Schwager des Kaisers in seine Schranken gewiesen, Reginar von Hennegau war gestorben und der Graf von Flandern war so isoliert, daß er nicht mehr viel zu unternehmen wagte.
Das Siegel! Nein, Heribert von Köln hatte das Siegel der Kirche von Köln nicht bei sich. Adela bestand darauf, daß es geholt wurde, jetzt, sofort, nein, kein Aufschub.
„Hilversum werde ich nicht annehmen können!" sagte Heribert. „Es gehört zu den Gütern, die dein Vater dem Stift Elten zugedacht hat. Es ist dir zwar damals in Nimwegen zugesprochen worden, ich weiß, aber die Kirche von Köln darf nicht in den Verdacht kommen, sie wolle sich an Klostergut bereichern!"
„Dann bekommt Elten es zurück! Ehe Meinwerk es kriegt, bekommt Elten es. Viel Zeit ist nicht mehr, aber es wird gehen!"

Viel Zeit war wirklich nicht mehr. Der Termin der Klage Meinwerks gegen Adela stand unmittelbar bevor. Die Spannung in Dortmund stieg. Bis jetzt hatte es nur Routineangelegenheiten zu verhandeln gegeben. Aber das, das war eine Sache, in der es knisterte. Wetten wurden abgeschlossen, ob der Bischof von Paderborn die Klage gegen seine Mutter aufrecht erhalten würde.

Der Tag kam. Adela wollte erst ein schwarzes Kleid anlegen. Sie hatte es sich schon zurecht legen lassen. Ein Schwarzseidenes, mit einigen Silberfäden apart durchwirkt — es hätte gut zu ihrem seit Dirks Tod weißem Haar gepaßt und den Geschworenen den Eindruck einer Frau vermittelt, die durch das, was geschah, schon genug gestraft ist. Aber sie legte das Schwarzseidene wieder weg. Das Purpurrote mußte es sein, das mit dem Brokatbesatz.

Die Verhandlung fand im Freien statt unter einem riesigen Baum — ich glaube, es war eine Eiche. Es kann aber auch eine Linde gewesen sein. Jedenfalls war es ein uralter Baum von unglaublichen Ausmaßen. Drei Männer vermöchten den Stamm nicht zu umspannen, wurde erzählt. Früher haben die Deutschen derartige Bäume als göttliche Wesen verehrt. Und die christlichen Missionare sollen eigenhändig solche Baumungetüme gefällt haben, um die Nichtigkeit der germanischen Götzen zu erweisen. Und auch jetzt noch trauen die Deutschen einer Eiche oder einer Linde magische Kräfte zu, und halten es für der Rechtsfindung sehr förderlich, zum Gericht unter Bäumen zusammenzukommen.

Empörte Rufe stiegen zu dem weitausladenden Blätterdach hoch, als der rote Fleck sichtbar wurde, der rote Fleck mit dem weißen Tupfer darüber — Adela, niemand anders. Sie war allein. Jede Begleitung hatte sie abgelehnt. Sie kam rasch ausschreitend, als könne sie das Urteil nicht abwarten. Nur das weiße Haar verriet, daß sich da eine Greisin dem Thingplatz näherte.

„Mörderin!" riefen einige. „Mörderin!" Die Stimmen wurden mehr.

Ein alter Mann stand auf und stampfte mit einem knaufgekrönten Stab auf den Boden des mit Seilen abgesperrten Gerichtsplatzes. Er gebot Ruhe. Er tat es mit jener Würde, die den Barbaren bei Gerichtsverhandlungen eigen sein kann und die unserer weltstädtischen Justiz so oft abgeht. Denn unsere augurenlächelnden Richter wissen, daß das Recht nie eindeutig festzustellen ist und daß jedes Urteil auf einen Kompromiß hinausläuft. Die hier wußten das nicht. Wie immer ihr Spruch lauten würde, unangreifbar würde er sein und so wenig zu Fall zu bringen wie die Eiche,

unter der sie saßen.
Wieder stieß der alte Mann mit seinem Stab auf die Erde. Er stand jetzt unmittelbar vor dem Baumstamm. Nach einer Verneigung zum seitlich thronenden Kaiser streckte er den Stab in Richtung Adela aus.
„Hat jemand Klage vorzubringen gegen Adela von Elten, so trete er vor!" rief er im Tonfall eines liturgischen Gesanges.
Es wurde so still, daß deutlich zu hören war, wie der schwache Wind die Blätter bewegte.
Alle starrten zu Meinwerk hinüber.
Hochroten Kopfes saß er da, trotzig blickend.
„Sei kein Feigling!" hatten seine Freunde ihn bestürmt.
„Wer A sagt, muß auch B sagen!"
„Das ist d i e Gelegenheit!"
„Du machst dich ja lächerlich, wenn du die Klage zurückziehst, ohne etwas dafür bekommen zu haben!"
„Sie ist es selber schuld — warum hat sie dir keine Angebote gemacht, als es noch Zeit war?!" „Man kann ihr doch nicht alles durchgehen lassen!"
„Schön blöd stehst du da, wenn sie hier ungeschoren davonkommt!"
All diese Stimmen schienen sich im Wispern und Rauschen der Blätter vereinigt zu haben. Schwerfällig stand der massige Mann auf.
„Ich erhebe Anklage gegen Adela von Elten!" bellte er in die erschrockene Stille hinein. „Ich fordere Sühne für das frevelntlich vergossene Blut meines Bruders Dirk!"
„Wie heißt deine Anklage?"
„Sagte ich doch!" knurrte Meinwerk ärgerlich, „Blutschuld!"
„Mord also?"
„Ja — Mord an meinem Bruder Dirk, das ist meine Anklage gegen Adela von Elten!"
Er blickte um sich, erleichtert, daß es heraus war, und suchte die anerkennenden Blicke seiner Freunde. Aber da waren keine.
„Dir ist bekannt, daß darauf die Todesstrafe steht?"
„Was soll die Frage? Es ist nicht üblich, so zu fragen. Ich gebe die Frage als überflüssig dem Gericht zurück!"
„Du bestehst also auf deiner Klage?"
Meinwerk explodierte: „Beim neungeschwänzten Satan, hast du keine Ohren?! Ich habe meine Klage ordnungsgemäß vorgebracht und erwarte, daß das Gericht jetzt endlich darüber befindet!"
„Meinwerk von Paderborn, ich rufe dich zur Ordnung!

Nimm Platz, das Gericht nimmt deine Klage entgegen."
Meinwerk setzte sich beleidigt hin und wischte sich mit dem Ärmel den Schweiß von der Glatze.
Die mindestens zweihundertköpfige Versammlung hielt den Atem an. Jetzt mußte Adela befragt werden. Welchen Trick würde sie diesmal gebrauchen, um ihren Kopf zu retten? Irgendwie würde sie es schon schaffen, — jeder traute es ihr zu.
„Adela von Elten, du hast die Anklage gehört. Bekennst du dich schuldig?"
„Ich bekenne mich schuldig!"
Wäre ein Blitz aus heiterem Himmel in die Eiche geschlagen und hätte sie von oben bis unten zersplittert, die Mienen der unter ihr versammelten eingeborenen Stammeshäuptlinge hätte nicht entgeisterter sein können.
Die Verhandlung war beendet, ehe sie richtig begonnen hatte. Die Geschworenen brauchten nicht viel Zeit für ihre Beratung. Der Stab wurde gebrochen und Adelas Kopf war dem Henker verfallen.
„Und das Wergeld?! Sagt niemand etwas von dem Wergeld?"
Meinwerks Stimme kippte fast über, als er merkte, daß die verwirrten Geschworenen Anstalten machten, aufzubrechen.
Verärgert und mit verächtlichen Mienen setzten sich die Männer wieder hin.
„Was ist die Forderung?"
Meinwerk ließ durch einen seiner Bediensteten ein vorbereitetes Pergament zu den Bänken der Geschworenen bringen. Diesmal waren sie länger beschäftigt.
Als sie sich zum Spruch erhoben, stellte sich heraus, daß Adela mit fast hellseherischer Fähigkeit die Liste erraten hatte, einige geringfügige Abweichungen ausgenommen.
Velp wurde Meinwerk zugesprochen. Birten, Rees und Voorthuyzen, dazu halb Putten, Hilversum und Rijswyk.
Der Erzbischof von Köln wurde aufgerufen zur Gegenzeichnung. Er war der nächste Nachbar, was viele der zu übertragenden Besitzungen anging. Ihm stand es zu, mitzusiegeln.
Aber Heribert von Köln war nirgendwo zu finden. Einige wollten wissen, daß er ganz plötzlich und in großer Hast abgereist sei — Richtung Westen. Statt seiner unterzeichnete Hugmann.
Kaiser Heinrich lehnte es ab, am selben Tag noch das Urteil zu bestätigen.

Die Verhandlung sei zu kurz gewesen; er habe sich kein richtiges Bild machen können.
Heinrich war vorsichtig geworden. Seit einem Jahr pflegte er ein Urteil, das ans Leben ging, nicht sofort zu unterschreiben. Seit einem Jahr nicht mehr — denn vor einem Jahr hätte er beinahe das Leben der Kaiserin angetastet. In jäher Aufwallung seiner Eifersucht hatte er sie barfuß über glühende Pflugscharen geschickt, um sie ihre Treue unter Beweis stellen zu lassen. Ein Gottesurteil nennen die Barbaren so etwas. Sie wollen nicht wahrhaben, daß es Knoten gibt, die nicht zu entwirren sind. Was nicht zu entwirren ist, wird durchgehauen. Der makedonische Barbar Alexander hat es in Gordo buchstäblich vorgemacht.
Ist den germanischen Barbaren ein Rechtsfall zu kompliziert für eine eindeutige Rechtsfindung oder ist die Wahrheit zu sehr versteckt, dann muß bei ihnen der Gott herhalten. Rettet er den Beschuldigten aus einer verzweifelten Situation oder läßt er ihn im Zweikampf siegen, dann ist er unschuldig — ohne allen Zweifel: der Gott hat gesprochen.
Kaiserin Kunigunde hatte den Gang über das rote Eisen unbeschadet überstanden; sei es dank dem Gott, der manchmal seine Wunder auch dann tut, wenn sie provoziert werden; sei es dank der Trance, in der zu Unrecht Beschuldigte Unglaubliches leisten können. Heinrich jedenfalls scheute seitdem das schnelle Urteil wie die Pest.
Die Nacht war schrecklich. Ich durfte bei Adela bleiben und sie ließ es zu, daß ich ihre Kammer teilte.
Ich versuchte, mit ihr zu beten. Sie wollte nicht.
„Ich winsele nicht um Gnade — auch nicht vor Ihm!"
Ich war entsetzt. „Adela! Was sagst du?! Bitte . . . .!"
Sie schwieg.
Ich begann das Vaterunser in der Eingeborenensprache zu rezitieren.
Sie befahl, aufzuhören. Sie wollte nichts wissen von einem Vater, erst recht nicht von einem Vater, der sich Unser Vater nennen läßt und den man also mit anderen teilen muß. Schon als Kind hatte sie ihren Vater Wichmann nicht teilen mögen mit ihrer Schwester Liutgard.
„Mein Gott müßte mit mir hassen können" sagte sie schließlich, „mit mir Partei nehmen können müßte er gegen meine Feinde. Und er dürfte nicht verlangen, daß ich sagen muß: Vergib uns unsere Schuld wie auch wir vergeben . . . . Ich vergebe nichts. Meinwerk nichts. Und Hugmann nichts. Meinwerk ist schon gestraft. Wer an seinen Besitz rührt, rührt an sein Leben. Und ich habe dran rühren können, denn Heribert ist unterwegs.

Bleibt Hugmann.... Wenn ich hoffe, dem Beil zu entkommen, dann deswegen, weil meine Rechnung mit Hugmann noch offen steht!"
Kälte kroch von den Steinfliesen des Fußbodens hoch. Mein Mund war wie zugefroren. Ich fand keine Worte, sie zu trösten. Und dieses Schweigen war noch kälter als die Zugluft, die unter der zu kurzen Kammertür herstrich.
„Wie lange sieht man wohl noch etwas?" fragte sie plötzlich. „Ich meine, wenn der Kopf ab ist.... Ob man wohl noch etwas sehen kann, wenn der Kopf unten aufschlägt?"
Da erst begriff ich und fing an zu schaudern. Hätte ich doch weitergesprochen, über irgendetwas, über irgendetwas Belangloses vielleicht, wenn mir schon nichts Tröstendes einfiel und wenn ich schon nicht mit ihr beten durfte. Jetzt war es zu spät. Jetzt hatte sie angefangen nachzudenken über.... über Dinge, die dem menschlichen Denken verwehrt sind, schaudererregend und frevelhaft wie eine Fahrt über den Okeanos. Aber das tun sie ja.... Kalonymos ben Meschullam hatte es mir doch erzählt, damals in Köln im Basar des alten Manasse. Frevlerischerweise tun sie es, die Barbaren des Westens, über den Okeanos hinweg fahren sie, der doch als Grenze gesetzt ist von Urzeiten her. Vielleicht werden sie auch noch die Grenzen des Thanatos auspähen, vielleicht auch noch darüber hinweg spionieren, später einmal, wenn ihre Ärzte mehr gelernt haben. Vielleicht werden sie dann wissen, wie das ist mit einem Kopf, der schon dem Tod gehört und nicht mehr dem Leben.
Die Nacht war schrecklich, aber sie ging vorüber. Der nächste Morgen brachte das Tageslicht und die Begnadigung. Aber weder Adela konnte sich freuen noch ich. Es war wie nach einer Fahrt durch verbotene Gewässer, an fremde Gestade, dorthin, wo die Sirenen singen, deren Stimmen man nicht ungestraft zu hören bekommt.

Der Empfang auf Uflach war groß geplant, aber es wollte keine Jubelstimlung aufkommen, als Adela heimkehrte. Wer Augen im Kopf hatte zu sehen, der sah. Schlimm würde es werden. Uflach stand etwas bevor.
So hatte sie noch keiner gesehen. So verbittert, so grämlich, so ohne all den Charme, den sie entwickeln konnte, wenn sie wollte. Sie wollte nicht. Sie wollte nur noch eins: Rache.

Die Rache an Meinwerk war angelaufen und sie genoß sie. Man konnte ihr nicht genug von den Wutausbrüchen erzählen, in die ihr Jüngster geriet, als er Rees in Besitz nehmen wollte und Birten und Setten und Putten und als er all diese ihm in Dortmund zugesprochenen Orte schon fest in kölnischer Hand vorfand. Je weiter er nach Norden kam, desto rasender wurde er. Gegen Heribert von Köln wagte er nichts zu unternehmen. Aber als die Güter an die Reihe kamen, die Adela dem Stifte Elten übereignet hatte, glaubte er, mit starker Hand vorgehen zu können. Als ihm auf dem Berg Lare bei Wageningen versichert wurde, man habe sich schon rechtmäßig dem Kloster des heiligen Veit auf dem Eltenberg übergeben und man sei auch bereit, das auf die Reliquien der heiligen Cunera zu beschwören, da ließ er sieben von diesen Männern die Augen ausstechen und Vier von ihnen die Hände abhacken. In Hilversum hatte er eine solche Prozedur schon nicht mehr nötig. Dort brauchte er nur zu sagen „So also geht es Leuten, die schwören wie die von Lare!" — und man schwor ihm, was er nur wollte.

Adela hörte all diese Berichte mit grimmigem Vergnügen. Sollte er sich doch verhaßt machen, sollte doch sein Name stinkend werden in den niederen Landen, — sein ganzes Wüten würde ihm nichts nützen. Adela wußte, daß ihm auf die Dauer doch nichts anderes übrig bleiben würde, als Rückerstattung zu leisten.

In der Zwischenzeit war sie eifrig damit beschäftigt, den Köder für Hugmann auszulegen.

Jedem, der es hören wollte oder auch nicht, erzählte sie, sie habe noch einiges zu verschenken. Jeder könne es bekommen, der in der Lage sei, es gegen den Bischof Meinwerk von Paderborn zu verteidigen. Wenn nur Meinwerk es nicht kriege....

Sogar ihrer Erzfeindin, der Abtei Elten, habe sie Schenkungen gemacht. Aber leider scheine diese nicht stark genug zu sein, sich gegen Meinwerk durchzusetzen. Vielleicht gebe es Stärkere, vielleicht unter ihren ehemaligen Feinden....

Es war fast zu deutlich in Richtung Hugmann gesprochen.

Doch Hugmann schluckte die Lockspeise. Sein plumpvertrauliches Wesen ließ ihm die Gefahr, die ihm von Uflach her drohte, gering erscheinen. Man würde sich schon wieder vertragen mit der Alten — die Fehde ist vorbei. Und klein ist sie geworden, sehr klein. Auf der Hut würde man sein müssen, das ja. Aber.... der Köder war zu fett. Es sah ganz danach aus, als gebe es einiges zu erben. Das durfte man sich nicht entgehen lassen.

Als er mit seinem Troß angereist kam, blühten in den sumpfigen Niederungswiesen die Dotterblumen. Gelb war die Welt rund um Uflach, giftgelb, und eigentlich hätte ihn das warnen können. Aber auch die rote Bohle auf der Zugbrücke störte ihn nicht, die Bohle, die Adela in der Farbe des Blutes hatte streichen lassen, um die Stelle zu markieren, wo Dirk fiel. Einige Eingeborene haben nachher wissen wollen, daß Hugmanns Pferd an diesem Fleck gescheut hat. Ich habe nichts dergleichen feststellen können, und ich war dabei, als er einritt. Auch das Käuzchen habe ich nicht gehört, das am helligten Tag ausdauernd gerufen haben soll.

Adela gewann mit einem Schlag ihre Freundlichkeit als Gastgeberin zurück. Am Abend war der Palas hell erleuchtet, seit langer Zeit zum ersten Mal wieder. Becher kreisten, und Hugmann hatte ausgiebig Gelegenheit, alles Mögliche ausgezeichnet zu finden. Er besaß sogar die Geschmacklosigkeit, auf die überaus glückliche Heimkehr der Uflach'schen Hausherrin einen Toast auszubringen, der nach barbarischer Sitte in einem allgemeinen Gebrüll endete.

Adelas Augen funkelten grünlich, fast wie früher, wenn sie sich in ihrem Element fühlte, weil sie Gäste hatte. Aber ihr Element, das war jetzt Feuer. Die Augen flackerten gefährlich. — Ich sah es und hatte Angst.

Als die Gäste weg waren, — hinweggetorkelt oder hinweggetragen, je nach dem Grad der Bezechtheit — blieb sie vor dem Kamin sitzen. Die verkohlten Buchenscheite waren fast ausgeglüht — ihr Gesicht war es ganz.

„Er tut es nicht!" sagte sie mit ausdrucksloser Stimme. Hatte sie gemerkt, daß ich neben ihr stand, oder führte sie Selbstgespräche?

„Er tut es nicht, Anna! Ich habe dir ja schon oft gesagt, daß er ein Feigling ist trotz seiner verwegenen Nase. Der Kaiser, jammert er. Was wird der Kaiser sagen!? Ein zweites Mal rettest du deinen Kopf nicht, von meinem ganz zu schweigen!" Adela äffte dabei den mit zunehmendem Alter immer quäkender werdenden Tonfall Balderichs nach.

„Als ob es ihm um irgendetwas anderes ginge als um seinen Kopf, mag mit meinem passieren, was will. Ich will mich nicht beklagen. Ich wußte das, als ich ihn heiratete. Ich wußte, daß ich mich nur auf mich verlassen kann. Aber das, das kann ich einfach nicht, weil ich es nicht gelernt habe. Die grimme Hilde konnte es, die hat das Schwert gepackt und dem Högni den Kopf abgehauen, um ihren Sigurd zu rächen. Du kennst das Lied. Der lahme Gerbert hat es oft gesungen hier am Kamin, hier, wo ich jetzt sitze. Früher haben Frauen mit Schwertern umgehen können, haben das auch

wohl gelernt. Aber mir hat es niemand beigebracht, selbst Vater nicht, der mir doch kaum etwas abschlug, als ich ein junges Ding war und zu betteln verstand. Und ich habe so gebettelt...."
Aus den Scheiten züngelten blaue Flämmchen. Deutlich war das schwache Knistern zu hören, als Adela schwieg. Sie nahm einen Span, zündete ihn an der Glimmglut an und schrieb glühende Kreise in die Dunkelheit. Was sie währenddessen murmelte, klang wie eine Beschwörung. Ich verstand zuerst nur Bruchstücke.
„.... lebendig über die Schwelle.... lebendig nicht davon.... die Hölle .... schon!
Dich frißt nicht das Schwert, bist es auch nicht wert!
Aber dafür trifft Dich der Tod durch Gift!"
„Adela!" Wagte ich sie zu unterbrechen, zu Tode erschrocken. „Adela! Er ist dein Gast! Du hast mit ihm zusammen an deinem Tisch gegessen, Salz und Brot...."
„Habe ich nicht!"
Ihre Stimme klang plötzlich hell und triumphierend wie die eines Kindes, dem es gelungen ist, die Regeln eines Spieles zu seinen Gunsten auszulegen.
„Hast du nicht gemerkt, daß ich keinen Bissen geschluckt habe? Daß ich immer wieder aufgestanden bin, hier zum Feuer gegangen bin? Da liegt es! Da!"
Wahrhaftig, da lag es; alles durcheinander; Stücke Fasanenbraten, Brot, Apfelscheiben, alles bis zur Unkenntlichkeit verkohlt und aneinandergebacken. Ausgespieenes, tödliche Drohung für Hugmann, den Gast, — soviel verstand ich von den barbarischen Bräuchen.
„Und er hat nichts gemerkt. Hat seinen Met getrunken ohne Argwohn! Nein, keine Angst; noch hat er den Tod noch nicht in seinen Därmen. Aber morgen....! Morgen trinkt er die Hölle.... morgen schon!"
In der Nacht schlichen durch die Labyrinthe meines Hirns immer neue Pläne, wie Hugmann zu retten sei. Aber alle endeten sie in Sackgassen. Keiner fand den rettenden Faden.
Nicht, als ob es mir um Hugmanns Leben leid gewesen wäre. Wenn Adelas Rache ihn traf, — mir sollte es recht sein. Aber nicht so! Nicht hier auf Uflach! Uflach, meine Zuflucht inmitten der germanischen Wälder! Uflach, wo es sich einigermaßen zivilisiert hausen ließ in einer heizbaren Wohnung, die ich in nunmehr vierzig Jahren immer mehr den Bedürfnissen einer Byzantinerin hatte anpassen können! Uflach durfte nicht brennen. Und

brennen würde es mitsamt der Werkstatt, die ich nirgendwo anders mehr aufbauen konnte, wenn Hugmann hier Adelas Opfer wurde und gerächt werden mußte. Es gab nachher Zeiten, in denen ich mir einredete, es sei um Adela gegangen; darum, sie von einem Verbrechen abzuhalten, das sie ins Verderben stürzen mußte. Aber wenn ich ehrlich bin, muß ich sagen, es ging mir in erster Linie um Uflach. Ich wollte nicht noch einmal fort.
Schließlich wurde ich ruhiger und die Wanderungen meiner Pläne in den labyrinthischen Gängen mündeten in der dunklen Höhle des Schlafes, in die hinein aber immer wieder Träume wetterleuchteten, Träume von Feuer, Träume von Brand. Meinwerk war da, Meinwerk als Kind, neben Onkel Dietrich saß er, das Tuch in der Hand mit dem Pfau darauf, den Adela gestickt hatte, und die Kerze nicht weit, und es brannte, das Tischtuch brannte, der Palas brannte, Uflach brannte, alles brannte, brannte, brannte....
Feurio schrie ich, wurde wach und wußte, was ich zu tun hatte. Was Meinwerk damals gekonnt hatte, das konnte ich auch. Einen kleinen Tischbrand inszenieren ist nicht schwer. Und in der Aufregung einen Becher vertauschen auch nicht. Ich mußte nur dafür sorgen, daß auf meinem Platz ein Krug zu stehen kam, der so aussah wie der auf Hugmanns Platz. Adela pflegte im Palas meist zwei Sorten Krüge decken zu lassen. Die einen waren etwas schlanker als die anderen und mit einem Ringmuster verziert, die anderen waren dickbauchig schmucklos. Wenn Imma nur eine Sorte nahm, war alles gut. Wenn sie zweierlei nahm, Hugmann und ich aber gleiche Gefäße bekamen, auch. Wenn nicht, mußte ich irgendwie, bevor das Mahl anfing, die Krüge umtauschen — es müßte gehen.
Ich schlief ein, träumte wieder, wieder von Brand.
Am nächsten Morgen schlief Hugmann lange. Er war einer von denen gewesen, die aus dem Palas hatten herausgetragen werden müssen. Solange er schlief, konnte ich unbesorgt sein.
Um mich zu beruhigen, ging ich nach draußen, vor die Palisadenumwallung, über die Zugbrücke in die Uferwiesen. Die Nebel stiegen vom Rhein hoch, zerflatterten und gaben nach und nach einen Himmel frei, der so blau war, wie es hierzulande nicht blauer sein kann, blaßblau mit einem Stich ins Weiße. Ein ganz normaler Frühsommertag, der garnicht danach aussah, als habe er vor, Gräßliches zu bringen. Auch die Dotterblumen kamen mir nicht mehr so bedrohlich giftgelb vor — ich hatte das Gefühl, es würde gut gehen. Tief atmete ich die Luft ein, die vom Rhein herüberwehte; nach Meeresluft schmeckte sie wie immer.

Als ich zurückkehrte, wurde der Palas schon für das Mittagsmahl vorbereitet. Ich sah sofort, daß Imma zweierlei Sorten Krüge gedeckt hatte und daß an dem für mich bestimmten Platz ein schlanker stand, einer mit Ringmuster, an Hugmanns Platz aber ein dickbauchiger, glatter. Ich geriet nicht in Panik. Obwohl ich wußte, daß ich Imma damit auf die Nerven ging, machte ich mir während des Tischdeckens im Palas zu schaffen. Ich wartete einen günstigen Moment ab. Als für einen Augenblick alle Mägde gleichzeitig in der Küche waren, vertauschte ich rasch meinen Humpen gegen einen der anderen Sorte. Schon jetzt träufelte ich etwas von dem Bilsenkräutersud hinein, den ich Hugmann zugedacht hatte. Den sollte er trinken, nicht Adelas Gebräu. Der würde ihn nicht umbringen, beileibe nicht, aber zusetzen würde er seinen Eingeweiden, kräftig genug, ihn zu warnen und an schleunigste Abreise denken zu lassen. Jetzt mußte mir nur noch der Tausch gelingen.

Hugmann kam gutgelaunt zur Tafel. Adela hatte gestern Abend Andeutungen gemacht, Andeutungen .... Es sah so aus, als solle das hier ein äußerst lohnender Besuch werden ,ein über alle Erwartungen hinaus lohnender Besuch. Gestern abend war er schon zu benebelt gewesen, um alles ganz zu verstehen. Aber heute morgen hatten die Dünste und Schwaden sich verzogen und Adelas wohlberechneten Worte traten mit immer schärferen Konturen in seinem Gedächtnis hervor. Tolle Aussichten das! Wirklich!

Die Humpen waren noch leer. Adela wollte selbst einschenken. Das war nicht außergewöhnlich. Wenn Gäste da sind, die besonders geehrt werden sollen, geht die Gastgeberin selbst rund. Hugmann registrierte die Aufmerksamkeit und fühlte sich geschmeichelt.

„Hast du wieder dieses verdammt gute Zeug wie gestern abend? Ausgezeichnetes Zeug, das! Also das muß man dir lassen: lumpen läßt du dich nicht!"

Er hielt Adela seinen Krug hin. Dadurch machte er ihr es nur noch leichter. Niemand außer mir bemerkte es. Und auch ich sah nur, daß sie ihre Hand seltsam verkrampft hielt, während sie einschüttete. Wie sie es gemacht hat, weiß ich nicht. Daß sie es tat, erkannte ich an ihren Augen.

Jetzt war es höchste Zeit für mein Manöver. Die Kerze! Etwas näher die Kerze! Mein Mundtuch brannte sofort lichterloh auf dem Tisch. Gekreisch, Geschrei und Fluchen! Jeder starrte in das Feuerchen, und niemand sah, wie meine linke Hand den mir zugedachten Krug auf Hugmanns Platz schob, mit einer Geschicklichkeit, die ich mir selbst nicht zugetraut hatte. Was alle sahen, war dies: Die Griechin schüttete mit der rechten Hand ihren

Krug über den Flammen aus und löschte sie. Daß es nicht meiner war, sondern Hugmanns Krug, dessen höllischer Inhalt in die Flammen gegossen wurde, hatte niemand bemerkt, auch Adela nicht.
„Bravo! Ausgezeichnet gemacht, schöne Frau! Darauf müssen wir beide anstoßen! Etwas ist ja noch dringeblieben in deinem Krug von dem köstlichen Naß!"
Hugmann hielt mir seinen Humpen hin. Anstoßen sollte ich und trinken.... Den Tod trinken sollte ich, denn zwei Finger breit hockte Thanatos noch im Krug.
„Nun zier dich nicht so, schöne Griechin! Warum willst du nicht mit mir anstoßen? Gefällt dir meine Nase nicht?"
Ich betete zu Panagia um einen Ausweg. Panagia Theotokos, sag es mir, was ich tun muß, um zu entkommen.
Und Panagia sagte es mir. Ich tat, als fiele ich in Ohnmacht.
„Haben nicht viel beizusetzen, so verschrumpelte alte Griechenweiber, was?!"
Das war Hugmanns Stimme. Ich hörte alles genau, sehr genau. Ich hörte ihn schlucken, gierig und unmäßig, hörte sein erschrockenes Krächzen, sein Japsen, sein Stöhnen, den Tumult, alles.
Um mich kümmerte sich keiner mehr. Ich konnte ohne aufzufallen aufstehen.
Hugmann wurde auf die Gastkammer gebracht. Er krümmte sich vor Schmerzen. Schon wurde von Abreise gesprochen.
Imma störberte mich in meinem Versteck hinter dem Kornspeicher auf.
„Der Kaufmann schreit nach dir!" sagte sie. „Er will dich unbedingt sprechen."
Ich fand den Kaufmann Demetrios Polynikes aus Thessalonike in einem Verschlag, der als Kerker diente, blaß vor Furcht.
„Fräulein Chrysophora, nur Sie können noch helfen! Ich bin ein Mann des Todes, helfen Sie mir! Sie werden mir doch helfen?! Sie müssen! Griechen müssen doch einander helfen, nicht wahr? Ich flehe Sie an, helfen Sie mir! Siebzig Schläge mit der Lederpeitsche überlebe ich nicht!"
Ich bat ihn, genauer zu werden. Helfen könne ich ihm nur, wenn ich wüßte, worum es ging.
„Sie sind doch die Beraterin der Barbarenfürstin, pardon — der Fürstin Adela meine ich. Man hat mir gesagt, Sie seien ihre engste Vertraute und Sie hätten Einfluß auf sie. Hören Sie, meine Lage ist verzweifelt! Ich muß Ihnen gestehen, was ich getan habe. Vielleicht wissen Sie es schon. Ich habe

der Stammesfürstin ein Gift verkauft, ein außerordentliches Gift. Es wirkt nicht sofort. Es wirkt erst nach einer Stunde, plötzlich wie ein Blitz und ohne Würgen. Es sieht dann aus, als sei der Betreffende vom Schlag getroffen. Ich war meiner Sache ganz sicher. Siebzig Hiebe mit der Lederpeitsche gibt es, hat die Fürstin gesagt; siebzig Hiebe mit der Lederpeitsche, wenn die Sache mißlingt. Sie mißlingt nicht, habe ich gesagt, ich will die siebzig Hiebe bekommen, wenn es schief läuft. Und jetzt ist es schief gelaufen, gräßlich schief gelaufen! Ich begreife es nicht! Ich begreife es nicht! Sie müssen mir helfen, Anna Chrysophora, Sie heißen doch Anna, nicht wahr?! Bei der gütigen Mutter Anna, der Mutter der Panagia, helfen Sie mir! Die Fürstin wütet. Sie hat mich angeschrien. Stümper, hat sie geschrieen. Betrüger! hat sie mich genannt. Betrüger, mich, den Kaufmann Demetrios aus Thessalonike, einen Betrüger! Aber sehe ich nicht aus wie ein Betrüger, jetzt? Wie eines der allerplumpsten Gifte hat meine Ware gewirkt, und nicht einmal das! Sie hat ja recht, wenn sie wütet. „Nicht einmal ernstlich krank ist er", hat sie mir vorgeworfen, „aber gemerkt hat er es, und jetzt wird er abreisen. Ja er wird es können; sowenig hat dein Wundermittel gewirkt. Aber bei dir werden meine Mittel wirken, keine Wundermittel, altbewährte Mittel!" Oh ich zweifle nicht daran, Anna Chrysophora, ich zweifle nicht daran, die Peitsche wird wirken! Sie müssen mir helfen! Ich werde das nicht überleben! Ich flehe Sie an, besänftigen Sie die Fürstin!"

Er streckte die Arme durch das Gitter des Verschlages. Ich sehe noch immer sein Gesicht vor mir, sein rundes Gesicht, aus dessen Falten alle kaufmännische Klugheit hinweggeronnen war und das vor Entsetzen fast blöde aussah. Jede Einzelheit sehe ich, die Warze am Kinn, die zuckende Braue — denn er erscheint mir oft im Traum, immer noch, und droht mir und wirft mir vor, daß ich an seinem Tod schuld bin.

Ich hätte ihn retten können. Ich hätte nur Adela darüber aufklären müssen, warum das Gift des Demetrios Polynikes aus Thessalonike nicht wirkte wie gewünscht. Niemand anders als ich konnte es ihr erklären. Aber ich wagte es nicht. Ich, die Fremde, war ihre Vertraute geworden, hatte vieles zusammen mit ihr durchgestanden, angefangen von der Nacht, die wir eingeschlossen in der düsteren Abteikirche vor dem Sarg ihres Vaters verbrachten bis hin zu der Nacht in Dortmund, als ihr Kopf verwirkt war. In ihrer Wut war Adela unberechenbar. Möglich, daß das dann alles nicht mehr zählte; möglich, daß mein Kopf verwirkt war, wenn ich gestand, sehr denkbar war es.

Ich habe es ihr nicht gesagt. Ich bin zu ihr hingegangen, das ja, habe sie angefleht. Ich bin ihr zu Füßen gefallen, habe ihr die Füße geküßt, etwas, was ich weder vorher noch nachher je getan habe. Es nützte nichts.
Beinahe hätte ich es ihr dann doch gestanden. Aber ich sagte mir, daß Demetrios schließlich das Gift an Adela verkauft hatte, wohl wissend, daß es dazu bestimmt war, einen Menschen zu töten. Ich aber wurde nur unwissentlich die Ursache seiner Bestrafung. Wenn hier einer von uns beiden zu sühnen hatte, dann er. Ich sage mir das auch jetzt immer wieder, nachts, wenn er kommt, drohend mit erhobener Faust, aber es nützt nichts. Ich höre ihn, höre ihn schreien, höre ihn winseln, immer schwächer, immer schwächer, bis es dann still ist, grausig still.
Erst am Abend erfuhr ich, daß alles umsonst gewesen war, des Demetrios Tod und alles. Hugmann war nicht entkommen. Aufgebrochen war er, sofort als er sich zutraute, einigermaßen im Sattel sich halten zu können. Nein, kein Aufschub, er müsse weg. Nein, verdächtigen wolle er niemanden, natürlich nicht, aber man möge ihn ziehen lassen jetzt; ihm sei nicht gut, und er wolle seiner Gastgeberin keine Jammerrolle vorspielen. Nein, pflegen lassen könne er sich besser zuhause; diese plötzlich aufgetretene Übelkeit lasse sich da viel besser auskurieren. Nein, auch keinen Abschiedstrunk, er vertrage jetzt nichts, absolut nichts.
Am Abhang des Eltenberges war es passiert. Aus einem Hohlweg waren sie hervorgebrochen, die Totschläger, die Adela hinuntergeschickt hatte. Mit Hugmann hatten sie leichtes Spiel. Mein Bilsenkrautsud hatte ihn ziemlich angeschlagen. Er hing mehr auf dem Pferd, als daß er saß. Ehe er dazu kam, sein Schwert zu ziehen, waren sie schon über ihm. Und als seine Begleiter flohen, war er schon tot. Auch Balderich floh.
Auch Balderich hatte Uflach nicht retten können. Dreimal soll er es versucht haben, sagen die andern, die mit dabei waren. Dreimal soll er angesetzt haben, Hugmann zu warnen, ihm vorzuschlagen, einen anderen Weg zu nehmen. Aber dann hat er es doch nicht gewagt. „Wenn du ihn warnst, bist du selber dran!" hatte Adela ihm eingeschärft, als sie ihn in ihre Pläne einweihte. „Du kennst mich und du weißt, daß ich Wort halte!"
Uflach war verloren, alle wußten es sofort. Balderich war einer der ersten, die verschwunden waren. Kaum waren die Truppen des Bischofs von Utrecht in Sicht, war der Graf der Drente und des Hattuariergaues auf und davon. Er wußte, daß die Utrechter Truppen nicht die einzigen bleiben würden. Der Münsteraner war im Anmarsch und der Herzog Bernhard von Sachsen, der Vetter Hugmanns, beide mit großem Aufgebot. An Ver-

teidigung war nicht zu denken. Durch das Schilf soll Balderich sich davongeschlichen haben, wollen einige wissen. Die anderen jedenfalls wählten den Weg durch das Schilf. Wir sahen es, als die Utrechter vier von ihnen aufgriffen. Bald waren fast nur noch Frauen auf Uflach.
Herrliche Sommertage folgten. Der Himmel war heiter, kaum ein Wölkchen trübte ihn. Uflach lag so friedlich mitten im Schilf, als könne man ihm ansehen, daß die Handwerksleute des Krieges ausgezogen waren.
Allerdings, ihr Werkzeug hatten sie dagelassen; Lanzen, Speere, Pfeile, Bogen, Helme, Schilde in großen Mengen.
Als Adela uns vor der Waffenkammer versammelte, ahnten wir noch nicht, was sie vorhatte. Alle hatten kommen müssen, die Kinder ausgenommen. Die Mägde von der Küche waren da, die von den Ställen, die aus den Gärten; auch meine Mägde, die Weberinnen, die Spinnerinnen, die Stickerinnen — gerade kurz zuvor waren noch wieder einige eingestellt worden; weil wir uns ein großes Projekt vorgenommen hatten. Auch die wenigen Männer, die Uflach noch zählte, hatten antreten müssen, unter ihnen der Krumme.
„Das ist dein Helm, Anna! Setze ihn auf, ich möchte sehen. wie er dir steht!" Ich muß ein sehr entgeistertes Gesicht gemacht haben, als sie mir plötzlich ein topfähnliches Gebilde aus Eisen über den Kopf stülpte.
Im nächsten Moment dachte ich, sie sei von einem Augenblick zum andern wahnsinnig geworden — nicht zu verwundern bei ihrer aussichtslosen Lage. Sie lachte wie irr. Sie schüttelte sich vor Lachen. Es war unheimlich. Niemand lachte mit, nicht einmal Hadwig, die sonst bei jeder passenden und unpassenden Gelegenheit losprustete. Obwohl ich mit dem Topf ein äußerst lächerliches Bild abgeben mußte, blieb alles totenstill.
Erst als Adela mir einen Schild in die eine und eine Lanze in die andere Hand gedrückt hatte, begriffen wir.
Du siehst aus wie ein Krieger, Anna, wirklich! Wenn du jetzt noch dein Puffärmelkleid gegen einen Wams vertauschest, wird kein Utrechter dich für eine Hofdame halten! Den Schild noch etwas höher! Und die Lanze gerade, etwas mehr nach rechts! So ist's gut! So ist's prächtig! Na seht ihr, wenn schon die Anna wie ein Krieger aussehen kann, dann ihr anderen erst recht!"
Nun wurden Helme, Schilde und Lanzen verteilt und bald darauf sah es so aus, als habe Uflach wieder eine stattliche Besatzung.
Die Spannung löste sich. Erstes Gekicher war zu hören. Hadwig natürlich! Und einige riefen schon nach einem Spiegel. Mein Entsetzen löste sich

nicht so schnell auf.
„Adela!" rief ich durch das Mundloch meines Topfhelms und bekam einen Schrecken vor meiner eigenen Stimme, so dumpf klang sie. „Adela wir können doch nicht kämpfen! Ich kann doch nicht kämpfen! Adela, das weißt du doch!"
Dann lieber brennen, dachte ich. Dann lieber auf Uflach verbrennen wie schon so oft in meinen Träumen; fast war ich es schon gewöhnt zu brennen. Aber nicht kämpfen! Nicht kämpfen! Das nicht! Nicht sehen müssen, wie der Tod ankommt und dann sieht er aus wie ein Mensch, wie ein Mensch, der zuschlägt oder zusticht. Nichts ist grausamer als der Mensch, nicht einmal das Feuer.
„Wer sagt denn, daß ihr kämpfen sollt, Anna? Als Krieger dastehen sollt ihr, oben auf dem Wehrgang. Die Utrechter werden glauben, daß wir noch Manns genug sind, uns zu verteidigen. Ihr müßt nur wie Männer aussehen. Wenn ihr nur bedrohlich genug ein paar Mal mit euren Lanzen in die Luft stecht, vielleicht — wer weiß — vielleicht ziehen die Utrechter wieder ab. Ein bißchen üben werden wir noch müssen. Gertrud, du hälst den Schild nicht richtig! Mehr nach rechts, noch mehr nach rechts! Ja, so!"
Wir mußten noch vieles üben. Wir mußten üben, uns zu bewegen wie Männer, das war garnicht so einfach. Stampfend auftreten — nie hätte ich gedacht, daß ich das je würde lernen müssen. Der Schild wurde mir schnell zu schwer, aber ich biß die Zähne zusammen und hielt durch.
Auch Adela hatte einen Helm aufgesetzt, einen Helm mit aufklappbarem Visier. Sie sah zum Fürchten aus, mit ihrem vogelkopfähnlichen Greisinnengesicht, dem wirren weißen Haar, den fanatisch brennenden grünblauen Augen, dem bitteren Mund und alles das jetzt in Eisen gepackt. Auch sie trug einen schweren Schild. Sie trug ihn so vor sich hin, als wäre sie ein junger Mann, der so etwas tagtäglich tut.
Da unsere Stimmen nicht verändert und umgetönt werden konnten, mußten die wenigen auf Uflach verbliebenen Männer sich darin üben, ein möglichst effektvolles Drohgebrüll zu produzieren. Dabei stellte sich überraschenderweise heraus, daß die Stimme des Krummen für die fälligen Kommandos am geeignetsten war. Er, der Experte für Schweinekrankheiten, wurde zum Komandanten der Burg Uflach ernannt. Er hatte zwar nichts zu sagen; die Komandos gab Adela; aber er durfte, für Utrechter Ohren bestimmt, seine Stimme als die des Kommandanten erschallen lassen.
Als die zwei Utrechter Unterhändler an den Graben heranritten, lag Uflach wie ausgestorben. Die Kinder waren in eine Scheune gesperrt worden. Wir

hockten schweigend hinter der Palisadenbrüstung hoch oben auf dem Wehrgang. Mich alte Frau hatte es viel Mühe gekostet, hochzuklettern. Den Schild habe ich nicht selber mit hochbringen können. Ich habe es versucht, aber es ging nicht, ich wäre beinahe mit dem schweren Ding die Leiter hinabgefallen. Hadwig hat ihn mir gebracht, als ich oben angekommen war. Auch die Lanze ließ ich mir nachreichen.

Schweigend hockten wir auf dem Wehrgang, hinter der Brüstung versteckt. Die beiden Utrechter Ritter hielten am Wassergraben an. Wir hörten ihre Pferde schnauben. Wir hörten die beiden miteinander tuscheln. Aber von Uflach kam kein menschlicher Laut.

„Laßt die Zugbrücke herunter! Wir wissen, daß die Männer weg sind, die meisten jedenfalls! Liefert uns die Mörderin Adela aus! Dann lassen wir Uflach in Frieden!"

Keine Antwort. Eine Ente strich schnarrend davon. Ansonsten blieb alles ruhig. Mit Mühe konnte ich ein Hüsteln unterdrücken. Kein menschlicher Laut von Uflach.

„Du, die sind alle weg! Mit Kind und Kegel! Die Weiber auch! Sollen wir mal rüber?"

Jetzt hielt Adela die Zeit für gekommen. Wir rappelten uns hoch, ich mit unwahrscheinlicher Anstrengung, gichtig wie ich geworden war seit mehr als fünf Jahren schon. Im nächsten Augenblick starrte Uflach von Waffen, Lanze neben Lanze, Helm neben Helm, Schild neben Schild. Meine Lanze stand exakt im richtigen Winkel und mein Schild hatte genau die vorgeschriebene Höhe.

„Keinen Schritt näher!" rief der Krumme mit furchtbarer Stimme. Niemand von uns hatte sie ihm zugetraut.

Die Utrechter stierten uns blöde an, Die Mäuler weit auf vor Erstaunen. Wenn sich plötzlich vor ihnen die Erde bis zum Hades hinab aufgetan hätte, sie hätten nicht entgeisterter dreinblicken können. Der auf dem Schimmel kam als Erster wieder zu sich.

„Spuk!" rief er. „Zauberei! Komm Udo! Nichts wie weg hier! Die Alte war schon immer mit dem Teufel im Bunde!"

Und sie stoben davon, als sei Wotan mitsamt seiner wilden Jagd höchstpersönlich hinter ihnen her.

Zuerst dachten wir, wir wären die Utrechter Belagerer los. Aber sie blieben. Die Sachsen konnten nicht mehr weit sein; Boten hatten ihr Kommen schon gemeldet. Die Sachsen wollten sie erst abwarten. Wer weiß, vielleicht wußten die Rat.

Und wenn schon, dann wollte man lieber mit den Leuten von der Weser und der Elbe gemeinsam abrücken; dann war die Blamage geteilt. Dann war die Chance nicht ganz so groß, daß die Utrechter Gegenstand von Spottgesängen würden, weil sie vor einer alten Frau Reißaus nahmen. Sie wußten, so etwas verbreitet sich in Windeseile quer durch die germanischen Urwälder.

Die Sachsen kamen in großen Scharen, mit ihrem Herzog Bernhard Billung voran, bis an die Zähne bewaffnet und nach Rache begierig; war es doch ein Sachse gewesen, einer der Ihren, ein Billunger gar, ein Vetter des Herzogs, den die Franken meuchlings ermordet hatten, angestiftet von der abtrünnigen Sächsin Adela, die soeben erst in Dortmund ihrer Rache entkommen war. Aber jetzt - jetzt war sie dran, diese mißratene Tochter des edlen Sachsen Wichmann, die so oft der Sache der Sachsen geschadet hatte. Da mochten die Utrechter mit ihrem abergläubischen Gerede von der Gespensterbesatzung auf Uflach unter dem Kommando der Hexe und Zauberin Adela kommen - was ein echter Sachse ist, der fürchtet auch den Teufel nicht.

Allerdings wagten auch die Sachsen keinen Sturmangriff. Sie hielten sich in respektvoller Entfernung.

Jeden Morgen schickte uns Adela aufs Neue auf den Wehrgang. Die Gebrechlichsten unter uns — wegen meiner Gicht gehörte ich dazu — brauchten nicht mehr die Leiter zu erklettern. Wir durften uns in einen Korb setzen, der mittels eines Flaschenzuges hochgezogen wurde.

Jeden Morgen, wenn die Niederungsnebel zergangen waren, bekamen die Utrechter, die Münsteraner und die Truppen des sächsischen Herzogs den rätselhaften Anblick einer Burgbesatzung geboten, die, wenn es mit rechten Dingen zuging, eigentlich nicht dasein durfte, aber doch offensichtlich vorhanden war und auch nach heftigstem Augenreiben nicht verschwinden wollte. Pfeile wurden von Uflach abgeschossen, sobald einer zu nahe an die Palisadenumwallung herankam. Die wagemutigsten Männer lasen sie aus dem Schilf auf, damit sie im Heerlager daraufhin untersucht werden konnten, ob irgendwelche Anzeichen auf höllischen oder zauberischen Ursprung deuteten; aber es waren immer ganz normale Pfeile.

Als gemeldte wurde, daß der Kaiser sich gegen Uflach in Marsch gesetzt hatte, wußte Adela, daß sie ihr Spiel nicht weiterspielen konnte. Die heilige Lanze kam. Der Kaiser führte sie bei sich, die Lanze, in die der Kreuzesnagel unseres Kyrios Jesus Christos eingeschmiedet ist, und ihre Spitze war jetzt gegen Uflach gerichtet. Der Mut der Sachsen wuchs.

Adela schickte Unterhändler. Ich war unendlich erleichtert. Ich hatte sie die ganze Zeit über in Verdacht gehabt, sie würde uns doch noch in den Kampf schicken, wenn es Ernst wurde, wenn der Sturmangriff kam. In der Küche standen Tag und Nacht Kessel mit Pech über dem Feuer, damit sie zur Hand waren, siedend, brutzelnd und Blasen werfend, wenn sie anrückten mit Sturmleitern und Brandfackeln.
Die Unterhändler brauchten mehrere Tage. Immer wieder kamen sie zurück, um sich neue Instruktionen zu holen. Viel war es nicht, was sie bei den Verhandlungen herausschlagen konnten. Aber immerhin: Adela hatte wieder einmal ihren Kopf gerettet. Freien Abzug sollte es geben für Adela und die gesamte Besatzung der Burg Uflach. Auf eine Anklage wegen Mordes an Hugmann Billung wurde verzichtet.
Der Abschied von Uflach stand nun an. So lange schon hatte ich kommen sehen, daß Uflach brennen muß, ein zweites Mal. Ich war alt darüber geworden, grau und gichtig, und manchmal hatte ich gemeint, ich käme daran vorbei, hatte geglaubt, Freund Thanatos käme eher als dies. Jetzt aber war es doch soweit.
Ich ging in die Werkräume. Ich streichelte die Webstühle, treue Gefährten all die Jahre hindurch. Stück Stoff um Stück Stoff hatten sie Griechenland lebendig werden lassen mitten in den germanischen Sümpfen. Einige Arbeiten waren noch nicht beendet.
Im Webrahmen steckten noch einige halbfertige Pfauen. Sie waren noch immer Adelas Lieblingsmuster. Überdrüssig war es mir schon geworden, Pfauen, immer nur Pfauen! Jetzt aber würde ich gerne immer nur Pfauen knüpfen, nichts als Pfauen, Schwärme von Pfauen, Wolken von Pfauen, Myriaden von Pfauen, wenn ich nur bleiben dürfte....
Als ich Adela den Vorschlag machte, die Behänge von den Wänden zu lösen und mitzunehmen, die kostbarsten jedenfalls, wollte sie nichts davon wissen.
„Die gehören zu Uflach, und so sollen sie auch mit Uflach brennen!"
Sie war nicht davon abzubringen, obwohl sie sich ausrechnen konnte, daß sie sehr bald dergleichen gut brauchen konnte, um es zu verkaufen. Viel mehr als das nackte Leben konnte sie diesmal nicht retten.
Ich packte mein Bündel und überlegte lange, was ich mitnehmen sollte. Schließlich tat ich doch fast nur Stickmaterial hinein, Goldfäden, Seide. Das Psalterion tat ich hinzu und die elfenbeinerne Pyxis, die mir meine Mutter beim Abschied am Goldenen Horn schenkte, kurz bevor ich an Bord ging.

Gegen Abend wurde die Zugbrücke heruntergelassen. Wir standen bereit, ohne Schilde und ohne Lanzen diesmal, aber die Helme noch auf. Es war ja die Besatzung, die freien Abzug gewährt bekommen hatte. Als Mägde hätten wir zur Beute gezählt.
Die Sachsen, die Leute des Bischofs von Münster und die des Utrechters starrten uns an, als wären wir Fabelwesen. Wir waren die eigenartigste Truppe, die sie je zu Gesicht bekommen hatten und sie betrachteten uns mit einer Mischung von Verblüffung und Ärger, mit sehr starker Verblüffung und noch stärkerem Ärger. Behelmte Köchinnen, Büglerinnen, Stallmägde, Weberinnen, Stickerinnen, teils gichtige, teils hinkende Amazonen, eine kokett trippelnde, wieder konnte es Hadwig nicht lassen — sie wollten ihren Augen nicht trauen.
Als schließlich Adela über die Brücke kam, groß, mit hochgerecktem Kopf, mit Kettenhemd und Helm verkleidet und doch unverkennbar Adela, verzerrten sich die Gesichter der Sachsen zu wütenden Grimassen. Ich starb fast vor Angst, als ich durch dieses Spalier des Hasses hindurch mußte, durch dieses rote Meer der aufgestauten Wut, das zu beiden Seiten der uns freigegebenen Gasse brodelte und schäumte und geiferte, und das jeden Augenblick über uns zusammenschlagen mußte.
Herzog Bernhards Stimme überschlug sich. „Angeführt hast du uns, Adela von Elten, Mörderin meines Vetters". Was er sonst noch sagte, ging im Wutgebrüll der Sachsen unter. Aber es war ohnmächtige Wut, was sie heulen ließ. Unnütze Wut war es; die Fäuste drohend zu schütteln brachte nichts, und als mit Schwertern gefuchtelt wurde, gab es nur Luftstreiche. Trotzdem zitterte ich vor Furcht. Ich wagte nicht mehr zu hoffen, lebendig aus der uns umdrängenden aufgebrachten Meute herauszukommen. Aber sie ließen uns durch. Ich stolperte, so gut und so schnell ich konnte, mit den anderen mit, bis wir uns auf dem Weg wiederfanden, der nach Emmerich führt.
Es war Abend und die Sonne hing tief über dem Rand der Welt, der hier nicht weit weg sein kann. Man spürt seinen Sog hier. Man spürt hier den Sog des Okeanos, beständig spürte man ihn, manchmal nur als ein leises Ziehen, manchmal mit Wucht, so wie jetzt. Vom Emmericher Weg aus hatte ich schon oft die Sonne über Uflach herabsinken sehen können. Von Griechenland her bin ich es gewöhnt, daß sie dabei den westlichen Himmel rot entzündet. Aber an das da habe ich mich nie gewöhnt, an den tiefroten Ball, der da hängt, viermal so groß wie die gewöhnliche Sonne, an den Feuerkreis, der ausufernd sein Umgebung mit unglaublichen Tinten färbt.

Immer wieder meinte ich, jetzt müsse es zünden, jetzt, wenn die rote Riesenscheibe ins Schilf fällt, aber dann hatte jedesmal die Burg Uflach auf ihrer künstlich angeschütteten Höhe zwischen den beiden Armen des Rheins schwarz und unberührt sich vom langsam, sehr langsam trüber werdenden Horizont abgehoben.
Diesmal jedoch — jetzt zündete es, jetzt, als die rote Scheibe auf Uflach fiel, jetzt züngelte es hoch, rot, röter, röter noch als das Abendrot. Die Sachsen hatten rasch geplündert und was sie übrigließen, fraß die Flamme. Enten stoben aus brennendem Schilf hoch und flohen in Richtung Emmerich — wie wir.
Adela schaute nicht zurück. Ich konnte nicht anders, ich mußte hinsehen.
Ich wußte sofort, daß ich Heimweh haben würde, Heimweh nach Uflach, Heimweh nach dem vergoldeten Schilfnest im Sumpf. Es würde ein anderes Heimweh sein als das, das ich für die Konstantinsstadt empfinde, aber es würde da sein — ich wußte es sofort.
Vor dem sehr allmählich, sehr langsam, viel langsamer als zuhause in Griechenland sich eindunkelnden Abendhimmel sah ich Flammenzungen von Uflach wegflattern. Das waren die goldenen Pfauen, das waren die Seelenvögel des Ostens, die davon flogen. Nie mehr würden sie nach Uflach zurückfinden. Die Enten würden zurückkommen, aber sie nicht. Und ich nicht....

IV. Teil

Ich sitze am Rhein und schaue flußabwärts, starre in Richtung Uflach. Die bizarren Wolkenschiffe über mir segeln dorthin, das Flußwasser unter mir fließt dorthin — und auch Adela schwimmt nach Uflach, bald müßte sie da sein, vierzehn Tage ist es her. Und sechzehn bis zwanzig Tage braucht der Rhein, um eine Leiche von Köln bis zu dem Ort zu bringen, wo bis vor einem Jahr Uflach stand.

Ich sitze und schreibe. Heribert hat es mir aufgetragen. Aufschreiben soll ich, was ich über Adela weiß, alles, was ich in den vierzig Jahren auf Uflach mit ihr erlebt habe.

Er hat mir Schriften gezeigt, die unter der Hand an der Domkurie kursieren. In Paderborn verfaßte Schriften sind es, Schmähschriften über Adela, die Mutter des hochverehrten Bischofs Meinwerk, des Vaters und Neubegründers des Bistums an der Pader, das unter ihm zu neuer Blüte wuchs wie in längst vergangener Zeit, als es in der Gunst des großen Karl stand. Über die Giftmischerin Adela war dort zu lesen, über die abgründig böse Mutter des vorgenannten verehrungswürdigen Bischofs Meinwerk. Gift habe sie gereicht ihrer eigenen Schwester, der hochedlen Äbtissin Liutgard vom Reichsstift Sankt Vitus zu Hochelten, schnöden Gewinnes wegen in ihrer unersättlichen Habgier. Ja, sie habe sich nicht einmal gescheut, ihren eigenen Sohn zu töten, Dietrich, den Grafen der Betuwe und des westlichen Hamalandes, den vielgeliebten und heiß beweinten Bruder des oben genannten Bischofs. So wie es da geschrieben stand, mußte der Leser vermuten, auch Dirk sei vergiftet worden von der Frau, die sich mit dieser Tat bei dem Verfasser den Titel einer deutschen Medea einhandelte. Als ihr letztes Opfer habe Hugmann Billung bluten müssen, die Zierde des Sachsenlandes, der meuchlings unter den Schwerthieben der von Adela gedungenen Mordbuben fiel, als er gerade einem ihrer Giftanschläge entronnen war. Ein Dämon sei sie in Menschengestalt. Und so einer, so einer Herodias, so einer Zauberin, so einer Mörderin über alles Mördermaß hinaus; so einer gebe der Erzbischof Heribert von Köln Asyl in seiner Stadt; und nicht nur das, er gebe einer solchen Heidin auch noch eine Domherrenpfründe und ihrer griechischen Magd noch eine dazu! Da könne man sehen, was für ein Reichsfeind dieser Erzbischof sei, der den Stuhl des ehrwürdigen Brun verunziere. Nachdem er schon damals dem Kaiser Heinrich die heilige Lanze herauszugeben verweigert habe und im Gegensatz zum jetzigen Kaiser immer ein Polenfreund gewesen sei so wie sein unseliger Freund Kaiser Otto III, zum Schaden des Reiches und vor allem zum Schaden der Sachsen,

nehme es nun nicht wunder, daß er zu dieser Feindin des Kaisers und erst recht der Sachsen stehe.
Es ist Abend und wieder flammt der Himmel. Er tut es nicht ganz so titanenhaft wie bei Uflach; Köln liegt doppelt so weit vom Rand der Welt entfernt und der Sog des Nichts, der chaotische Atem des Okeanos ist hier nicht mehr so unmittelbar zu spüren.
Meine Seele wandert den Rinnsalen des Gedächtnisses entlang nach Uflach, mit den Wellen des Rheins und hinter Adela her, aber wenn sie ankommt, meine Seele, dort hinten tief im Norden, da brennt es, immer noch brennt es, es hat immer schon gebrannt auf Uflach, wenn mein verwirrtes Gedächtnis recht hat. Natürlich hat es nicht recht, aber ich habe große Mühe, mir vorzustellen, wie das war, als Uflach ohne zu brennen dalag im Schilf, nicht viel anders anzusehen wie andere Grafenburgen der Eingeborenen auch; von außen jedenfalls, denn innen nisteten die goldenen Pfauen.
Den größten Teil meines Lebens habe ich auf Uflach verbracht, vierzig Jahre von fünfundsiebzig. Ich kann nicht alles aufschreiben, was ich dort erlebt habe, ich muß auswählen, das Wichtige vom weniger Wichtigen sondern, damit ein Überblick bleibt in dem an Turbulenzen überaus reichen Leben Adelas. Ich habe mit Heribert vereinbart, daß ich drei Jahre herausgreife, das Todesjahr Wichmanns, das Todesjahr Liutgards und das Todesjahr Dirks, drei Schicksalskehren in Adelas Leben, drei Wendepunkte, von denen aus sich das Ganze überblicken läßt. Diese Einteilung will ich auch dem Bericht zugrunde legen, den ich für meinen Neffen verfassen will, den Lehrer Georgios Chrysophoros in Chalkedon. Er ist der einzige Sohn meines verstorbenen Bruders Theodoros und leitet eine im westlichen Anatolien gut renommierte Schule. Vielleicht kann er einiges verwenden, wenn er im Unterricht über die Länder·der westlichen Barbaren zu sprechen hat. Aber zuerst und wohl auch hauptsächlich schreibe ich für mich selbst.
Anfangs hatte ich vor, meinen Bericht mit Uflachs Brand schließen zu lassen. Für Heribert würde das genügen. Das Übrige, das, was hier in Köln geschah, hat er selber miterlebt. Und auch für Georgios und seine Schüler in Chalkedon könnte die Einäscherung Uflachs einen wirkungsvoll barbarischen Abschluß abgeben. Zudem und vor allem wäre es ein Ende gewesen, das zu Adela paßte.
In der ersten Zeit hier in Köln hat sie mit sich selber gehadert, daß sie nicht geblieben ist, daß sie nicht abgewartet hat, bis sie kamen, die Flammen, um Uflach zu fressen und Uflachs Herrin dazu. So wie sie die brünnene Hilde fraßen auf ihrem Scheiterhaufen und die grimme Hilde auch, die

Heldinnen der barbarischen Eingeborenenlieder. Eine Zeit lang war es auch mir so vorgekommen, als sei sie zusammen mit Uflach doch eigentlich schon gestorben, habe sich selbst überlebt hier in Köln, laufe nur noch wie eine lebendige Tote herum.

Aber wäre Uflach ihr Scheiterhaufen geworden und hätte sie wie die beiden Hilden, die brünnene und die grimme, den heidnischen Triumph, den vermeintlichen Triumph einer Apotheose im Feuertod auskosten dürfen, zu spät wäre es dann für sie gewesen, einzutauchen in die Wasser der Gnade, in die Quelle des lebendigen Wassers, das ausgeht von unserem Kyrios Jesus Christos und das stärker ist als alle Feuer der Hölle. In Köln begann es ihr zu fließen.

Viele Demütigungen allerdings wären ihr erspart geblieben, wenn sie in Uflach geblieben wäre, Asche im Schilf. Schon in Emmerich hatten sie begonnen, schon auf der ersten Station unserer Flucht. Der Propst der Emmericher Martinskirche, Archidiakonos und einer der bedeutendsten Kleriker des Utrechter Bistums, war geweckt worden, denn es war schon Nacht geworden, als wir kamen und am pröpstlichen Hoftor pochten. Er versteckte seinen Ärger einigermaßen hinter höflichen Worten. Es sei ihm eine Ehre, der Fürstin in der Not helfen zu dürfen und wenn sie sein Dach als das ihre betrachten wolle.... Das viele Gesinde allerdings — soviel Platz sei hier nicht.

Es war Platz genug in der riesigen Scheune des zur Emmericher Propstei gehörigen Hofes, Platz genug, um für eine Nacht das gesamte Gesinde Uflachs zu beherbergen. Aber die Scheune blieb zu.

Adelas Anfrage war kein Befehl mehr wie früher, nicht für den Propst von Emmerich und für keinen anderen. Adela tat sich schwer damit, das zu lernen.

Noch in der Nacht mußte sie ihr Gesinde auflösen, da sie ihm keine Unterkunft mehr verschaffen konnte, nicht einmal mehr eine notdürftige in der pröpstlichen Scheuer. Jeder, der sich jetzt mit Handschlag von ihr verabschiedete, als sie auf den Stufen der Propstei saß, bekam von ihr ein Goldstück als Abfindung. Zweihundert Goldstücke hatte sie in ihrem Beutel aus Uflach herausretten können, so daß ihr noch achtundvierzig blieben. Sie hatte noch nicht begriffen, daß sie, von jetzt ab, mit jedem Goldstück würde rechnen müssen. Mir gab sie nichts. „Du gehst mit nach Köln!" bestimmte sie, mit einem ersten ungewohnten Unterton, der nach Frage klang.

Wie es uns in Köln ergangen wäre, hätte Heribert nicht für uns gesorgt, wage ich nicht auszudenken. Aber Heribert erinnerte sich. Nicht alle erinnern sich, wenn der Geber vergangener Gaben vor der Tür steht und selber Gaben braucht; erst recht nicht, wenn es unpopulär ist, sich zu erinnern und dementsprechend zu handeln. Aber Heribert ist gerecht, er hörte nicht auf Volkes Stimme, nicht auf's Domkapitel, nicht auf die wütenden Sachsen und erst recht nicht auf die Abgesandten Meinwerks. Es war sehr unpopulär, was er tat, denn Adelas Ruf war in Köln nicht besser als in Dortmund — Meinwerks Propaganda hatte gewirkt. Als Adela die Einkünfte aus zwei Domherrenpfründen zugesprochen wurden, war die Empörung allgemein.

Ein Dach hatten wir damit überm Kopf. Genau genommen hatten wir zwei; denn zwei mit den Pfründen verbundene Dienstwohnungen waren es, die uns zur Verfügung standen, eine sehr nahe am Dom, die andere in der Rheinvorstadt. Wir hätten eine davon vermieten können, wenn wir jemanden gefunden hätten, der es wagte, das Odium auf sich zu nehmen, bei der Teufelin in Menschengestalt in Miete zu gehen. Aber wir fanden keinen.

Wir wählten die Wohnung am Rhein, nicht die am Dom. Adela mochte nicht Tür an Tür mit all den Klerikern wohnen, nicht mit den Domherren, die es Heribert nicht verzeihen konnten, daß er dem Kapitel der Kirche des heiligen Petrus zu Köln diese Schande antat; und erst recht nicht mit denen, die noch keine Domherren waren, es aber gerne werden wollten, und die die beiden Stellen, die zur Zeit frei waren, samt ihren Einkünften durch Adela besetzt sahen.

Die Wohnung am Rhein ist geräumig und ich hoffe, daß ich sie behalten kann. Die beiden Domherren, die sofort nach Adelas Ableben ernannt wurden, legen keinen Wert darauf in die ominöse Wohnung einzuziehen, in der bis vor kurzem diejenige lebte, deren Leiche der Erde vorenthalten wurde, dem Feuer entkam und nun dem Wasser des Rheins gehört.

Heribert hat mir angedeutet, daß ich an Umzug nicht zu denken brauche, auch wenn die Einkünfte aus den Pfründen jetzt natürlich gestrichen werden.

Ich überlege, ob ich jetzt nicht doch noch einmal zum Kaufmann Nikias im Griechenviertel gehen soll, um ihn zu fragen, ob er mir nicht Aufträge vermitteln kann. Im Sticken bin ich nicht aus der Übung und ich muß mir etwas verdienen. Als ich ein erstes Mal — Adela lebte noch — bei ihm anklopfte, hat Nikias der Jüngere, der jetzt das Geschäft führt, mir ohne ein Wort die Türe vor der Nase zugeschlagen. Als ich dann später den älteren Nikias, seinen Vater, der mich einstmals seine beste Kundin genannt hatte, auf der Straße traf, zufällig, sprach der mich an und zerrte mich in eine Seitengasse. „Sie müssen verstehen, Anna Chrypophora...." er stockte und schaute ängstlich um sich, ob er auch wohl nicht beobachtet wurde.....

„Sie müssen verstehen, wir Griechen sind nicht geschätzt hier, nur ungern geduldet — Sie wissen es. Wo man uns etwas am Zeug flicken kann, da tut man's. Und Ihre Adela — wie ihr Ruf ist, wissen Sie, da brauche ich Ihnen nichts zu erklären. Eine Griechin hat sie bei sich, tuscheln die Leute hier — und so etwas schadet uns, schadet uns sehr. Ich mache Ihnen daraus keinen Vorwurf, Sie dürfen mich nicht mißverstehen. Ich möchte Ihnen nur erklären, warum wir hier in der griechischen Kolonie uns von Ihnen distanzieren, distanzieren müssen. Eine Überlebensfrage ist es für uns, aus reinen Selbsterhaltungsgründen tun wir es, glauben Sie mir...."

Nein, ich gehe doch nicht zu Nikias. Weder zum Sohn noch zum Vater. Vielleicht ziehe ich doch besser weg von Köln, jetzt. Nach Mainz vielleicht, auch dort gibt es eine griechische Kolonie. Hier in Köln bleibe ich „die Griechin, die bei dieser Adela war."

Bestimmt wird es besser sein, nach Mainz zu ziehen. Vielleicht wird sonst demnächst schon bald Holz gesammelt hier in Köln, zu einem weiteren Scheiterhaufen, zu einem für mich.

Es waren viele Dinge zusammengekommen, viel Zündstoff des Hasses und der Angst, ehe der Scheiterhaufen aufgeschichtet war am Stapelplatz der Getreidehändler unten am Rheinufer; der Scheiterhaufen, der die Stadt Köln von der Leiche der verruchten Zauberin befreien sollte.

Da war der Rachedurst der Sachsen. Die Mörderin eines ihrer Fürsten war ungestraft geblieben. Der Tod des hochedlen Hugmann, des Grafen im Gebiet der westlichen Sachsen, war nicht gerächt worden, und nicht nur das: Die Mörderin hatte Schmach über die Maßen auf die Häupter der Sachsen gehäuft, hatte sie zum Gespött gemacht bei den deutschen Stämmen. Wieder einmal hatte sie es geschafft, dem Beil des Henkers zu entkommen. Denn nicht das erste Mal war es, daß sie des Mordes bezichtigt wurde an einem hochedlen Sachsen. Ihren eigenen Sohn hatte sie getötet, den sächsischen Grafen der Betuwe, den Widukindsproß Dirk, mit dem das königlichem Blut entstammende Geschlecht der Immedinger erlosch. Und wer weiß, so hieß es jetzt, wer weiß, ob sie nicht auch ihren früh verstorbenen Gatten Immed, den verdächtig früh verstorbenen Immed.... Natürlich, wie konnte es anders sein, natürlich hatte sie auch den auf dem Gewissen, noch einen Fürsten der Sachsen. Und die tugendhafte heiligmäßige Liutgard, ihre so ganz anders geartete Schwester, die lichthafte

169

Gegengestalt zu dieser Nachtschattenfee, durfte auf dieser schauerlichen Liste nicht fehlen.

Den Haß und die Wut der Sachsen genoß Adela. Sie hervorzurufen, hatte sie es auf sich genommen, ihre Burg zu verlassen.

„Gerne wäre ich mit Uflach zusammen verbrannt!" hat sie mir nachher oft gesagt, und ich glaube es ihr. Das war nicht nur eine Redensart. Aber sie hatte den Sachsen den Triumph nicht gegönnt. Früher hatte sie mit Begeisterung sich selber eine Sächsin genannt, als sie jedoch sich von ihren Landsleuten im Stich gelassen fühlte bei ihrem Kampf um Elten und um das Wichmann'sche Erbe, hatte sie sich auf das fränkische Blut ihrer Mutter besonnen und sich auf die Seite der niederlothringischen Franken geschlagen. Nein, die Sachsen sollten nicht sagen dürfen, sie hätten sie vernichtet. Die Wut der Sachsen war umso größer, als die nur halbwegs geglückte Belagerung Uflachs Folgen zeitigte, die noch schlimmer waren als der Spott, der vom Okeanos bis zu den Alpen auf das Haupt derer träufelte, die eine von alten Frauen verteidigte Burg nicht hatten nehmen können. Nur durch das Dazwischenkommen des Kaisers war Uflach gefallen. Der Kaiser war also mit im Spiel und die Sachsen konnten nicht wie geplant, die Beute unter sich verteilen. Das, was auf Uflach geplündert wurde, das schon, das konnten sie behalten, aber das war nicht den Einsatz wert, auch nicht das goldene Bett, das sie sehr enttäuschte. Um die Länder am niederen Rhein war es hauptsächlich gegangen. Die aber fielen nun an den Kaiser zurück, und der Kaiser war zur Stelle; dank der Verteidigungskunst einer Hundertzahl teils zahnloser Mägde war er in der Lage, seine Rechte wahrzunehmen. Und er tat es weise. Obwohl selber sächsischer Abkunft, belehnte er keinen Sachsen mit den an die Krone heimgefallenen Länder Adelas, sondern zwei aus flämischem, also fränkischem Geschlecht stammenden Adligen. Zweien wohlweislich gab er sie, um nicht auf's Neue eine solche Machtkonzentration vom Ysselmeer bis hin zur Ruhr aufkommen zu lassen, wie sie unter Adela bestand. Auch der zwischen Hugmann und Adela umstrittene Hattnariergau fiel an einen der beiden Flamen. Der jahrhundertelange Kampf zwischen Franken und Sachsen um den unteren Rheinlauf war entschieden zuungunsten der Sachsen trotz ihres Sieges. Adela hatte ihre Niederlage ummünzen können in wirkungsvolle Rache. So wie eine Wespe, wenn man sie zertritt, am kräftigsten zusticht, so hatte Adela zugestochen, zertreten wie sie war, und das Geheule war groß, in ganz Sachsen, aber auch in Köln.

Die Sachsen sind zahlreich und einflußreich in Köln. Das Kölner Bistum reicht tief ins Sächsische hinein. Der Kölner Bischof hat als Metropolit Niedergermaniens ebensoviele Suffragane in Sachsen wie in Lothringen. Viele Kleriker sind also Sachsen in Köln, aber auch viele Laien.

„Mörderin!" riefen die Sachsen an jeder Straßenecke, an der Adela sich zeigte, wütend, daß sie der nichts anhaben konnten, die unter dem Schutz des Erzbischofs stand. Sie spieen vor ihr aus. Sie beschimpften sie. Aber Adela beachtete sie nicht. Ganz Mond, dem es nichts macht, wenn ihn die Straßenköter ankläfften, zog sie, ohne ihren Schritt im geringsten zu beschleunigen, an ihnen vorüber bei ihrem allmorgendlichen Gang aus der Stadt heraus, an den Rhein, in's Schilf, wo sie stundenlang sitzen konnte, schweigend und in das rinnende Wasser starrend.

Ich begleitete sie immer. Ich zitterte, wenn sie ihr drohten. Ich spürte die Angst, die sie ihr einjagen wollten. Aber am Wasser wurde ich ruhig. Immer wieder, auch jetzt.

Grau ist eine sehr beruhigende Farbe und eine schöne dazu, jetzt weiß ich es, jetzt, nach vielen Jahren am unteren Rhein. Unglaublich viele Nuancen von Grau gibt es am Himmel über der weiten Ebene. Er ist hier nicht die gehämmerte Schale aus gebläutem Erz wie zuhause, nicht die Kuppel, die alles umgrenzt und unentrinnbar einfriedet in die eherne Ordnung des Kosmos. Dieser Himmel, so dunkel es sich an ihm zusammenballen kann, hat dann doch irgendwo, oft an den am wenigsten vermuteten Stellen, Einbrüche von Licht aus hellstem Grau, Öffnungen in's Unendliche, hoffnungsweckend, herzstärkend.

Aber wenn wir in die Stadt zurückgingen, sprang mich die Angst jedesmal von Neuem an. Es waren nicht nur die Sachsen, die ausspieen. Auch die einheimischen Kölner waren es. Sie spieen dreimal, denn nicht der Haß ließ sie spucken, sondern ihre Furcht vor der mächtigen Zauberin. Dreimal spucken soll apotropäische Wirkung haben, so wie bei uns die abgespreizten Finger der linken Hand gut sind gegen den bösen Blick. Als eine äußerst mächtige Zauberin galt Adela, als eine auch im Elend immer noch gefährliche böse Fee. Durch die Wälder sei sie geschweift mit ihrem Mann, dem Hexerich Balduin, dem Anführer der brabantischen Räuber. Das Wissen aller Weisen Frauen habe sie sich dabei angeeignet, das Geheimste vom Geheimen aller Hexen der niederen Lande. Mit dem Satan habe sie ein Bündnis geschlossen und um es zu besiegeln, habe sie ihr eigen Kind opfern müssen, habe es geschlachtet, das arme Wurm, um mit seinem unschuldigen Blut den höllischen Pakt zu unterschreiben. Als Satansbraut habe sie den Namen Medea erhalten, andere wollten wissen, daß ihr Hexenname Herodias lautete. Wie groß ihre unheimliche Macht sei, habe sich ja bei der Belagerung Uflachs gezeigt. Das ganze sächsische Heer unter der Führung von Herzog Bernhard Billung habe sie behext und ihm durch Zauberei vorgegaukelt, die Burg Uflach, die von allen Kriegern entblößt und verteidigungsmäßig eine taube Nuß war, sei eine waffenstarrende Festung. Erst die heilige Lanze des Kaisers habe den Zauber brechen können. Und eine Griechin habe sie bei sich; die müsse ihr die besonders zauberkräftigen byzantinischen Sprüche vorsagen. Auch vor mir spieen die Kölner alten Frauen auf den Boden, einmal rechts, einmal links und einmal geradeaus.

Wenn Adela auch die Wutausbrüche der Sachsen vergnüglich fand, die Abneigung der Kölner wurde lästig. Nirgendwo konnten wir einkaufen. Keiner wollte uns bedienen. Tat es ein Krämer dann doch gegen gutes Geld, das uns auch immer knapper wurde, so waren bald sächsische Schlägertruppen zur Stelle und demolierten den Laden dessen, der die Zauberin unterstützte. Wenn wir nicht den guten Manasse gehabt hätten, in dessen vom Erzbischof privilegierten und deswegen vor Schlägertrupps sicheren Basar alles zu bekommen ist, was man braucht, hätten wir kaum gewußt, wie wir in Köln leben sollten. Aber schlimmer als lästig mochte Adela das Ganze nicht finden.

Was ihr zusetzte, weit mehr als sie anfangs zugeben wollte, war die Sache mit den Kindern. In unserer Gasse wimmelte es davon. Mindestens zwanzig waren es, und sie bildeten so etwas wie eine Bande.

Zuerst sahen wir sie nur in den engen Seitengassen oder in dunklen Toreinfahrten der Stapelplätze, hinter Säcken und Kisten versteckt. Mit großen Augen starrten sie uns an, eng aneinander geklumpt in sicherer Entfernung und voll zappelnder Neugier wartend, bis das sagenhafte Ungeheuer vorbeikam, das da kerzengrade, viel zu grade für eine alte Frau mit weißen Haaren, durch die Gasse schritt, zum Rhein ins Schilf, um Kräuter zu sammeln, Kräuter zum Hexen, Kräuter für den Topf, in dem sie die Kinder briet, die sie fing, um aus ihrem Fett zauberwirksame Salben zu bereiten.

Vierzehn Tage dauerte das, dann wagte als erster ein rotschopfiger Bengel sich aus dem Klumpen zu lösen, auf die Straße zu laufen und hinter uns her zu rufen. „Rotte Jaß!" rief er und rannte, so schnell ihn seine kurzen Beine trugen, zu den anderen zurück, mächtig erschrocken über seinen eigenen Mut. Am nächsten Tag waren es schon zwei, die hinter uns her kamen, um das seltsame Wort zu rufen, das ich für unverständlichen Dialekt hielt. Als sie merkten, daß wieder nichts geschah, daß kein schwarzer Höllenhund

mit tellergroßen Augen sich auf sie stürzte, aus dem Boden wachsend auf der Hexe Geheiß, da auch kein anderes Ungetüm weit und breit sich blikken ließ, ja daß die böse Fee nicht einmal zu merken schien, wie da wer sie schmähte, riefen sie, längst wieder in der Meute versteckt ein zweites Mal: „Rotte Jaß!" — und waren die Helden des Tages.
Als am dritten oder vierten Tag tatsächlich in dem Augenblick, als das unverständliche Geschrei ertönte, ein großer schwarzer Hund um die Ecke bog, eine massige Dogge in vollem Lauf, denn sie war hinter einer Katze her, hörten wir mehr als zwanzigstimmiges entsetztes Gekreisch. Seitdem wurden wir nicht mehr belästigt, jedenfalls die nächsten vier Wochen nicht mehr.
Hinter einem vermutlich noch aus römischer Zeit stammenden Mauervorsprung auf roten Ziegeln standen sie auch weiterhin wie magisch gebannt, wie fasziniert von uns beiden unheimlichen Gestalten, der unheimlich großen kerzengraden und der krummen gichtigen, wenn wir tagtäglich von unserem Gang zum Rhein des vormittags zurückkamen. Wir hörten sie flüstern, erregt, stoßweise.
Nach einem Monat etwa traute sich wieder eines aus der Meute heraus. Es war nicht der Rotschopfige; der hatte dem Höllenhund in den Rachen gesehen und blieb lieber im innersten Bereich des Klumpens. Ein noch kleiners Kind war es, höchstens zehn Jahre alt, blond, mit dem Gesicht eines Seraphen; ob es ein Junge war oder ein Mädchen, blieb unerfindlich.
„He, he, Rotte Jaß! He, he, Rotte Jaß!" skandierte es und wartete darauf, daß die anderen einstimmten. Als der rückenstärkende Chorus ausblieb, flüchtete es rasch zurück. Jetzt ging mir auf, was der seltsame Ruf heißen sollte. Den Namen Herodias hatten die Kinder gehört beim Gespräch der Erwachsenen, beim Geraune der Frauen am Herd in den niedrigen, höhlenartigen Eingeborenenwohnungen, beim allmorgendlichen Wassereimertratsch an der Straßenecke und beim meternsten Disput der Männer. Den für deutsche Zungen schwierigen Namen hatten sie sich kölnisch kindermundgerecht gemacht.
Es dauerte nur wenige Tage, da war auch der Chorus mutig genug. Und da es an diesem Morgen keinem Hund einfiel, in unserer Gasse eine Katze zu jagen, und da auch sonst nichts Außergewöhnliches eintrat, wagten bald mehr Kinder, sich gleich dem Seraphen auf die Gasse zu stürzen. Sie tanzten hinter uns her, ahmten übertrieben stolzierend Adelas Gang nach und übertrieben gekrümmt meinen. Dabei brüllten sie: „He, he, Rotte Jaß, Rotte Rotte Rotte Jaß, he, he, he!"

Von nun an schien eine Art Bann gebrochen. Die Kinder wurden dreister. Sie liefen nicht mehr nur hinter uns her, tanzten jetzt auch vor uns und um uns herum, grimassenschneidend und zungenbleckend. Sehr bald waren es alle; auch der Rotschopfige ‚das höllenfeuergebrannte Kind, wagte sich wieder auf die groben Pflastersteine.

Die Eltern riefen ihre Kinder nicht zurück. Keines von ihnen war krank geworden bisher, keines hatte das Fieber gekriegt oder die Auszehrung, nicht einmal einen Durchfall oder einen Schnupfen hatte es gegeben. Alle Kinder liefen rotbackig und kerngesund herum wie sonst auch — die Hexe schien keine Macht über sie zu haben. Hatten sie zuerst noch gewarnt und verboten, vergeblich natürlich, bei dem aufregend gefährlichen Spiel mitzumachen, jetzt ließen sie sie gewähren, ja ermunterten sie gar noch, hämisch grinsend. Was sie selber nicht wagten, ihre Kinder taten es, und die Zauberin war machtlos dagegen, ja sogar ratlos, man sah es ihr an. Der verächtliche hochmütige Zug um ihren Mund war weggewischt. Sie sah hilflos aus und wie gejagt.

„He, he, he, he, Rotte Rotte Jaß, Rotte Rotte Rotte Jaß, Rotte Rotte Rotte Jaß, he, he, he, he, he, he!"

Ich merkte, wie sehr ihr das zusetzte. Dem Haß der Sachsen konnte sie ihren eigenen Haß entgegensetzen, dem hier nichts. Der Haß der Sachsen hielt sich in respektvoller Distanz: der Schutz des Erzbischofs war wirksam in seiner Stadt. Dies hier kreiste sie immer enger ein.

Es wäre nicht so schlimm gewesen, wenn nicht die Geister der Vergangenheit mitgetan hätten beim Spottreigen rings um Adela. War das nicht der kleine Dirk, der da mithüpfte auf dünnen Beinen, ungeschickt den Takt verfehlend und bereit, im nächsten Moment davonzurennen vor der unheimlichen Frau? Sprang da nicht der neunjährige Meinwerk, Fratzen schneidend wie früher? Und das zarte lange Ding da, das da mit blonden, zu Zöpfen gebundenen Haaren, war das nicht Spielgefährtin Liutgard? Sie hatte sie alle verloren, hatte sie allesamt dem geopfert, was sie ihre gerechten Ansprüche nannte, und im Gebrüll der Kinder meldete sich zum ersten Mal unüberhörbar und unverdrängbar die Frage, ob es das wert war. Dirk vor allem, Dirk das Kind. „He Rotte, he Rotte, he Rotte! He Rotte, he Rotte, he Rotte, he Jaß! He Rotte, he Rotte, he Rotte, he, Jaß! He Rotte, he Rotte, he Rotte!"

So konnte es nicht weitergehen. Sich bei den Eltern der Kinder zu beschweren, hatte keinen Zweck. Ich ging zu Heribert.

Eine Stola für ihn hatte ich bei mir; er hatte sie in Auftrag gegeben. Eine

Reisestola war es für Heriberts privaten Gebrauch, nicht für die Gewandkammer des Doms. Das hätten die Domherren nicht geduldet: Eine Stola aus dem Hause der Teufelin!

Ich mußte zum anderen Ufer des Rheins, mit dem Fährboot zum ehemaligen Brückenkopf Deutz. Dort liegt gegenüber der Stadt Köln das Kloster, das Heribert zu Ehren der Panagia hat bauen lassen.

Seit dem letzten Jahr ist er meistens dort zu finden. Bei den schwarzen Mönchen des Theotokos-Klosters fühlt er sich zuhause. Dort redet ihm kein Domkapitel drein. Dort kann er es sich sogar erlauben, die goldgewirkten Meßgewänder zu tragen, die in Uflach entstanden sind. Die Deutzer Marienkirche ist für hiesige Verhältnisse ein gewaltiger Bau, ein byzantinischer Rundbau wie das Oktogon von Aachen, dem es sehr ähnelt, aber es ist größer in den Ausmaßen. Heribert war als Logothet seines Freundes Otto am Hofe des Theophanusohnes ein halber Grieche geworden und so mußte seine Kirche für Köln ein Bauwerk werden, das östlichen Geist spüren läßt. Zu groß war das Vorhaben gewesen für die eingeborenen Kräfte. Deshalb war die Kuppel, die mit zwanzig Metern Durchmesser nördlich der Alpen nichts Vergleichbares kannte, trotz der über fünf Meter mächtigen Stützwände eingestürzt. Das Marienheiligtum am Rhein hätte Ruine bleiben müssen, wenn nicht durch Adelas Dortmunder Schenkungen der Erzbischof in die Lage versetzt worden wäre, in Deutz neu anzufangen. Byzantinische Baumeister aus der Stadt selbst waren gerufen worden und schon war der Tag abzusehen, an dem die Kuppel der Panagia von Gerüsten befreit werden kann, um über den Wassern des Rheins zu schweben als Erinnerung an Otto, das Weltwunder, den Sohn der Griechin.

Das nämlich hatten sie ausgemacht, Heribert und sein kaiserlicher Freund: Wer von ihnen den anderen überlebte, der solle aus seinem Eigentum der Panagia Theotokos ein Kloster bauen zum Gedenken ihrer Freundschaft.

Oft hat Heribert darüber mit mir gesprochen, und nie wurde er es müde. Immer wieder sprach er mit Begeisterung über den Kaiser, als dessen Testamentsvollstrecker es sich verstand, seitdem der Frühvollendete dreiundzwanzigjährig in seinen Armen nicht weit von Rom gestorben war. Ein politischer Testamentsvollstrecker hatte er sein wollen. Aber er konnte es nicht sein, da Kaiser Heinrich ihn aus den Reichsgeschäften ausgeschaltet hatte. Ohnmächtig mußte er zuschauen, wie alles in sein Gegenteil verkehrt wurde, was er als Logothet Ottos in dessen Auftrag begonnen hatte. Das Römische Reich hatte erneuert werden sollen. In einem wiederhergestellten Imperium Romanum würde es keine Hegemonie eines Volkes über das andere geben; gleichberechtigt würden die Völker Europas einem über den Nationen steheden Imperator huldigen. Eine geniale Idee, eine leuchtende Vision — und Heribert konnte es nicht verwinden, daß sie erloschen war. Denn was jetzt nach Kaiser Ottos Tod betrieben wurde, das war Politik wie gehabt, phantasielose national-egoistische Politik, die sich Realpolitik nennt, weil sie die Vorteile der eigenen Sippe als das einzig Wirkliche und Wirkkräftige sieht. Mit den Völkern des nördlichen Ostens, mit den Polen insbesondere, die schon für eine freundschaftliche Kooperation gewonnen schienen, führte das Reich wieder Krieg, Unterwerfungskrieg — es war alles wieder in's alte Gleis gelaufen.

Wenigstens in diesem Deutzer Bau wollte Heribert Ottos Idee Gestalt werden lassen, wenigstens hier einen Testamentsauftrag erfüllen. Das Theotokos-Heiligtum am Rhein gegenüber der Stadt Köln sollte an Aachen erinnern, an den ebenfalls der Panagia geweihten Rundbau Karls des Großen, des Kaisers, der wie Otto ein übernationaler Erneurer der Romidee gewesen war und an dessen Seite, er, Heribert, die Leiche seines Freundes nach gefahrvollem Zug über die Alpen in's Grab gebettet hatte. — Er habe ihn heimgeführt, pflegt Heribert zu sagen, denn er ist der Ansicht, wenn schon von einer deutschen Heimat Ottos die Rede sein solle, dann komme nicht das Sachsenland seiner barbarischen Vorfahren in Betracht, sondern das Land am unteren Rhein, sein eigener Sprengel, das Erzbistum Köln, näherhin das Dreieck zwischen Aachen, Köln und Nimwegen. Hier sei Otto geboren worden, hier habe er als Kind gelebt, hier habe man den Dreijährigen zum deutschen König gekrönt, hier sei seine Mutter gestorben, hier liege sie auch begraben, hier seien seine Geschwister zuhause, die Schwester in Essen und die in Brauweiler. Hier habe darüber hinaus die Idee der Erneuerung des Römischen Reiches ihren Ursprung; denn hier habe die Symbiose zwischen Römern und Germanen begonnen, die es dem von hier aus nach Gallien vorstoßenden Stamm der Franken möglich machte, das römische Kaisertum durch die von hier stammenden Karolinger zu erneuern. Jetzt erst verstehe er, sagt Heribert oft, warum Otto ihm das Erzbistum Köln gegeben habe: Seine Heimat habe er ihm anvertraut, die Keimzelle der abendländischen Neuwerdung Roms.

So steht nun hier gegenüber Köln das vom Kaiser und seinem Kanzler gemeinsam der Panagia versprochene Koinobion mit der dazugehörigen Kirche, deren Kuppel ebenso eingestürzt ist wie der Bau ihres übernational geplanten Reiches. Hohnreden darüber hatte sich Heribert schon zur Ge-

nüge anhören müssen, in Köln und auch anderswo. Aber seitdem Adelas Stiftung weiterzubauen erlaubte und seitdem die Griechen auf der Baustelle erschienen waren, denen man alles zutraute, wurden die Spötter leiser.
Der an der Pforte des Theotokos-Klosters Dienst tuende schwarze Mönch kannte mich. Er wußte, daß ich zu jeder Zeit zugelassen werden durfte und führte mich durch den Kreuzgang in den Rohbau des Oktogons, wo Heribert den Fortgang der Arbeiten beobachtete.
Nachdem er meine Stola gemustert, gelobt und bezahlt hatte, brachte ich meine Besorgnisse vor.
„Was erwarten Sie von mir, Anna Chrysophora?" fragte er mich, und als ich verwirrt schwieg, denn ich wußte es selbst nicht, fragte er weiter.
„Was soll ich denn dagegen tun können? Soll ich Adela zwei Wachen zur Seite geben, die die Kinder scheuchen? Ganz abgesehen von der Frage, ob sich Wachen finden, die so etwas nicht als entehrende Zumutung auffassen würden — glauben Sie ernsthaft, Adela würde eine solche Lösung akzeptieren?"
Er hatte recht, natürlich hatte er recht. Ich hätte gar nicht zu kommen brauchen.
„Haben Sie noch etwas Geduld, Anna Chrysophora. Vielleicht weiß ich doch einen Weg. Aber dazu brauche ich einen, der mehr Macht hat als ich. Er ist im Augenblick nicht in Köln, aber in neun oder zehn Tagen kommt er zurück."
Mit diesem rätselhaften Bescheid war ich entlassen.

„Ich fühle mich heute nicht gut. Ich gehe heute nicht zum Rhein!" sagte Adela eines Tages. Ich wußte sofort, was ihr fehlte.
Ich kochte ihr einen heilsamen Trank. Ich brachte ihn ihr ans Bett. Ich fühlte ihr den Puls und tat, als sei ich besorgt.
„Ja, wirklich, du mußt heute zuhause bleiben. Und die nächsten Tage wohl auch!"
Es wurde ein ruhiger Tag und das Flackern in Adelas Blick nahm ab.
Ein weiterer ruhiger Tag sollte folgen, ließ sich auch gut an. Adela erholte sich zusehends. Ich wollte ihr eine kräftige Mahlzeit zubereiten, aber es war nicht mehr genug im Haus.
„Ich muß eben zu Manasse hinüber" sagte ich. „Ich bin bald wieder hier."
Aus der Ecke, die am wenigsten zu vermuten gewesen war, tauchte Manasse in seinem dunklen Basar auf. Er findet immer andere Ecken, um sichtbar

zu werden, man ist vor Überraschungen nie sicher bei ihm. Aber zuhören kann er. Immer. Darin ist er verläßlich. Er konnte es auch jetzt.

„Da ist nicht viel zu machen, ich kenne das. Mir sind sie auch nachgelaufen. Hepp, hepp, haben sie gerufen, ziemlich lange Zeit. Eines Tages wurden sie es leid und suchten sich etwas anderes."

„Adela hält es so lange nicht aus. Sie sind Demütigungen gewöhnt von klein an. Adela nicht!"

Wir verplauderten uns. Manasse erzählte einen Witz nach dem andern, um mich aufzuheitern, doch es gelang ihm nicht.

Schließlich führte er mich in die Seitenhöhle seines Basars, in der er seine Lebensmittelabteilung untergebracht hat. Allerdings führt er nur koschere Waren. Auch Adela und ich aßen jetzt zumeist koscher, notgedrungen, denn anderes wurde uns kaum verkauft in Köln.

Manasse entließ mich mit einem großen Vorrat an Mazzen und Geschächtetem, aber ohne Rat. Das kam selten genug vor, irgendeinen Rat hatte er sonst immer gefunden.

Vor der Haustür sah ich es sofort. Sie waren dagewesen. Erdklumpen lagen da; Steine und Stöcke.

In Adelas Augen flackerte es wieder.

„Sie waren da, nicht wahr?"

Adela nickte. Entmutigt, apathisch. Fast wie in Dortmund. Schlimmer als in Dortmund.

„Kinder haben Macht!" sagte sie leise. „Ich hätte es nie geglaubt, aber es ist so. Die bringen zustande, was kein Kaiser, kein Herzog und kein Bischof zustande gebracht hat. Die machen mich fertig!"

Am nächsten Tag kamen sie nicht. Auch am übernächsten Tag blieben sie aus.

Als es am Abend klopfte, wollte ich zuerst nicht aufmachen. Ich tat es dann doch und sah drei von den Kindern ,der kleine Seraph war dabei. Drei in die Flucht zu schlagen traute ich mir zu, doch ich kam nicht dazu. Etwas in den Blicken der Kinder hinderte mich. Die drei hatten Angst.

Einen Blumenstrauß hatten sie bei sich, einen, wie Kinder ihn sich zusammenpflücken, bunt, alles durcheinander, Wicken, Dotterblumen, Kresse, Löwenzahn und Klee.

„Der ist für Rotte.... für.... für Adela. Und es tut uns leid... " Weg waren sie.

Der nächste Tag brachte neue Wunder. Kinder standen an der Tür und boten sich an, zu helfen, einzukaufen zum Beispiel.

Ich war immer noch mißtrauisch. Aber ausprobieren konnte man es einmal. Ich gab ihnen nicht viel Geld mit, gerade genug, um ein Brot zu kaufen.

Sie kamen mit Brot zurück, mit richtigem Brot. Kein Weizenbrot zwar, wie zuhause, aber immerhin Roggenbrot, keine Mazzen, wie Manasse sie in seinem Basar führte.

Ich gestehe, daß ich zuerst unserer Hauskatze von dem Brot zu fressen gab, so mißtrauisch war ich immer noch. Sie fraß es, und es bekam ihr ausgezeichnet.

Die Kölner Blockade war gebrochen.

Nach ein paar Tagen hatten wir herausbekommen, wer dahintersteckte. Erst wollten die Kinder keinen Namen sagen. Doch dann nannten sie Otte, Otte, Otfried; Vater Otfried auch, denn es handelte sich um einen alten Mönch, wenn auch um einen außerhalb aller Regel. Manche Kölner nannten ihn einen Narren. Manasse wollte wissen, er sei des Erzbischofs Beichtvater. Nirgendwo einzuordnen, nirgendwo richtig zuhause, oft unterwegs, aber seit ein oder zwei Wochen in Köln zurück.

Adela wollte ihn sehen. Es war nicht einfach, ihn zu finden. Auch die Kinder wußten nicht genau, wo er hauste. Nicht weit, meinten sie, hier in der Rheinvorstadt irgendwo. In der Gegend der Kornstapelhäuser, da hätten sie ihn letzthin verschwinden sehen.

Nachdem ich mit einer Horde von Kindern quer über mehrere Lagerplätze gestolpert war, fand ich die Hütte, die zur Zeit als seine Behausung diente, mitten in der Stadt und doch sehr einsam.

Ich war überrascht, wie alt er war. Ein großer bärtiger, fast kahlköpfiger Mann, mindestens fünfzig Jahre alt, wenn nicht sechzig und darüber. Die Kinder hatten von einem Spielkameraden gesprochen. Aus ihren Erzählungen hatte ich auf einen jungen Springinsfeld geschlossen, auf einen Bruder Leichtfuß, einen Gaukler, Seiltänzer, Akrobaten, auf einen bunten Spaßvogel und Schnurrhahn, nicht auf einen Fastgreis mit angegrautem Barthaar. Die Augen allerdings, die Augen waren die eines Kindes.

Wider Erwarten war er sofort bereit, mitzukommen.

„Wie hast du das gemacht?" fragte Adela ihn, kaum daß er eingetreten war.

Ihre direkte Art zu fragen, verwirrte ihn nicht. Ein anderer würde gegengefragt haben: Was soll ich denn gemacht haben? Oder: Wie meinst du das? Oder dergleichen. Nicht so Otfried.

„Ich habe ihnen ein neues Spiel beigebracht", antwortete er und grinste.

Ja, er grinste, und ich war geneigt, denen Recht zu geben, die ihn einen Narren nannten.

„Ein Spiel ....?"

„Ja, sie spielten ein Spiel, das mir nicht gefallen wollte. Du kennst es. Die Kinder nannten es Rotte Jass ärgern. Kein schönes Spiel. Da habe ich sie neue Spiele gelehrt. Eines davon: Blumen für Rotte!"

„Spiel nennst du das, was die mit mir trieben? Spiel? Das war kein Spiel mehr, das wurde blutiger Ernst. Die hätten mich beinahe zur Strecke gebracht!"

„Spiele sind blutig ernste Sache. Wenn du ein Kind wärest, wüßtest du das!"

„Und wenn ich es wüßte, wäre ich ein Kind — wie du?"

„Ja, wenn du es wüßtest, könntest du spielen. Wenn du spielen kannst, bist du ein Kind. Kannst du spielen?"

„Jetzt nicht mehr. Aber bis vor einem Jahr noch. Jetzt habe ich alles verspielt. Aber ich habe auch alles, wirklich alles drangegeben als Spieleinsatz, meine Macht, meinen Reichtum, meine Sippe, meinen Stamm, mein Uflach, meinen guten Ruf, meine Kinder, alles. Alles habe ich eingesetzt und alles verloren. Sage mir da keiner, ich sei keine Spielerin!"

„Und wenn du gewonnen hättest, was wäre für dich dabei herausgekommen?"

„Was mir zustand! Die Gerechtigkeit!"

„Bist also doch kein spielendes Kind gewesen. Wußtest genau, was dabei herauskommen sollte, auf Hufe und Manse genau. Hattest es schon ausgerechnet. Das tut ein Kind beim Spielen nicht. Ein Kind läßt sich überraschen. Du mußt spielen lernen, Adela von Elten, auf deine alten Tage noch. Das ist eine ernste Sache" sagte er, wieder lächelnd, „eine Sache auf Leben und Tod; denn wenn ihr nicht werdet wie die Kinder, könnt ihr nicht eintreten in das Reich der Himmel!"

„Du bist ein seltsamer Mensch, Otte, Ötte, Otfried oder wie du heißt. Du redest wie einer, der Macht hat. Und bist doch ein Kind, ein großes bärtiges Kind. Aber Kinder haben Macht; ich weiß es jetzt, ich habe es gelernt. Wer hat dich gelehrt, so zu sein, wie du bist?"

„Einer, der wirklich, viel mehr als ich, ein großes Kind genannt zu werden verdiente, Brun von Köln hat mich das gelehrt."

„Brun war wie du?!"

Adelas Stimme hatte einen Sprung. „Brun von Köln, der Erzbischof, der

Kanzler des Reiches, der Herzog von Lothringen, der war wie du?! Du mußt mir von ihm erzählen!"
„Als ich ihn kennenlernte, war ich noch ein kleiner Junge und hatte große Angst vor ihm. So klein war ich noch damals, daß ich auf eine Mauer klettern mußte, um ihm in's Gesicht zu spucken. Aus fünfzehn Fuß Entfernung, und genau getroffen. Ich hatte es mächtig geübt. Und kann's heute noch. Mit den Kindern hier in der Gasse habe ich auch ein großes Wettspucken veranstaltet. Sind einige dabei, die können's besser als ich. Nun ja, man läßt nach. Damals habe ich Brun voll getroffen, genau unter die Mitra. Die hatte er auf, es war ein festlicher Anlaß damals; ich weiß nicht, was für einer; war noch zu klein, um die kirchlichen Festtage auseinanderhalten zu können. Habe gut gezielt damals; wollte meinen Papa nicht enttäuschen, der hatte sein Vertrauen in mich gesetzt, daß ich es schaffen würde. Mein Vater mochte Brun nicht; er war ein großer Herr, mein Papa, der hatte Streit mit ihm, ich weiß nicht, warum. Auch meine Mutter, die nur seine Kebse war, nicht sein offiziell angetrautes Eheweib, hat es nie herausbekommen. Töten wollte er Brun, schon lange wollte er es, hatte es aber nie geschafft. Brun hatte etwas an sich, das hinderte ihn. Wenn er ihn ansah, dann konnte er's nicht, dann war seine Wut weg. ‚Wenn ich seh, daß seine Schergen dich packen, dann wird meine Wut groß genug sein' sagte er. ‚Keine Angst, Jung, viel tun dir die nicht. Und wenn sie sehen, was dann passiert, kümmern sie sich nicht mehr um dich. Dann lauf schnell davon!' Aber es kam ganz anders. Meine Spucke hatte das erzbischöfliche Haupt gesalbt, wie geplant, und die Wachen packten auch zu, das ja, sehr hart packten sie zu, aber dann waren sie mich los und Brun hatte mich. Ich stand auf dem Pflaster der Gasse und er hockte mir gegenüber, hatte im vollen Ornat sich hingesetzt und sein Gesicht war in derselben Höhe wie meines. Und seine Augen waren genauso Kinderaugen wie meine. Und wie von Kind zu Kind sagte er mir: ‚Du, auf die Idee mit dem Spucken bist du doch nicht selber gekommen. Das hat dir doch jemand anders gesagt!' Ich konnte nicht anders, ich mußte nicken.....
„Sag ihm, Brun wollte gern mit ihm reden!"....
Dann gab er meine Hände frei und ließ mich laufen. — Mein Vater hat dann auch wirklich mit ihm gesprochen und sich mit ihm versöhnt. Sogar mich hat er um Vergebung gebeten.....
‚Fast hätte ich dich geopfert, Jung' sagte er ‚Was die Wachen mit einem anstellen, weiß man nie. Die machen nicht viel Federlesens. Nein, ich bin nicht besser als die andern, die ihr und mein eigen Kind als Einsatz setzten,

um ihr Ziel zu erreichen. Ich muß auch mit dem Gesicht nach unten beerdigt werden, wie die Ungetreuen es verdienen' ".
Adela stöhnte.
„Wie hieß dein Vater?" fragte sie mühsam.
„Hugo nannte er sich; aber ich weiß nicht, ob das sein richtiger Name war."
„Hugo? .... Meine Schw .... meine .... zuhause nannten sie ihn manchmal auch so .... Hugo .... Wichmann .... Geht! ich muß allein sein. Ich muß nachdenken!"
Adela blieb zwei Stunden allein, ehe sie mich rief. Ich erschrak, als ich sie sah. Sie hatte geweint. Adela hatte geweint. Sie hing in ihrem Stuhl, fast blicklos, um Jahre gealtert. Sie murmelte vor sich hin.
„Ich weiß nicht, was mit mir los ist" sagte sie mit Mühe.
„Mein Haß ist weg...."
Das war es. Der Haß war ihr Lebenselixier gewesen, hatte sie jung gehalten, all die Jahre hindurch. Und jetzt war ihr dieses Elixier hinweggeronnen, war weggesickert und verdunstet, unwiederbringlich.
Sie wußte es.
„Es ist aus mit mir! Ich kann nicht mehr hassen. Die Sachsen nicht, Liutgard nicht, Meinwerk nicht, Hugmann nicht — und Brun nicht, Brun, mit dem alles anfing."
.... „Wir haben es falsch gemacht damals" begann sie plötzlich wieder. „Damals in der Kirche auf dem Eltener Berg, du erinnerst dich. Wir haben Wichmann umgedreht in seinem Sarg, haben ihn nicht liegen lassen, wie er wollte, bäuchlings wie die andern, im Tode noch zeigend, daß er ihnen vergeben hat und Schuld bei sich fand wie bei ihnen .... Brun hat ihn verhext, so habe ich damals geglaubt, Brun hat ihn bequatscht und ihn besoffen gemacht mit seinen Tricks, seinem Versöhnungsgedusel, hat ihm die Schenkung an die Kirche abgeluchst zur Sühnung der Sünden, die sie ihm eingeredet hatten. Aber wenn Brun war wie dieser vorhin, wie dieses bärtige Kind...."
Am Abend fieberte sie. Ihr Atem ging flach. Sie murmelte Unverständliches. Manchmal glaubte ich Kinderreime zu erkennen. Sie war krank.
Manasse wußte, wo der Rabbi wohnte.
„Doch, Kalonymos ben Meschullam versteht viel davon. Der wird Rat wissen. Der hat in Palermo mehrere Jahre arabische Medizin studiert. Sein Sohn ist Leibarzt beim Erzbischof von Mainz. Und der Junge hat sein Wissen nur von ihm. Wenn Kalonymos ben Meschullam keinen Rat weiß, dann weiß ihn niemand hier in Köln!"

Auch Kalonymos wußte keinen Rat. Der alte gebrechliche Herr hatte den Weg von der Friesengasse bis zu unserer Wohnung vergeblich gemacht.
„Nichts Außergewöhnliches" sagte er, nachdem er sie untersucht hatte.
„Sie ist verbraucht, das ist alles. Wissen Sie, wie alt sie ist?"
„Nein. Sie weiß es selbst nicht. Hierzulande weiß kaum einer sein Geburtsjahr."
„Sie wird an die achtzig gehen. Alt genug, um eines Tages ohne sonderliche Ursache nicht mehr zu können. — Was murmelt sie da?" „Es hört sich an, wie Kinderreime...." Und ich erzählte ihm, was vorgefallen war.
„Dann hat sie sich selbst die Diagnose gestellt: Der Haß ist weg. Das wird es sein. Dieses kräftige Elixier fehlt ihr; und ein Surrogat, tropfenweise und wohldosiert einzunehmen, kann ich hierfür nicht anbieten. Haß ist ein Präparat, das sich in keinem Kolben destillieren läßt, den muß jeder für sich selber brauen."
„Ist nichts zu tun?"
„Sie können ihr einen Trunk aus Minze oder Hagebutten verarbeichen, zur Erleichterung."
„Auf Besserung hoffen Sie also nicht mehr?"
„Nein."
Es ging schnell bergab mit ihr.
Der Mönch Otfried kam mit den Kindern, zwei durften mit hinein. Eines von ihnen hatte eine Puppe bei sich.
Ich hatte zu tun und bekam nicht mit, was sie ihr über die Puppe alles zu erzählen wußten.
Ich merkte erst auf, als Adela sich aufrichtete. Es fiel ihr schwer, aber sie richtete sich, so gut sie konnte, auf und machte eine verrenkte Bewegung, die wie eine Verneigung aussah. „Da!" sagte der Seraph, „Für dich!"
Erst nachher habe ich mir die aus Holz geschnitzte Puppe angesehen. Der Kopf war der eines Kleinkindes, unverhältnismäßig groß, mit weitaufgerissenen großen Augen. Um den Kopf herum hatte die Puppe eine Art Nimbus und darin ein Monogramm. Ich hob sie an's Licht, um besser sehen zu können und hätte sie beinahe wieder fallen gelassen. Blasphemie! Das Kyriosmonogramm war dort eingraviert! Dieses kindsköpfige Stück Holz sollte den Allseienden vorstellen, das fleischgewordene Wort des Gottes?! Diese Barbaren hier im Westen! Idole machen sie sich, Götzenbilder, plastische; mit Händen wollen sie greifen, was nicht zu greifen ist und was wir Griechen nur andeutungsweise als Projektionen des Himmlischen auf

das irdische Fenster, die Ikone, zu malen wagen, flächig, weil Abbild und Schatten nur des Urbildes.

Ich hatte Adela östliche Ikonographie gelehrt und sie hatte sie anzuwenden gewußt beim Sticken. Einmal hat sie sich an die Darstellung der Panagia gewagt, bei einem Meßgewand für den Utrechter Bischof, den Vorgänger des jetzigen. Die theophorische Panagia hat sie gewählt, die Panagia, die ihren göttlichen Sohn auf dem Arm trägt; und ich habe ihr erklären müssen, warum das Kind nicht als Kind dargestellt wird, sondern als kleinformatiger Erwachsener. Sie hatte diese typisch barbarische Frage gestellt, weil sie als Westlerin nicht begriff, daß Liturgie Himmlisches auf die Erde bringt und in nichts an Irdisches erinnert. Im Himmel ist unser Herr nicht mehr ein Kind. Wir kennen ihn nicht mehr dem Fleische nach, sondern nach dem Pneuma. So also ist er der Pantokrator auch auf dem Arm der Panagia. Für uns ist das selbstverständlich, aber barbarischem Sinn geht so etwas nicht ein.

Ich kannte solche Jesuspuppen, solche blasphemischen Idölchen. Ich hatte sie in Köln schon öfters gesehen. Zum Christgeburtsfest werden sie gebraucht. In Puppenwiegen werden sie gelegt und zu einer Art Eja popeja Leiergesang hin und her gewiegt. Ja, das haben die Barbaren aus dem Christgeburtsfest gemacht, aus der Epiphanie des Glanzes und der Herrlichkeit des Gottes auf Erden. Eja popeja. Kleinkindergewiege, untermischt mit heidnischen Treueschwüren, als ob es um Heerfolge ginge, eja, Kindelein, will treu dir sein! Und ein solch banalisiertes, aller Doxa entkleidetes Fest stellen sie noch über die Feier der Paschamysterien; heidnisch julumwittertes Eja ziehen sie dem gläubig strahlenden Alleluja der hadessprengenden Anastasis vor. Wotans und seines Heergefolges zur Weihnacht umgetaufte Rauhnacht gilt ihnen mehr als Ostern.

Ich war erregt. Lange Begrabenes brach in mir hoch. Mein längst eingeschlummerter Missionseifer war wieder wach geworden, mein Vorsatz, Adelas Seele für das Licht des Ostens zu gewinnen.

Ich wußte, es wurde Zeit. Der Todesengel war unterwegs, wenn er nicht schon in der Kammer stand.

Ich setzte mich neben ihr Bett und sang, wie ich damals bei Liutgard gesungen hatte:

"Einziges und dreifaltiges strahlendes Licht,
anfangslos..."

Schon da blieb ich stecken. War es, weil ich den Text vergessen hatte? Oder war es, weil Adela trotz meines Liedes weitermurmelte, Kinderreime,

Eja war zu hören, und auch treu dir sein.
„Anfangslos,
unwiderstehlich schön,
wohne...."
Nein, meine Stimme war nicht mehr das, was sie war, als ich in Liutgards Zelle sang und ihr die Sterbenot leichter machte. Aber ich sang weiter, krächzend, mit Altweiberstimme:
„Wohne in mir
und mache mich
zum Tempel,
zum leuchtenden...."
Aber Adela ließ das Götzenholz nicht fahren, hielt es nur noch umso mehr umklammert. Laß, wollte ich sagen, laß! Götzen können nicht einwohnen. Götzen kann man nur sich gegenüber halten, so wie du jetzt tust, laß los! Aber ich sagte es nicht. Ich wartete, bis sie endlich schlief. Dann nahm ich ihr das Götzchen weg. Stattdessen hängte ich eine Ikone an die Wand, auf die ihr Blick fallen mußte, wenn sie wach wurde. Den Pantokrator, den Allbarmherzigen, das Licht der Welt....

Wie sie es gemacht hat, weiß ich nicht. Ich war nur ganz kurz nach draußen gegangen. Als ich sie fand, die Augen weggedreht und die Hände schon kalt, hatte sie es wieder bei sich....
Kalonymos ben Meschullam konnte nur noch den Tod feststellen. Dafür hätte ich den Uralten nicht noch einmal herbemühen müssen, ich weiß. Aber ich war durcheinandergebracht. Und ich brauchte jemanden, mit dem ich sprechen konnte. Auch über das Götzchen. Eigentlich vor allem über das Götzchen. Es stand für die Vergeblichkeit und Sinnlosigkeit der vierzig Jahre, die ich mit Adela zusammenlebte und die nun an ihr absurdes Ende gekommen waren.
Kalonymos war weniger entsetzt darüber, als ich dachte. Schnitzbilder müssen für gesetzestreue Juden doch noch abscheulicher sein als für uns. Aber er sah das anders.
„Also, das mit den Kindern hat sie begriffen....? Wenn ihr nicht werdet wie die Kinder, könnt ihr nicht eintreten das Königreich des Gottes. Das ist einer der Sätze, deretwegen ich versucht bin, den Nazarener doch für den Messias zu halten. Wenn sogar einer Barbarin wie Adela so etwas aufgeht, besteht die Möglichkeit, daß die Kultur, die hier im äußersten Westen aufdämmert, soviel Christliches einbezieht, daß sie davon geprägt

wird. Den starken Gott als schwaches Kind verehren — da schlagen die ein Thema an, das Geist vom Geist der Bibel sein könnte. Und Treueschwüre für den Gott, von dem man Gerechtigkeit erwartet, — für heidnisch halte ich das nicht. Treue ist wie Gerechtigkeit ein Wort, das, wenn es in einer neuen Kulturgemeinschaft tausend Jahre lang christlich durchdekliniert sein wird, ein Gespräch der Christen mit Israel möglich machen kann. Mit Christen eurer Art kann man darüber nicht reden; ihr habt andere Worte, die euch teuer sind. Mit denen hier kann man jetzt auch noch nicht reden; die nächsten tausend Jahre noch nicht. Wenn sie wirklich eine neue Kulturgemeinschaft sind — und ich glaube, ich irre mich da nicht, dann werden die nächten tausend Jahre groß sein und furchtbar, groß im Hervorbringen von Neuem und furchtbar in den Konsequenzen. Intolerant werden sie sein während dieser Zeit, viel intoleranter als ihr Rhomäer, intolerant wie jede Kulturgemeinschaft, die ihren eigenen Stil lebt. Aber nach tausend Jahren wird Israel mit ihnen sprechen können, — wenn sie Israel haben leben lassen oder wenigstens einen Rest davon. Und es wird gut sein, wenn sie auch euch haben leben lassen, dann wenn das Gespräch beginnen kann. Ihr wißt nämlich Dinge, die sie vergessen werden, vergessen müssen, um ihren eigenen Stil und in diesem Stil ihre eigene Art von Christentum zu leben, so lange, bis Stile überflüssig werden vor der großen Möglichkeit der Versöhnung...."

Er sprach über meinen Kopf hinweg mit einem fernen Jahrhundert. Er war sehr alt. Aber eigentlich war er immer schon alt gewesen.

Laut Vertrag sollte das Grab in der Kathedralkirche sein. Mir war das gleich. Ich habe nicht darauf bestanden, obwohl mir hier in Köln immer wieder der Vorwurf gemacht wird, ich hätte. Ich habe wirklich nicht, Heribert hat.

..... „Vertrag ist Vertrag!" .....

sagte er all denen, die zu ihm kamen und ihn beschworen, nicht zuzulassen, daß der Leib der unseligen Teufelin im geheiligten Hause zur Ruhe gebettet wurde.

„Verträge braucht man nicht zu halten, wenn sie geschlossen wurden mit solchen, die selber Verträgen untreu geworden sind!" argumentierten sie. Aber Heribert blieb bei seinem Entschluß.

„Untreu ist sie nur denen geworden, die vorher ihr untreu waren. Und sie ist treu geblieben sich selber und ich sage offen in euer Murren hinein, daß ich sie deswegen bewundere, denn das ist viel. Außerdem hat sie nie einen Vertrag gebrochen, der mit der Kölner Metropolitankirche, also mit uns,

geschlossen wurde. All ihre Verträge mit uns hat sie pünktlich und gewissenhaft eingehalten: Ich sehe keinen Grund, ihr den vertraglich zugesicherten Platz in der Kathedralkirche von Köln zu verweigern!"
„Das Volk wird die Anordnung des Metropoliten nicht verstehen!"
„Das Volk wird verstehen, wenn ihr entsprechend redet und wenn ihr es nicht aufwiegelt.... — Packt euch!"
Er soll wirklich „Packt euch" gesagt haben. Es ist mir zuverlässig berichtet worden, von mehreren Leuten, die es unabhängig voneinander zu berichten wußten.
Das Grab war schon ausgehoben. An der Nordwand der Kathedrale war sein Platz. Das hatten die Domherren durchgesetzt. Wenn schon innerhalb des Hauses Gottes, dann im Norden, zur Finsternis hin, zur Seite des Dämonen.
Das Grab sollte unbenutzt bleiben. Und die es aushoben, wußten es. Gleichzeitig mit dem Grab an der nördlichen Innenwand der Kathedrale entstand auf dem Stapelplatz der Getreidehändler in der Rheinvorstadt ein Scheiterhaufen. Die Leiche der Satansbraut sollte nicht geheiligten Kölner Boden entweihen dürfen. In's Feuer gehörte die, in's Feuer, das ihre Asche und ihre Seele hochwirbeln würde, weg von Köln, ins Reich der Lüfte, wo die Dämonen hausen und wo in der ewigen Unruhe Wotans Gefolge jagend einherzieht.
Aber die den Scheiterhaufen schichteten, taten genau so vergebliche Arbeit wie die, die das Grab aushoben. Zwar gelang es einer Rotte johlender Männer, in unser Haus einzudringen und sich der Leiche zu bemächtigen. Heriberts Wachen jedoch verhinderten das Feuer auf dem Stapelplatz der Getreidehändler. Was sie nicht verhindern konnten: Die Menge zog zum Rhein und warf ihre Beute in's Wasser.
In den Schriften, die bald darauf in Meinwerks Propagandaküche entstanden, ist zu lesen, daß der Rhein wütete und tobte, daß das Wasser in Aufruhr geriet und die Leiche Adelas an Land spie zum deutlichen Zeichen ihrer Verdammnis und der Verwerfung ihrer Seele. Aber ich war dabei, als es geschah, zitternd zwar und voller Furcht, die Menge könne mich erkennen und mich hinterherschicken als Reisebegleiterin Adelas bei ihrer letzten Fahrt heimwärts nach Uflach; doch sah ich alles, sah, daß Adela im Wasser versank. Und der Rhein blieb still, nichts von Aufruhr, so träge wie sonst floß er weiter und, ich schwöre es bei dem Gott, dem Lebendigen, er hat sie nicht ausgespieen.

Nachwort, geschrieben nach der Lektüre der Geschichte vom Schwanenritter, wie Sie von Ruth Schirmer aus dem Altfranzösischen übersetzt wurde (d.t.v. klassik).

Die mittelalterlichen Chronisten sind sich einig: Adela von Elten war eine zweite Herodias, ein Dämon in Menschengestalt, eine Teufelin.
Thietmar von Merseburg, Alpertus von Metz und der Verfasser der Vita Meinwerci schildern sie in den düstersten Farben. Sie, die im Bündnis mit den lothringischen Adligen sächsischem Einfluß am Niederrhein entgegentrat, behauptete ihre Erbansprüche auf dem Reichstag zu Nimwegen vor Kaiser Otto III. Sie tat das mit Hilfe eines Ritters von fragwürdiger Herkunft, Balderich genannt. Ihn, der ihr nicht ebenbürtig war, heiratete sie. Die aus sächsischer Sicht geschriebenen Chroniken lasten ihr den Tod ihrer Schwester an, der Eltener Äbtissin Liutgart (+997) darüber hinaus den Tod ihres eigenen Sohnen Dietrich (+1015), dessentwegen sie auf dem Reichstag zu Dortmund von ihrem anderen Sohn angeklagt wird. Besonders schwere Anklagen erheben die Chronisten gegen sie wegen des Mordes an dem sächsischen Grafen Wichmann von Vreden, einem Verwandten des Kaiserhauses, den sie, obwohl er sich dem Schutz ihres Mannes Balderich anvertraut hatte, aus einem Hinterhalt heraus hatte ermorden lassen. (1016) Um Wichmans Tod zu rächen, wurde Adelas Burg Uflach bei Elten von den Sachsen belagert. Ihr Mann Balderich floh mit den anderen Männern durch das Schilf über das Wasser. Mit ihren Mägden verteidigte Adela die Burg solange, bis sie freien Abzug erhielt. Ihre Burg ging in Flammen auf.

Des öfteren wurde gesagt, eine solche Geschichte sei der Stoff, aus dem Sagen entstehen. Hätte sie sich früher ereignet, würde sie ihren Niederschlag in Sagen gefunden haben.
Mittlerweile bin ich zu der Überzeugung gekommen: Sie hat ihren Niederschlag in einer Sage gefunden und zwar in der Sage vom Schwanenritter. Diese Sage entstand im 12. Jh. als eine Schrift, die den Anspruch des lothringischen Herzogs Gottfried von Bouillon und seines Bruders Balduin auf die Königskrone von Jerusalem untermauern will. Sie will Zweiflern entgegentreten, die der Meinung sind, andere, die Normannen etwa, seien dieser Krone viel würdiger als ein Lothringer, zumal die Lothringer ihre große Zeit längst hinter sich hatten und sich zu Anfang des 11. Jh. in einem von einer Frau angeführten Aufstand gegen das sächsiche Kaiserhaus sosehr blamiert hatten, daß sie der Gegenstand von Schmähschriften und wohl auch von Spottgesängen wurden. Hiergegen mußte angesungen werden, sollte die pro-lothringische Propaganda greifen.
In dem um 1100 in Frankreich entstandenen Gesang über den lothringischen Schwanenritter, den Vorfahren des Herzogs Gottfried von Bouillon, tauchen alle Elemente der sächsichen Schmähschriften gegen Adela und Balderich wegen ihres lothringischen Aufstandes wieder auf, allerdings wie Versatzstücke aus ihrem ursprünglichen Zusammenhang gelöst. Die negativen Elemente werden, weit weg von Lothingen, in ein fernes Land projiziert auf eine Insel, von

der der Schwanenritter stammt. Die positiven und die ins Positive umgedeuteten Elemente werden nach Lothringen verlegt und dem Schwanenritter sowie seiner Frau zugeschrieben, den Vorfahren Gottfrieds also.
Auf der fernen Insel Illefort finden wir in dieser Sage ein böses Paar, das Adela und Balderich auffallend ähnelt. Da gibt es die böse Königin Matabrune, eine Teufelin in Menschengestalt wie die lothringische Adela der sächsichen Chroniken. Nur Schlechtes wird über sie geredet. Sie lässt ihre eigene Nachkommenschaft umbringen und muß sich vom Schwanenritter sagen lassen: „Du hast mir den Bruder genommen", so wie Adela sich dies in Dortmund von Meinwerk sagen lassen mußte. Sie wählt sich zu ihrem Helfer den Malquarré, einen Ritter fragwürdiger Herkunft, einen „aus dem Wald" wie Balderich, dem man nachsagte, längere Zeit Mitglied einer Räuberbande in den lothringischen Wäldern gewesen zu sein. Diesem Malquarré verleiht Matabrune Ämter, die seinem Stand nicht angemessen sind, so wie Adela es mit Balderich tat, den sie zum Grafen der Drenthe und des Düffelgaues machte. Wie der Adela wird auch der Matabrune Liebe zum Luxus nachgesagt. Wie Adela wird Matabrune eine schrille Stimme zugeschrieben, ein Zug, der ihrer Burg den Namen Malabruit einträgt. Als ihr Beschützer Malquarré im Kampf gegen den Schwanenritter fällt, wird ihre Burg belagert, so wie einst Adelas Burg Uflach bei Elten belagert wurde. Sie legt einen Hinterhalt wie einst Adela einen Hinterhalt gegen Wichmann von Vreden legte und verteidigt sich gegen die Belagerer ihrer Burg, indem sie selber das Schwert in die Hand nimmt, wie es Adela auf ihrer Burg Uflach getan hatte.
Die Sage vom Schwanenritter kennt aber noch eine zweites Paar, bei dem sich die Elemente der Geschichte von Adela und Balderich wiederfinden lassen. Hierbei handelt es sich um den Schwanenritter selber und um seine Frau Beatrix von Brabant. Die Erbansprüche der Beatrix werden in Nimwegen verhandelt, so wie auch die Erbansprüche der Adela dort verhandelt worden sind. Der Kaiser, der über die Erbansprüche der Beatrix von Brabant in Nimwegen entscheidet, heißt wie der Kaiser, der an dem selben Ort über Adelas Ansprüche zu Gericht sitzt, Otto. Es geht bei der Erbschaftsangelegenheit der Beatrix wie bei der der Adela um einen Streitfall zwischen Lothringern und Sachsen. Wie der Adeala kommt der Beatrix ein aus dem Walde stammender Ritter zu Hilfe, nach dessen Herkunft man nicht fragen darf. Wie dem Balderich geschieht es dem Schwanenritter Elias, daß ein seinem Schutz anvertrauter Verwandter des Kaisers aus einem Hinterhalt heraus überfallen und ermordet wird. Wie Balderich verläßt der Schwanenritter Elias seine Frau und zieht wie Balderich über das Wasser davon. Wie in der Geschichte von Adela und Balderich wird auch nach der Flucht des Schwanenritters die Burg seiner Frau belagert und geht in Flammen auf.
Hier sind alle negativen Erzählelemente, wie sie in den sächsichen Schmähschriften gegen das lothringische Paar Adela und Balderich zu lesen sind, ins Positive gewendet. Aus dem Mannweib Adela, das sich selbst mit dem Schwert in der Hand verteidigt, wird das hilflose Mädchen, das des rettenden Ritters bedarf und auf diese Weise dem mitterlalterlichen Ideal von Weiblichkeit viel

näher kommt. Aus dem Waldläufer Balderich, diesem Ritter fragwürdiger Herkunft, wird ein mit Hilfe von Engeln im Walde aufgewachsener Ritter, auf dem ein heiliges Geheimnis ruht, sodaß man nach seiner Herkunft nicht fragen darf. (Die lothringischen Fürsten, die ihn als Ihresgleichen anerkannten, sind also entschuldigt.) Der Schwanenritter kann zwar die Ermordung des seinem Schutz anvertrauten kaiserlichen Verwandten nicht verhindern, aber er ist unschuldig an diesem Verbrechen, das in der Version der Sage auch nicht von den Lothringern, sondern diesmal umgekehrt von den Sachsen begangen wird.
Wenn der Schwanenritter seine lothringische Frau verläßt, dann in dieser Version nicht aus Feigheit, sondern wegen eines geheimnisvollen Verhängnisses. Die Burg Bouillon geht zwar genauso wie die Burg Uflach bei Elten in Flammen auf, aber sie wird danach umso prächtiger wiederaufgebaut.
Die Elemente der sächsischen Schmähschriften gegen Adela und Balderich, die Anführer des lothringische Aufstandes gegen sächsische Vorherrschaft am Niederrhein, sind in der Version, die die Sage bringt, so auseinandergenommen und neu zusammengestzt, daß sie den Lothringern zur Ehre gereichen und einer Königskrone der lothringischen Herzogsfamile in Jerusalem nicht im Wege stehn.
Wenn die Vermutung stimmt, daß die in den sächsichen Chroniken überlieferte Geschichte von Adela und Balderich den Stoff zu der Schwanenrittersage geliefert hat, erklären sich mit einem Schlage manche Dinge, die in der Sage ungereimt erscheinen.
Nimwegen als Verhandlungsort für brabantische Erbschaftsangelegenheiten ist schon den Menschen im Mittelalter so unwahrscheinlich vorgekommen, daß spätere Versionen Antwerpen als Schauplatz des Geschehens nennen. Nimwegen aber war der Ort, wo Kaiser Otto über die Erbschaftsfragen der Adela befand und der Name Nimwegen als Verhandlungsort macht in diesem Zusammenhang Sinn.
Daß es, wie die Sage behauptet, Sachsen waren, die mit Lothringen um brabantischen Erbbesitz stritten, klingt ähnlich unwahrscheinlich. Für uns heutige Menschen, die wir mit Sachsen die Gegend um Dresden und mit Lothringen die Gegend um Metz meinen, klingt es ganz und gar unmöglich. Aber auch für den, der sich in der Geschichte des Mittelalters auskennt und der weiß, daß das Sachsen von damals nichts mit dem heute so genannten Gebiet zu tun hatte, sondern aus Westfalen und Niedersachsen bestand, sind sächsische Erbansprüche in Brabant höchst unwahrscheinlich; denn auch der westliche Teil des Herzogstums Sachsen hatte keine gemeinsamen Grenzen mit Brabant. Erst wenn wir bedenken, daß mit Lothringen damals ein Gebiet bezeichnet wurde, das das Rheinland, die Niederlande, Belgien und das französische Lothringen umfaßte, entdeckt man eine gemeinsame und möglicherweise konfliktträchtige Grenze zwischen Lothingen und Sachsen, nämlich am Niederrhein. Hier, wo sächsische Gragen (wie etwa Wichmann, der Vater Adelas) im Hamaland zwischen Zutphen und Elten regierten, kam es

tatsächlich zu Streit zwischen den Lothringern und den Sachsen. Dieser Streit fand seinen Höhepunkt in dem zu Nimwegen ausgetragenen Erbstreit der Adela. Ebenso hatte der zu Lothringen zählende niederrheinische Hattuariergau (im Großen und Ganzen das spätere Herzogtum Kleve) eine gemeinsame Grenze mit dem Gebiet der Sachsen und er war ein Streitobjekt zwischen der mit den Lothringern verbündeten Adela und dem sächsischen Grafen Wichmann von Vreden (eben dem kaiserlichen Verwandten, den Adela aus einem Hinterhalt heraus ermorden ließ.) Adela, deren Vater ein Sachse und deren Mutter eine fränkisch-lothringische Karolingerin war, hatte bei den ihr verwandten Sachsen keine Unterstützung für ihre Erbansprüche gefunden. Sie suchte Hilfe bei den ihr ebenfalls verwandten lothringischen Großen wie etwa Lambert von Brabant und Heribert von Köln. Sie erhielt sie dort auch, wenn auch nur zögerlich. Als ihr Vater aus dem Erbe, das sie beanspruchte, ein Kloster zu Elten gründete, um den Einfluß der Sachsen und des sächsichen Kaiserhauses am Niederrhein zu stärken und als er es deswegen nach dem sächsischem Nationalpatron Sankt Vitus nannte, gründete sie im Gegenzug ein Kloster Zyfflich, dem sie den Namen des fränkisch-lothringischen Nationalheiligen Sankt Martinus gab, auch auf diese Weise zeigend, welche Partei sie mittlerweile ergriffen hatte. Der Erbstreit der Adela, der in Nimwegen vor Kaiser Otto verhandelt wurde, war also durchaus ein Streit zwischen Lothringen und Sachsen. Spiegelt die Schwanenrittersage diesen Erbstreit wider, dann haben die Sachsen tatsächlich etwas in ihr zu suchen.
Ein weiterer seltsamer Zug der Sage fände seine Erklärung, wenn ihr Stofff von der Geschichte der Adela und des Balderich beeinflußt ist. Wie ein Fremdkörper steht in der Sage die Erzählung von der Reise des kaiserlichen Verwandten, bei der der Schwanenritter das Geleit gibt und dennoch nicht verhindern kann, daß sein Schützling aus einem Hinterhalt heraus ermordet wird, wobei erschwerend hinzukommt, daß die Mörder kurz vorher mit dem Ermordeten gegessen haben. Bedenkt man, daß genau dieses (bis in die Einzelheiten hinein genau) dem Balderich widerfahren ist, macht dieser angebliche Fremdkörper einen Sinn. Wie sehr gerade diese Tat die sächsischen Chronisten erregt hat, geht aus einer bei Thietmar von Merseburg nachzulesende Stelle hervor. Dort steht: „Leider blieb sie unversehrt. Mögen alle Verwünschungen, die der selige Job gegen sich aussprach, dieses Weib treffen, sie hat es verdient. Soviel Leid soll sie in dieser Welt erfahren, daß sie wenigstens in Zukunft auf Vergebung hoffen darf! Alle, die ihr je in dieser Sache geholfen haben, mögen sich zu Gott bekehren, ihre schweren Sünden bereuen und schleunigst aufrichtige Buße tun! Denn dieser Giftnatter Gezisch hat der Kirche einen großen Schirmherren genommen."
Man hört deutlich den Zorn des Thietmar heraus. Vielleicht hat er bei seinem Bericht über die Taten der Adela und des Balderich ebensosehr zuviel schwarze Farbtöne hineingemischt wie die Schwanenrittersage zuviel weiße und strahlende Züge hineinbringt. Das vorliegende Buch „Die Barbarin" will Adela von Elten schildern in einer Mischung von Schwarz und Weiß und ist deswegen dem Leben vielleicht näher.